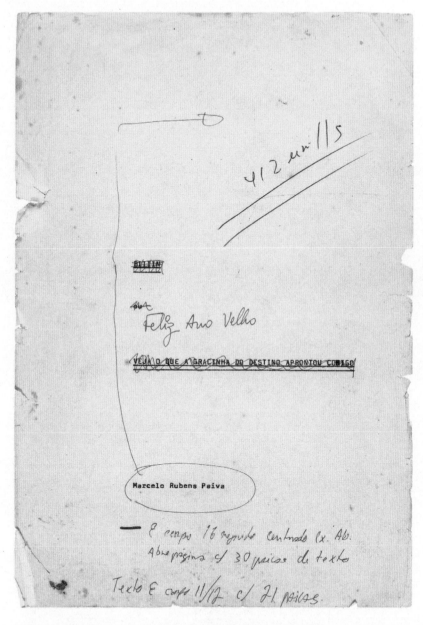

Página de rosto do manuscrito original de *Feliz ano velho*, com anotações de revisão e composição. As folhas seguintes correspondem, nessa ordem, às páginas 33, 83, 138, 163, 197 e 202 da presente edição. Eventuais marcações com caneta rosa são do autor.

BIIIIIIN
14 DE DEZEMBRO DE 1979   17 HORAS
SOL EM CONJUNÇÃO COM NETUNO E EM OPOSIÇÃO A VÊNUS

SUBI NUMA PEDRA E GRITEI:
- AÍ GREGOR, VOU DESCOBRIR O TESOURO QUE VOCÊ ESCONDEU AQUI EMBAIXO, SEU MILIONÁRIO DISFARÇADO.
PULEI COM A POSE DO TIO PATINHAS, BATI A CABEÇA NO CHÃO E FOI AÍ QUE OUVI A MELODIA: BIIIIIIN.
ESTAVA DEBAIXO D'ÁGUA, NÃO MEXIA OS BRAÇOS NEM AS PERNAS, SOMENTE VIA A ÁGUA BARRENTA E OUVIA: BIIIIIIN. ACABARA TODA A LOUCURA, BAIXOU O SANTO E ME DEU UM ESTADO TOTAL DE LUCIDEZ:"ESTOU MORRENDO AFOGADO". MANTIVE A CALMA, PRENDI A RESPIRAÇÃO SABENDO QUE IA PRECISAR DELA PARA BOIAR E AGUENTAR ATÉ QUE ALGUÉM PERCEBA ESSE E ME TIRE DAÍ. "CALMA, CARA, TENTA PENSAR EM ALGUMA COISA." LEMBREI QUE SEMPRE TIVE CURIOSIDADE EM SABER COMO ERAM OS CINCO SEGUNDOS ANTES DA MORTE, AQUELES EM QUE O BANDIDO COM VINTE BALAS NO CORPO SUSPIRA...
- SIM, XERIFE, O DINHEIRO DO BANCO ESTÁ ENTERRADO NA MONTANHA AZUL.
POR QUE O CARA NÃO MANDA TODO MUNDO TOMAR NO CÚ E MORRE EM PAZ?
O FÔLEGO TAVA ACABANDO, "DEVEM PENSAR QUE ESTOU BRINCANDO". ERA ESTRANHO NÃO ESTAR MEXENDO NADA, NÃO SENTIA NENHUMA DOR E MINHA CABEÇA ESTAVA A MIL POR HORA."COMO É QUE VAI SER? VOU ENGOLIR MUITA ÁGUA? SERÁ QUE VAI VIR UMA CAVEIRA COM UMA FOICE NA MÃO?"
- VENHA BONECÃO, VAMOS FAZER UM PASSEIO PARA O MUNDO DO ALÉM, UUUAAAAAAA!!!
SERÁ QUE VOU PRO CÉU? ACHO QUE NÃO, AS ÚLTIMAS MISSAS QUE FUI ERAM AS DE SÉTIMO DIA DOS TIOS E AVÓS, DEPOIS, NÃO SEI SE DEUS GOSTA DE JOVENS QUE, VEZ EM QUANDO, DÃO UMA BOLA, GOSTAM DE ROCK, PELO MENOS NÃO É ISSO QUE OS SEUS REPRESENTANTES NA TERRA DEMONSTRAM. É, MEU NEGÓCIO VAI SER COM O DIABO, VOU GANHAR CHIFRINHOS, UM RABINHO EM FORMA DE FLEXA E FICAR PELADINHO, CURTINDO UMA FOGUEIRA.
DE REPENTE ESTAVA RESPIRANDO, ALGUÉM ME VIROU.
- VOCÊ TÁ BEM? ERA O PROFESSOR URTIGA, QUE ME CARREGAVA NO COLO. SEM SABER O QUE DIZER, PEDI UMA RESPIRAÇÃO BOCA A BOCA. ELE ME OLHOU ASSUSTADO E FOI ME LEVANDO PRÁ MARGEM FAZENDO A RESPIRAÇÃO. JÁ EM CHÃO FIRME, OS BÊBADOS E LOUCOS FALAVAM:
- ÊI, MARCELO, LEVANTA!
- QUE ISSO, PAIVA?
- E AÍ, TINHA MUITO OURO?
- LEVANTA, QUE ELE FICA BOM LOGO, É SÓ DAR UMA CHACOALHADA.
- ISSO, ME LEVANTA, EU DEVO ESTAR MEIO BÊBADO. ME LEVANTARAM, MAS NÃO DEU EM NADA. TODOS FICARAM IMPRESSIONADOS, LOGO COMEÇARAM A TRAN

HOSPITAL PARAÍSO

Teto verde. Chique prá burro. De fôrmica toda furadinha, desses isolantes térmicos e sonoros. Estava na maca indo pro Raio X e admirava o novo visual. Realmente, era um hospital caro. Pelo verde e pelo silêncio já dava prá sacar que a gente ia gastar os tubos. Todo mundo falando baixinho, com respeito. Tava cansado da viagem, mas ficava atento a tudo. Estava recebendo um monte de informações novas, novidades para ter o que pensar depois. Os furinhos do teto verde, o bebedouro de água. A porta grande, cinza. O cheiro era mais azedo que da UTI. Mas o que me impressionava mais era o silêncio, um som abafado, seco, sem o já costumeiro eco. Parecia um mundo mais calmo, devagar, sem vida. Dava prá ouvir a própria respiração. Terrível, me sentia mais vigiado, qualquer palavrinha que desse seria ouvida pelo corredor inteiro.

Chegando na sala de Raio X, fiquei sozinho. Teto verde, ainda. Na parede, uns quadros estranhos. Radiografias de colunas, de pés. Puxa, que fixação, podiam por umas paisagens, umas mulheres peladas, o time do Corínthians.

O cara do Raio X pediu prá eu ficar de pé, ele nem imaginava meu estado clínico. Achei bom, sinal de que eu não tinha cara de quem está totalmente paralisado. Isto me dá uma certa esperança. "Meu corpo está todo aqui ainda. Apesar de não sentir, a perna ainda tem joelho, pelos, pé. Deve estar branquinha de falta de sol. Quem sabe, até magrinha. Mas está viva ainda."

— Não, moço. Não consigo me levantar.
— Então espere um pouco, que vou ter que pedir ajuda.

Essas máquinas de Raio X são lindas. Modernas, imponentes.

Chegou a ajuda e me deitaram na mesa. Com um controle manual, ele focalizou a máquina bem na coluna e

BLUPT

Pronto. O raio invisível lascou uma foto da minha vértebra. Depois de revelada, pedi para me mostrarem, mas nem adiantou. Não entendi nada, eram todas iguais. Mas o cara olhou e me falou que a minha vértebra estava bem ruinzinha. Fiquei puto. Não era possível, quase um mês sem levantar a cabeça e essa porra ainda não havia solidificado. Vai ver esse merda não entende nada. Ou então, os burros dos médicos campineiros não entendiam nada de vértebra quebrada. E mesmo, sempre soube que, quando quebra um osso, tem que engessar, e tomar bastante leite. Não, besteira minha, engessa por que tem que ficar imóvel. E meu pescoço estava imóvel. "Que bosta, que bosta, que bosta! Eu quero sentar, sentar. Quero ir para um banheiro, sentar na privada, peidar, roer a unha, bater uma punheta."

A maca novamente começou a andar. Saímos da sala. Entramos num elevador bem comprido. Que delícia, o elevador subindo. Eu estava andan o olho, pude ver as perebas que tinham formado no meu peito. Espinhas com pelotinhas brancas de pus.

Levantando a calça de pijama, via também a tal sonda no meu pobre pênis. Era maior de que eu imaginava. Uma borracha alaranjada, grossa, que rasgava minha uretra de encontro com a bixiga. Coitado do meu pinto. Fiquei acariciando, mas logo parei, vendo que ele endurecia. Parei, por que fiquei preocupado, pois, endurecendo, a sonda apertaria mais ainda a uretra. Porém, fiquei orgulhoso de vê-lo firme, vivo.

Quem diria, eih Marcelo, você que se orgulhava tanto do seu corpo! Agora eu tinha um corpo feio, paralisado. Não causaria nem tesão a um pernilongo.

Eu e Cassy começamos a elaborar melhor as músicas. Foi aí que pintou uma possibilidade de fugir de Campinas e aparecer um pouco mais. A TV Cultura bolou um festival que apareceria na televisão e teria até disco gravado pros vencedores. Naquela época, não existia essa onda de disco independente, e tocar em barzinhos como tem agora. Os espaços prá quem fazia música se restringia a shows universitários. Então, fomos com duas fitas cassetes nos inscrever. Eu com o "Bamba Novo" e o Cassy com "Cemitério Blues".

Chegamos lá no último dia, e uma tremenda fila na porta. Incrível, não sabia que tinha tanto compositor escondido por São Paulo. Nada menos que setecentos inscritos. E pelo tipo de pessoas, nunca aceitariam nossas músicas, pois o anúncio foi bem claro: MPB, e o Bamba era um blues e o Cemitério, um rock. Além do que, no julgamento das músicas, estariam Marcus Vinícius e Mauricio Kubrusly, desses nacionalistas que acham que música brasileira é cavaquinho e violão.

Tudo bem, vamos tentar, uma concorrência de 700 prá vinte músicas, 45 prá um, pior que medicina na USP.

Na fila já sacamos que éramos dois peixinhos fora d'água, exceto por um cabeludo que estava atrás de nós. Era um cara meio tímido, e que por coincidência tinha uma música que também falava em cemitério, "Amor no cemitério". Tinha um nome meio esquisito: Arrigo Barnabé. Ficamos conversando sobre nossas chances de chegar entre as vinte classificadas, falando de cemitério, de bamba.

Dois meses depois, veio uma carta timbrada. O Bamba fora classificada. Incrível. Eu não achava a música tão boa assim, mas o jurado gostou. Puxa vida, tocar na televisão. Enfim, as portas estavam se abrindo prá dois caras que nem tinham dinheiro para comprar instrumentos. Eu, com meu velho violão, e o Cassy, com um Del Vequio quebrado. Como faríamos? Teríamos um mês prá ensaiar...

Uma semana antes do festival, não tínhamos nada ensaiado, apenas eu, no violão, tocando a base, e o Cassy cantando e fazendo um solinho meio gozado (uma mistura de som árabe com blues). Foi aí que resolvi pedir ajuda para o Lumumba. Ele tinha montado um conjunto de música negra, que tinha um baixista (TC, um crioulo parecidíssimo com o Luty Melodia), mais uns percussionistas.

Mostrei a música prá eles e gostaram. Toparam. Teríamos uns três dias prá ensaiar, só que eu não poderia tocar violão. Sairia muito abafado pela potência do baixo elétrico. O jeito seria tocar guitarra, mas minha formação clássica não sabia tocar de palheta, só dedilhando. Então, eu soube de um primo do Gorda que tinha um Ovation em São Paulo. E um violão americano sensacional, que o Gil usou em Montreux, e depois, todo mundo começou a usar. Ele tinha um captador já embutido, e dava um som mais metálico, mais pro violão do que prá guitarra.

Corri prá São Paulo, conheci o cara na hora, pedi clemência e lo e o carro não entra por causa das sirenes.

Não teve outro jeito, abriram a porta de trás da Caravan e me tiraram ali mesmo, na calçada. ~~Bichinho~~ generalizado na Eugênio de Lima. Que vergonha, até o trânsito parou para ver aquele bicho saindo de ~~uma~~ ambulância, com um monte de ferro no pescoço. Sentaram o animal numa cadeira de rodas e levaram para dentro de uma garagem.

Eu estava gostando daquele show, e, em especial, da novidade que estava sendo aquele passeio. Neneca empurrou a cadeira até o elevador (Atlas, prá quem estiver muito curioso). Minha mãe abriu a porta e, de repente, ficou tudo preto. Não acabou a luz não, eu desmaiara pela centésima vez. ~~essa fata de sangue...~~

Acordei deitado numa maca, ainda na garagem, sob os olhares assustados do Neneca.

— Tudo bem?

— É, mais ou menos.

Foi aí que vi o síndico do prédio. Um velhinho com que eu, quando morava aqui, quebrava altos paus.

Não é que o síndico era médico, e estava agora medindo meu pulso.

— É, a pressão está baixa.

— Será que não dá prá ele ir deitado na maca pelo elevador?

Não dava, de jeito nenhum. Incrível, só agora percebi a dificuldade de um doente entrar no ~~próprio~~ elevador. ~~de sua casa.~~

E quando um cara morre no ~~últ~~ andar de um edifício, será que o caixão desce em pé no elevador? Ridículo.

~~Demos um tempinho, me puseram de novo na cadeira e inclinaram-na, de tal maneira que as rodinhas da frente fiquem no ar. A cabeça fica no mesmo nível do corpo e melhora a circulação sanguínea. Aos poucos foram desinclinando a cadeira.~~

— Tudo bem, acho que agüento até o nono andar.

Entramos no elevador, a porta fechou. Nós três naquela caixa de aço. Agora ~~nem~~ se desmaiasse não poderia fazer nada, a não ser esperar chegar no 9º andar. Mas deu tudo certo. Abriu a porta, e entrei pela cozinha.

Vum, vum, vum, não deu nem tempo prá sentir a casa direito. Levaram-me direto pro meu antigo quarto, que tinha virado sala de televisão quando morava em Campinas. Deitaram-me numa cama de hospital bem grande, e dormi, exausto.

APARTAMENTO

No começo de 1974, morando em Santos, a família Rubens Paiva já não tinha qualquer esperança de que o homem da casa estivesse vivo. Os boinas-verdes desse país continuavam ~~com a~~ afirmação de que ele fugira. ~~Mas não fugiu não, foi assassinado.~~

- Hora de papá, entrou a Nana com um prato saindo fumaça.
- Gracinha.
- Xuxuzinho.
- Gostosinha.
- Tico-tico (a Nana sempre me chamou assim, tico-tico, não sei por quê).

Eu e a Nana nas habituais trocas de gentilezas, uma maneira carinhosa de se relacionar e para levantar a nossa moral.

Ah, comida caseira... que saudades. Temperada, salgada, acebolada, já não agüentava mais o rango de hospital. AAAHHH feijão, a grande curtição nacional. Há três meses não via feijão.

Nana ia me dando na boquinha tomando o cuidado prá não me cutucar, ela era a melhor comideira que eu tinha, ela e a Véquia, o resto sempre derrubava ou me mechucava com uma garfada sem direção.

Sobremesa, podia escolher. Vejam só, escolher a comida que quisesse. Que luxo, que liberdade. Tinha até cafezinho.

Afinal, até cafezinho, que com canudinho fica ruim, mas é prá não perder o vício. Graças a Deus parei de fumar, mas um cigarrinho essas horas é a melhor pedida.

Havia umas visitinhas na sala, mas em respeito ao meu dia agitado, me deixaram descansar. Nana, Gorda e Big já eram suficientes prô meu sossego. Iam todas dormir comigo aqui. Portanto, vimos TV até mais tarde e tchan, tchan, tchan, tchan...

Chegou a hora. Que será, será? Marcelo vai ou não vai conseguir dormir?

VAAAI!

Vai ou não vai? VAAAI!

Por precaução, tomei um diempax inteiro. A casa em silêncio, minha mãe deixara a minha porta aberta. Qualquer problema, era só gritar. Consegui convencer a Nana a dormir com a Big.

- Tudo bem, eu tô louco prá dormir sozinho, não vou passar o resto da minha vida com uma babá ao meu lado.

Veroca fez o relaxamento e se despediu. Todos saíram, as portas do quarto se fecharam, as luzes apagadas. Silêncio absoluto. Rua sem trânsito.

"É agora..."

"Que quarto abafado."

Da rua, ouvia o barulho do sinal. "Deve ter mudado agora prá vermelho."

Plec, plec; verde agora.

O teto fazia "cosquinha" no meu nariz.

Chuaaaa, barulho do colchão d'água

Ouvia com nitidez o som da minha respiração.

Inspira, respira, inspira, respira...

Parte do manuscrito foi datilografada no verso do papel timbrado de sua mãe, Eunice Paiva. "Por que você não escreve sobre isso que está acontecendo?", perguntou Caio Graco, editor da Brasiliense.

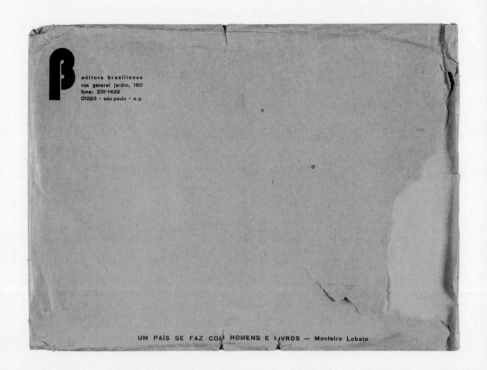

Marcelo Paiva lança hoje a partir das 20 horas, no Sesc/Pompéia, "Feliz Ano Velho".

A tragédia de um jovem num livro com muito humor

LÍGIA SANCHES

"Aí, Gregor, vou descobrir o tesouro que você escondeu aqui, seu milionário disfarçado.

Pulou com a pose do Tio Patinhas, bateu a cabeça no chão e foi aí que ouviu a melodia: Biiiiiiin. Estava debaixo d'água. Não mexia os braços nem as pernas. Via somente a água barrenta e ouvia: Biiiiiiin."

Este é o começo e o fim de um livro, "Feliz Ano Velho", que talvez nunca tivesse sido escrito se a referida cena não tivesse acontecido. Marcelo Rubens Paiva sempre se achou "superanalfabeto" e não teve dúvidas em pedir ao pessoal da Brasiliense que caprichasse na revisão. Hoje, dia do lançamento de sua obra de estréia (a partir das 20 horas, no Sesc/Pompéia), gostaria de estar bem longe: "A gente é muito honesto quando escreve e as pessoas ficam sabendo de tudo. Eu me sinto exposto".

"Feliz Ano Velho" é uma autobiografia romanceada, bem-humorada, que começou a nascer há um ano e meio. Saído de uma segunda cirurgia após o acidente da lagoa — dezembro de 79, em Campinas — tinha muito tempo para pensar. Até demais. Reconstituiu a tragédia que o deixou paralisado, a vida agitada de estudante de engenharia agrícola, os amores, a infância distribuída entre São Paulo, Rio de Janeiro e Santos. Flash-back para momentos importantes. Alguns deles, o convívio com o pai, outro homem vítima da tragédia: o deputado federal, Rubens Paiva, eleito em 62 pelo PTB, cassado em 64, desaparecido para sempre em 1971

"Escrever é um ato solitário, cheirando a cigarro e café. Uma coisa contraditória, pois o escritor tem que falar da vida e é obrigado a ficar dentro de casa. Para mim foi uma terapia: eu queria falar de um cara normal com problemas, como outras pessoas. E acontece que o problema que se cria para o deficiente físico é maior que em relação a quem usa um marca-passo, por exemplo".

"A classe média católica se sente mal na presença de um deficiente, tem preconceito. A Rede Globo vende a idéia do final feliz, do aleijado que sai andando, do surdo-mudo que sara. Uma irresponsabilidade, querendo dar a impressão que a coisa não existe, que um tratamento resolve — diz Marcelo. Mentira, há uma sequela, muitas vezes originada das próprias armas que a sociedade cria: armas, poluição, automóveis".

"Feliz Ano Velho" não tem final feliz, nem infeliz. Mistura momentos saborosos e dolorosos. Aos 23 anos, seu autor sabe que não vai poder nadar, nem passar um ano no mato, como pretendia ("Nenhum homem pode voar mas não se sente tão frustrado por isso"). Daí largou a engenharia e passou para a ECA, no curso de rádio e televisão.

Ele nunca soube direito por que o pai desapareceu. Tinha 12 anos, lembra a casa invadida por soldados com metralhadoras. Levaram o pai, depois a mãe (ficou presa 13 dias). Um tempo de loucura, busca de informações: "Seu marido está em Fernando de Noronha", diziam à mãe. "Está no Xingu num hospício como indigente, exilado no Uruguai. Seu marido foi espancado". Rubens Paiva está vivo, está morto".

Durante muitos anos não se discutiu a tragédia naquela casa. "Eu quis falar do meu problema naquele momento, sem deixar passar a emoção. Fui escrevendo, discutindo com o Travassos (Luis Travassos, ex-presidente da UNE, dirigente da Ação Popular, exilado em Berlim até a Anistia e morto num acidente em 1982) e o Luís Mercadante.

Seu livro tem prefácio de Travassos, que entrou em sua vida como namorado da irmã, Veroca. Tem uma homenagem de Marcelo a ele: "Você morreu, Zé, e eu adorava você. Esse livro é dedicado a você, e quando eu for pro céu, vou levar o que você não leu, e umas folhas em branco pra sua história". Como essas linhas, "Feliz Ano Velho" é ágil, rápido, procurando uma linguagem moderna que inclui gíria e frases curtas.

Artigo de lançamento de *Feliz ano velho*, Folha de S.Paulo, 7 de dezembro de 1982.

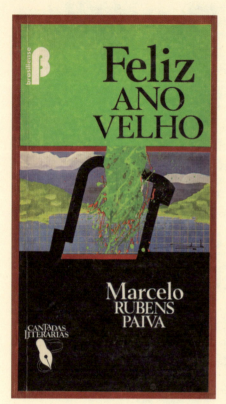 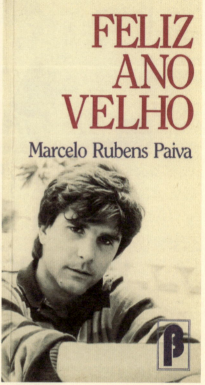

Capas das edições publicadas pela Brasiliense em 1982 e 1994, respectivamente. À esquerda, a primeira, com ilustração de Gilberto Salvador.

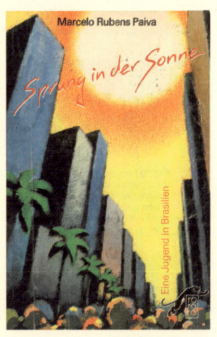
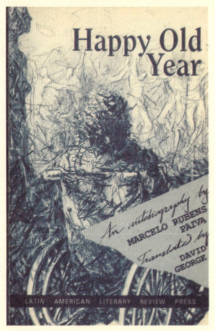

Edições estrangeiras de *Feliz ano velho*. Espanha (Sudamericana, 1986), Alemanha (Rowohlt, 1986), Reino Unido (Latin American Literary Review Press, 1991).

DEPOIMENTO

FELIZ VIDA NOVA

Aos 20 anos, Marcelo Paiva, estudante de engenharia, teve a medula esmagada num acidente, o que paralisou seu corpo. Do desespero, ele extraiu uma lição de coragem que está num livro de muito sucesso, Feliz Ano Velho. Aqui, a mãe de Marcelo, Eunice Paiva, conta como viveu o drama do filho e fala da alegria de ver, a cada dia, seu reencontro com a vida.

Reportagem de Renata Gouvêa

Eu me lembro de cada detalhe daquela sexta-feira, 14 de dezembro de 1979. Tinha havido um novo aumento da gasolina, o trânsito ficara congestionado com a corrida de todo mundo aos postos, eram cinco horas e eu também tinha que encher o tanque do carro, porque precisava ir a Campinas, numa viagem de 90 quilômetros de São Paulo. Lá estava meu filho Marcelo que, segundo um telefonema que eu recebera, sofrera um acidente e estava sendo atendido num pronto-socorro. Tinha fraturado uma costela, me disseram, mas eu estava calma. Afinal, quebrar uma costela não é uma coisa tão grave.

Como eu me atrasei, achei melhor telefonar para Campinas e avisar que ia chegar um pouco mais tarde. Então, as notícias já eram outras. Marcelo estava sendo operado. Eu estranhei: como, operado de uma costela? Não, me responderam, o problema não era uma costela, mas uma vértebra fraturada. Não me lembro de ter respondido nada. Apenas pedi ao meu cunhado para me levar até Campinas, pois eu não tinha mais condições de dirigir.

Chegamos ao hospital às 10 horas da noite. Um grande amigo meu, que morava na cidade e havia sido avisado do acidente, estava à minha espera. Seus olhos estavam cheios de lágrimas. E foi ali, na porta do hospital, que eu soube da verdade: meu filho tinha quebrado a vértebra cervical, ao mergulhar num lago raso. A fratura era séria, pois a medula havia sido esmagada quando ele bateu a cabeça no fundo do lago, e o risco de vida existia. Mas se Marcelo não morresse ficaria paralítico para sempre. Chorei. Não sentia o chão debaixo dos meus pés, e achava que eu ia cair, cair...

Marcelo sempre foi um filho especial. Era muito esperto desde pequeno, interessado em tudo, bem-humorado. E sempre se deu bem com as irmãs, Veroca, hoje casada, com 29 anos; Eliana, de 27; Ana Lúcia, também casada, com 25 e Beatriz, de 22 anos que, como Marcelo, mora comigo.

Marcelo tinha 11 anos quando Rubens, meu marido, desapareceu em 1971, depois de ter sido preso por motivos políticos. Nos primeiros dias, não comentava o assunto com meus filhos. Era muito difícil explicar a eles como o pai podia ter sido preso se nunca havia feito nada de errado. Eles não podiam entender o que era perseguição política e, na verdade, eu nem tinha o que contar, nem eu mesma sabia se meu marido voltaria ou não.

Não posso dizer quem mais sofreu com o desaparecimento de Rubens, se eu ou as crianças. Acho que todos nós sofremos, mas eu sabia que, para elas, esse sofrimento crescia, na medida em que não podiam entender a falta do pai. Nós vivíamos no Rio de Janeiro, e era lá que eu exercia a minha profissão de advogada. Quando meu marido desapareceu, a família dele começou a insistir para que fôssemos para Santos, para perto deles. Eles temiam, assim como eu, que alguma coisa pudesse acontecer às crianças ou a mim e, assim, acabamos nos mudando.

Eu vivia muito angustiada, sem saber se meu marido estava vivo ou não, mas sentia que não podia condicionar minha vida, ou a de meus filhos, a essa dúvida. E o que eu não queria, principalmente, era transmitir um sentimento de ódio aos meus filhos, não queria que eles se sentissem como que na obrigação de vingar a morte do pai.

Em 1976, Marcelo começou seu curso de engenharia civil, e eu achava que era por influência da profissão do pai. No primeiro ano de faculdade, porém, ele começou a despertar para a música, passava horas tocando violão e parecia tão envolvido nisso que chegamos até a conversar sobre uma possível opção dele entre a música e a engenharia. Mas a troca de interesses acabou acontecendo de maneira diferente. Marcelo descobriu, em Campinas, um curso de engenharia agrícola e

Foto Amilton Vieira

mudou-se de São Paulo, para onde tínhamos vindo, depois de algum tempo em Santos, indo morar numa república em Campinas. Ele estava muito feliz, vinha para casa todos os fins de semana.

No dia do acidente, foi como se toda essa nossa felicidade, tudo o que tínhamos conseguido reconstruir depois da morte de Rubens, tivesse desmoronado. Eu sentia que todos dependiam de mim, que eu era a única referência dos meus filhos, seu único apoio, mas naquela hora eu mesma não tinha apoio.

Quando o médico me mostrou a radiografia do pescoço do Marcelo e eu vi como tudo tinha sido esmagado, me perguntei como uma coisa assim podia acontecer num simples mergulho, numa tarde de verão, numa brincadeira com amigos. Enquanto eu conversava com o médico, Marcelo estava na Unidade de Terapia Intensiva. O risco de vida era grande nas próximas 72 horas e qualquer infecção poderia matá-lo. Eu queria ver meu filho, mas fui desaconselhada pelo médico. Marcelo estava feio, ele me disse, em meio a toda a aparelhagem da UTI, e eu poderia ficar assustada. E, afinal, ele nem saberia que estava ali.

A sensação de impotência que eu sentia era enorme, e percebi que tudo quanto eu poderia fazer era voltar para São Paulo e contar o que acontecera às minhas filhas. Quando cheguei em casa, me sentei na sala e fiquei olhando para elas longamente. Depois, comecei a falar, sem alterar o tom de voz. Elas me ou-

As lembranças de Marcelo

Abaixo, trecho do livro Feliz Ano Velho, de Marcelo Paiva, um dos mais vendidos no país nos últimos meses. Ed. Brasiliense.

Minha mãe era quem ficava comigo de noite. Ela voltava de São Paulo e dava jantar pra mim. Esperava até eu dormir, dava um tempo e ia embora. Mas essa noite, pouco antes da meia-noite, acordei com fogos e gritaria na rua. Era Ano-Novo. E mudança de década: 1980. Não haveria champanhe, serpentinas ou abraços. Eu estava só.
— Feliz Ano-Novo, Marcelo!
— Pra você também, Marcelo!
Admirava a alegria das pessoas na rua, uma alegria da qual não fazia parte. Estava triste e só.
Adeus Ano Velho, feliz Ano-Novo
Não tinha o mínimo sentido. As lágrimas rolaram, chorei sozinho, ninguém poderia imaginar o que eu estava passando. Nada fazia sentido. Todos sofriam comigo, me davam força, me ajudavam, mas era eu que estava desejando minha própria morte. Mas nem disto eu era capaz, não havia meio de largar aquela situação. Tinha que sofrer, tinha que estar só, tão só que até meu corpo me abandonara. Comigo só estavam um par de olhos, nariz, ouvido e boca.
Feliz Ano Velho, adeus Ano-Novo
Foi o que eu prometi a mim mesmo. "Se eu não voltar a andar, darei um jeito qualquer para me matar". Era bom pensar assim. Eu não tinha medo de morrer. Era muito mais fácil a morte que a agonia daquela situação.
— Parabéns, Marcelo. Foram vinte anos bem vividos. Deixará muitas saudades, alguns bons amigos, umas fãs. Fique tranquilo, o Cassy sabe tocar algumas de suas músicas. Um dia, quando ele gravar um disco, irão saber que você existiu. Mas também, se não souberem, tanto faz. De que vale a eternidade? Um orgasmo dura poucos segundos. A vida dura poucos segundos. A história se fará com ou sem a sua presença. A morte é apenas um grande sonho sem despertador para interromper. Não sentirá dor, medo, solidão. Não sentirá nada, o que é ótimo. O sol continuará nascendo. A terra se fertilizará com o seu corpo. Suas fotografias amarelarão nos álbuns de família. Um dia alguém perguntará:
— Quem é esse cara da fotografia?
— Ninguém que interesse.

Revista *Doçura*, reportagem de Marcelo com sua mãe, Eunice Paiva.

INTRODUÇÃO

Com a preocupação de não deixar vocês - inocentes, puros e deslumbrados calouros perdidos no meio de toda essa agitação que denominamos Movimento Estudantil (ME), elaboramos este manual que vai orientá-lo antes, durante e depois dos períodos de crise. Para melhor acompanhar estes períodos, aconselhamos também a compra de um Dicionário de Terminologia Marxista.

OBS: Não se preocupe com o significado da palavra Dialética, que embora muito usada pelo estudantado, ninguém ainda conseguiu entendê-la.

I - ASSEMBLÉIA

Uma Assembléia é marcada geralmente com 1 ou 2 dias de antecedência, onde se discute e decide como resolver problemas que afetam a vida sócio-política do estudantado.

Ex: preço do restaurante
greve dos biólogos
preço do hot-dog
greve dos professores de P.B.
posse do Figueiredo
aumento dos mosquitos da UNICAMP, etc

-1-

CHACRETE HEPÁTICA
CONTO
SIGMUND FREUD II

Vou relatar o que me aconteceu nesses dias de prisão bacteriológica. Ou será que hepatite é causada por vírus?

Minha situação era a seguinte: uma cama, lençóis brancos e um abajour. Não poderia me movimentar muito. Portanto, a primeira noite resumiu-se na leitura do jornal e em dormir cedo, uma vez que a casa de minha mãe não estava equipada com livros.

No amanhã seguinte acordei calmo, lavei-me e fui para a copa tomar café. Li o jornal. Ao voltar para o quarto, senti uma sensação estranha; estaria faltando alguma coisa na decoração? Não, ao contrário, havia algo a mais que me perturbava, como se estivesse sendo vigiado. Olhei em volta e vi a desgraça. Atirei-me debaixo da cama, entrincheirei-me atrás do travesseiro, saquei da arma e atirei...

— "Fora". Fora!!

Não adiantou. Peguei uma granada, tirei o pino e gritei, "Não, saia daqui, não quero você !"

Mas a "coisa" continuava estática, ocupara meu quarto sem encontrar resistência e, pelo jeito, auxiliado por alguém.

Era um golpe militar. Sem outras alternativas, apelei para ajuda externa.

— Manhê, tira essa televisão daqui!!!
— Meu filho, é para você se distrair...

Não adiantava mesmo, o golpe era um fato e a televisão, poderosa, carismática, invencível. Claro que fazia um jogo sujo, populista, mas ganharam. Ofereci resistência pacífica, simplesmente não liguei o aparelho e fiquei pensando na vida, até adormecer.

Ao voltar para o quarto, depois do jantar, encontrei minha

Textos anteriores a *Feliz ano velho*. *Manual do calouro*, escrito de forma irônica sobre as situações e o dia a dia universitário. Ao lado, conto submetido ao editor antes da escrita do romance.

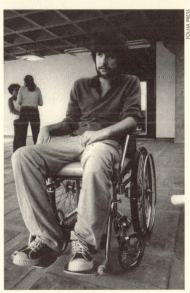

Acima, cartaz da primeira adaptação para o teatro. Ao lado, Marcelo na USP em 1983.

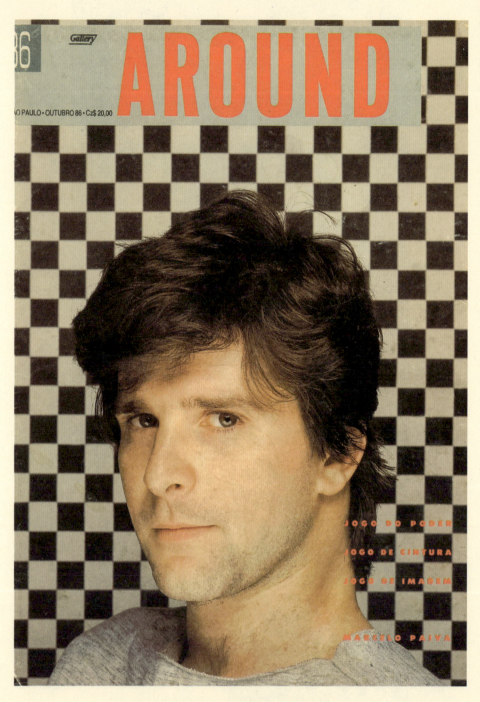

Retrato de Bob Wolfenson para a capa da revista *Around*, 1986.

MARCELO RUBENS PAIVA

APRESENTAÇÃO
Maria Ribeiro

Copyright © 1982, 2015, 2022 by Marcelo Rubens Paiva

Grafia atualizada segundo o Acordo Ortográfico da Língua Portuguesa de 1990, que entrou em vigor no Brasil em 2009.

Capa
Alceu Chiesorin Nunes

Caderno de imagens
Samantha Monteiro

Revisão
Eduardo Rosal
Rita Godoy
Valquíria Della Pozza

Os personagens e as situações desta obra são reais apenas no universo da ficção; não se referem a pessoas e fatos concretos, e não emitem opinião sobre eles.

Dados Internacionais de Catalogação na Publicação (CIP)
(Câmara Brasileira do Livro, SP, Brasil)

Paiva, Marcelo Rubens
  Feliz ano velho (Edição comemorativa de 40 anos) / Marcelo Rubens Paiva ; apresentação Maria Ribeiro. — 1ª ed. — Rio de Janeiro : Alfaguara, 2022.

  ISBN 978-85-5652-157-6

  1. Escritores brasileiros – Biografia 2. Paiva, Marcelo Rubens, 1959-. Feliz ano velho I. Ribeiro, Maria. II. Título.

22-127739   CDD-B869.8

Índice para catálogo sistemático:
1. Escritores brasileiros : Biografia   B869.8
Eliete Marques da Silva – Bibliotecária – CRB-8/9380

1ª reimpressão

Todos os direitos desta edição reservados à
EDITORA SCHWARCZ S.A.
Praça Floriano, 19 — Sala 3001 — Cinelândia
20031-050 — Rio de Janeiro — RJ
Telefone: (21) 3993-7510
www.companhiadasletras.com.br
www.blogdacompanhia.com.br
facebook.com/editora.alfaguara
instagram.com/editora_alfaguara
twitter.com/alfaguara_br

Sumário

Apresentação — *Maria Ribeiro*   7
Quarenta anos depois — *Marcelo Rubens Paiva*   9

FELIZ ANO VELHO   27

Sobre o autor   291

Apresentação

Marcelo,

Você quebrou a quinta vértebra cervical, comprimiu a medula e escreveu um livro. As duas primeiras coisas eu sei bem como se deram, mas a terceira, juro, não sei como você foi capaz. Porra, você escreveu um livro. Escreveu enquanto reaprendia a existir. E com absolutamente todos os movimentos do seu corpo "sem movimentos". Com a vida que você guardava até ali e com a que deixou de ser sua a partir daquele dezembro de 79. Só que o Marcelo pós-acidente trouxe o Marcelo de antes junto com ele, de modo que você virou uma espécie de pessoa ao quadrado. Você meio que se multiplicou exatamente quando a conta parecia de subtração, subverteu a própria história, virou herói de si mesmo e de várias gerações — inclusive da minha. Você, Marcelo Rubens Paiva, inaugurou a revolucionária categoria do "escritor pop star". Porque absolutamente todo mundo te leu! Era você e Christiane F., anos 80 na veia.

Quando a gente se conheceu pessoalmente, na segunda montagem do *Feliz ano velho* pro teatro — lá se vão mais de vinte anos —, eu tive a sensação de estar diante de um Jedi. Você era — ainda é — o meu Luke Skywalker. Quem precisa de sabre quando se tem aquela cadeira de rodas? E aquele carro dos Jetsons?

Pra escrever este texto, além de reler o livro, que, a propósito, segue inacreditavelmente arrebatador e atual, fui ver entrevistas antigas suas. Em uma delas, a do *Roda Viva* de 1997, você diz que a tua estreia literária tinha como principal objetivo te apresentar pro mundo, ser uma espécie de carta de identidade. "Pra eu não ter que explicar a toda hora o que tinha acontecido comigo", você disse.

Pois bem. Foi o que aconteceu. Pelo menos comigo. Quando eu te conheci, eu tive a impressão de que já te conhecia. E conhecia mesmo. Por outro lado, por mais tempo que a gente passasse junto, nunca era suficiente. Porque você não acabava. Você não acaba, Marcelo. O humor, o tesão, a raiva, a aceitação, a literatura do tipo raio X que você inventou, tudo isso te fazia andar de novo, só que de outro jeito. Seu texto era verdade entre vírgulas, com cheiro, geografia, barulho de hospital, som de violão, passado, futuro, tudo que foi e poderia ter sido e não vai ser, mas é. Mas é. Você é.

E agora, além de tudo, você é pai de dois meninos: Joaquim e Sebastião. O nascimento dos teus filhos, o teu pai neles, os quarenta anos do *Feliz ano velho*, os livros que você escreveu depois, as peças, as mensagens de WhatsApp, a nossa amizade, o Brasil, a vida que você desenhou pra você, tudo isso me dá vontade de continuar aqui. Aqui no nosso país, aqui nas nossas palavras, aqui onde você mora: um lugar muito primitivo de sentido e de amor, um lugar pra onde eu volto e quero voltar muitas vezes.

Maria Ribeiro

Quarenta anos depois

Alguns anos atrás, dei uma entrevista para o documentário *Ponto de virada: O dia que mudou a sua vida*. Nela, perguntavam qual o dia mais significativo do entrevistado, em que tudo mudou. O tempo passou e me esqueci do doc, até receber o convite para a sua estreia, em 2009, na 45ª Mostra de Cinema de São Paulo. O diretor Frank Mora insistiu para eu estar presente, pois eu era o primeiro entrevistado. Começou o filme. É, a primeira pessoa entrevistada era justamente eu, falando do dia que mudou a minha vida. Eu não me lembrava mais do que tinha dito:

— Todos acham que foi o dia em que meu pai foi morto durante a ditadura, ou o dia em que eu sofri o acidente que me deixou cadeirante. Mas não.

Ué, então qual foi? O diretor e montador do filme deixou o suspense no ar. O que falei durante a entrevista? Sou desconcentrado e confuso para dar entrevistas, uma timidez me reprime, e disfarçá-la é uma luta, brota a arrogância dos inseguros, falo sem parar, falo o que penso, sem medir palavras. Na sala de cinema, me olharam surpresos. Ficamos em suspense durante os setenta minutos do documentário. Só no final reapareço para dizer:

— Foi quando o editor Caio Graco, da Brasiliense, me perguntou: "Por que você não escreve sobre isso que está acontecendo?".

Ele tinha vindo até a minha casa para buscar uma resenha que me encomendou para sua revista literária *Leia Livros*, em 1981, em São Paulo, dois anos depois de eu ter sofrido o acidente. Mostrei a resenha e dois contos, um deles sobre a chacrete Sarita Catatau, que escrevi na reabilitação, e outro metalinguístico sobre os camarins da produção de uma novela de TV. A ideia de uma autobiografia nem tinha passado perto. E o que estava me acontecendo interessava a alguém?

Eu lia muito. Até aí... Minha relação com a literatura não foi planejada. Sou da época em que a TV era em branco e preto, pegava mal, a programação era ruim, não tinha videocassete, internet, computador, fax. Minha família era ligada em livros. Meus pais conheciam escritores. Lygia Fagundes Telles era amiga da minha mãe. Fernando Sabino, Antonio Callado, Antonio Candido, Haroldo de Campos, Millôr, até Paulo Francis, do meu pai. Convivi com esses caras na minha casa desde a infância.

Na adolescência, eu escrevia no jornal do colégio Santa Cruz sobre o que acontecia na ditadura. Ou melhor, sobre o que eu sabia. Escrevia letras de música, poemas, artigos irônicos no jornal do DCE da Unicamp. Escrevi um famoso livreto de onze páginas chamado *Manual do calouro*, em que eu indicava de forma irônica como se comportar durante assembleias estudantis, passeatas, manifestações, diante da Tropa de Choque, e que terminava com uma frase do Lênin, "a prática é o critério da verdade". O *Manual* foi impresso aos montes, distribuído na USP, PUC, e ainda hoje é atual; rolo de rir quando leio.

Depois do acidente, aos vinte anos, escrevi em fanzines de música alternativa das baladas que frequentava em São Paulo, como spAlt, da boate Napalm, em que assinava Marcelo Paiva. Era até conhecido como o escritor da turma, sem nunca ter escrito um livro. Me inspirava em contos de Rubem Fonseca, Ivan Angelo, Dalton Trevisan, especialmente Hemingway, conhecia a obra de Kafka e Dostoiévski, lia os autores brasileiros de praxe. Não era dos maiores leitores do colégio nem da faculdade, tinha outros escritores melhores, mais cultos, alguns em atividade até hoje nos jornais e com livros publicados.

Me considerando sem bagagem para escrever um romance, fui desafiado pelo editor da editora mais bombada da época a participar da coleção de livros mais prestigiosa, a Cantadas Literárias, que aliás também é de 1982. Ela lançava novos autores, numa tentativa de resgatar a literatura dos anos sombrios da ditadura, publicando gente como Reinaldo Moraes, que a imprensa chamava de "picaretagem estética", Leminski, Ana Cristina Cesar, Chacal, Caio Fernando Abreu. Marginais, novatos ou não, eram as novas vozes em alta velocidade, como se dizia, inseridos até a alma na contracultura. Um novo tipo de poesia, prosa, narrativa era impressa naquele momento.

A revista *451* fez uma grande matéria sobre isso em 2022, nos quarenta anos da coleção. Reinaldão disse: "Realmente, é uma coisa de espírito do tempo. Estávamos irritados com a ditadura, mas também cansados um pouco da retórica da esquerda, e essa coleção chuta isso e faz escanteio. Se você for listar as virtudes do livro do Marcelo, elas estão muito mais na linguagem. É justamente colocar em cena um personagem que é um cara que fuma maconha, trepa com as namoradas e não parece movido por uma ideologia muito determinada. É claro que ele quer descobrir quem matou o pai dele. Ele quer. Mas o personagem é o moleque daquela geração, né?".

"Foi o que alimentou essa literatura. Era nos lugares da noite, de movimento estudantil, de leitura de poemas, onde se juntava esse pessoal. A Cantadas é uma maturação", disse Italo Moriconi: "É amarração de impulso, é revolucionário. É uma geração de liberação comportamental".

Não sei se Caio — editor amigo dos meus pais, que conheci na infância, e na adolescência me ensinou a dirigir, velejar, virou um padrinho que andava de moto, carro conversível, fumava um béqui — desafiava todos que encontrava. Me lembro que no teste para uma peça de teatro amador um diretor me disse que eu era talentosíssimo. Mas dizia isso para todo mundo que fazia os testes. Anos depois me confessou que me escolheu porque eu era bonitinho, a cara do personagem.

Minha carreira literária começava. Nem sei se era intenção do Caio me transformar em escritor. Ele gostava do meu estilo coloquial, sincero, despojado, próximo a J. D. Salinger, Jack Kerouac, da literatura beat, que começava a ser tardiamente lançada no Brasil, e viu em mim uma geração silenciada que precisava se expressar. Porém, justamente naqueles meses, operei os dois braços e a mão direita, para melhorar minha movimentação. Ficaram enfaixados. Sem contar a fraqueza, me recuperando das cinco cirurgias pelas quais passei, depois de meses de hospitais. Magro, fumando sem parar, escrever parecia uma missão impossível.

A qualquer pessoa que chegasse em casa eu pedia para anotar aquilo que eu ditava, exatamente como estou fazendo agora em homenagem ao livro que me lançou. É verdade, as primeiras quarenta páginas do livro foram ditadas e transcritas pelas minhas irmãs, amigos e amigas, até pela minha terapeuta, em casa ou num hospital. Eu me sentava numa poltrona. Ditava num caderno. O comovido ouvinte ficava do outro lado anotando.

A história do livro começou a ganhar forma de maneira atemporal, muito mais intuitiva do que planejada. A missão era retratar uma geração chamada de alienada, a "geração AI-5", que cresceu durante a reforma educacional da ditadura militar, geração que Renato Russo imortalizou como Geração Coca-Cola, considerada consumista, fútil e apolítica, numa época em que os pais proibiam os filhos de ler gibis. Na verdade, éramos o oposto disso.

Não éramos consumistas, não seguíamos manuais da velha esquerda armada, não acreditávamos na ilusão de uma revolução violenta. Éramos adeptos da não violência de Gandhi a Luther King, apostávamos na transformação do mundo não mais combatendo em selvas. Como dizia Cazuza, nossos heróis morreram de overdose, nossa política passava pela palavra, pela cultura: poesia marginal, literatura, cinema, televisão, punk rock, moda, grafite. Que geração inspiradíssima...

Minha missão seria retratar esse tempo e escrever um livro em brasileiro, pois ainda não se distinguia, como hoje, português de Portugal do português do Brasil. A literatura brasileira era muito mais próxima da norma culta da corte do que da linguagem informal das ruas, que foi readaptada pela antropofagia modernista.

Nos inspiravam a Tropicália, *O Pasquim* de Millôr e Ivan Lessa, as colunas de Paulo Francis, cartunistas como Henfil, Glauco, Laerte e Angeli, que refundavam indiretamente uma nova língua e o pós-modernismo. Toda a minha geração leu Marcuse. Vimos o fenômeno do jornal tabloide inovar o estilo literário ou jornalístico. A cultura pop era mais referência do que muitos autores consagrados. Era uma geração relativamente culta, influenciada pelo humor de Monty Python.

Eu queria mostrar o universo de deficientes físicos, que sofriam muito preconceito, que sempre eram associados a tristeza e doenças, quando na verdade era um grupo muito bagunceiro, maluco, sarcástico, que conheci em encontros, viagens, congressos e centros de reabilitação. Quis falar abertamente de drogas. Quis falar de dilemas da virgindade. Quis falar do primeiro amor.

Ganhei então uma máquina elétrica do meu tio Cláudio, que soube que eu escrevia. Facilitou minha independência datilográfica pós-cirúrgica. Podia estar sozinho no quarto escrevendo concentrado. Geralmente ouvindo música. Por sorte, a faculdade, a Escola de Comunicações e Artes da USP, me exigia pouco. Estávamos em greve. Na verdade, num motim.

Os anarquistas ganharam as eleições para o Centro Acadêmico exatamente em 1982. Os alunos exigiram reformas radicais no currículo e na avaliação, abolimos listas de chamada, quem estivesse a fim assistia às aulas, quem não estivesse fazia um projeto para ser entregue no fim do ano que englobasse todas as disciplinas. Fiz parte do segundo grupo. Filmamos na minha casa um roteiro surrealista. Tinha maconha transbordando pelas frestas da minha vida e do campus. Não me lembro de muita coisa daquele tempo. Me lembro de filmarmos a colega Suzana nua, sentada no vaso sanitário da área de serviço, e uma trepadeira crescendo em suas pernas. Minha casa foi escolhida porque a estética do nosso trabalho era branca e vermelha, e os móveis da cozinha de fórmica da minha mãe eram dessa cor.

Nesse clima, escutando The Clash, frequentando a boate punk Napalm e o Carbono 14, onde conheci Fernanda, minha nova namorada, que lá trabalhava, garota brilhante que me ajudou, com a mãe, Diva, bibliotecária da USP, a revisar meu novo livro, chamado ainda *Do lado de lá dos trilhos*, e a obra foi saindo. Se me cansava de narrar algo, fazia um flashback.

Sou da geração que fazia aula de datilografia na adolescência, passei a datilografar cada vez melhor. Quando estava com mais ou menos cem páginas do livro, ele veio implacável: o bloqueio criativo. O que era aquilo que eu estava fazendo? Quem sou eu para publicar um romance nessa coleção tão badalada?

Contatei o Caio Graco, que me pediu para enviar uma cópia do que eu tinha. Uma semana depois, me ligou eufórico, fez altos elogios, me incentivou, "siga por esse caminho", e me deu um deadline, entregar tudo em outubro. Prazo razoável. Mas prazo é prazo. E mudou o título para *Feliz ano velho*, o nome de um capítulo logo no começo, em que eu não via sentido em comemorar a chegada do ano de 1980, entubado numa UTI. Ele disse que minha sugestão de título era muito antiga. E ele tinha razão, era uma expressão que li em Eugene O'Neill, *Longa jornada noite adentro*, em que dividia o mundo entre as pessoas que moravam diante das estações de trem, cidadãos de bem, e atrás, do outro lado dos trilhos, os clubes de blues, bordéis, traficantes, aleijados, mendigos, losers, em que eu passava a me incluir, os sem privilégio.

Era 1982, o ano em que foram lançados os discos da Blitz, Paralamas, Ira, Cazuza e Barão Vermelho, Titãs, do Circo Voador, ano em que houve o festival punk no Sesc de São Paulo, recém-inaugurado, da Democracia Corinthiana, do começo da luta pelas Diretas Já, e lá estava eu narrando acontecimentos que rolaram nos campus da USP, Unicamp, em repúblicas, nas ruas, acampando com a namorada, dentro de uma UTI, as aflições da minha imobilidade, as angústias sobre como seria o futuro e relembrando os anos da ditadura, anos agitados, e minha juventude, onde eu não via diferença entre dia e noite.

Ao terminar, mostrei para o amigo Luís Travassos, líder estudantil que voltava do exílio, que escrevia também um livro sobre o tempo em que foi presidente da UNE, preso e exilado. Gostou muito, mas reclamou que eu não falava da prisão e do desaparecimento do meu pai em 1971.

Ele tinha razão. Pouco sabíamos sobre a prisão, tortura e morte do meu pai. Estávamos ainda na ditadura. O presidente brasileiro era um general. O livro era sobre a minha geração. Minha família tinha reticências em viver num luto eterno ou à sombra dele. Claro que nos orgulhávamos da sua luta, mas não cabia a mim defender a sua memória. Era o papel da minha mãe, que se formou advogada e ativista dos direitos humanos depois da prisão. Ela também escrevia.

Então, superficialmente, escrevi minhas lembranças de onze anos do dia da prisão, e fui brifado pela verdadeira testemunha, a esposa dele, presa no dia seguinte e levada ao mesmo DOI-Codi, no II Exército.

Acabei o primeiro tratamento, Fernanda me ajudou a editar, e voltei a datilografar um segundo tratamento com toda a calma. Tudo de novo. Buscava aprimorar o estilo. Tirei algumas coisas excessivas. Minha mãe revisou informações sobre a ditadura. Perguntei a amigos e amigas citadas qual nome gostariam de ter no livro. Cada um escolheu um codinome. Mostrei para algumas o que escrevi sobre elas. Não queria ferir a intimidade de ninguém. Alguns codinomes eram divertidos, como Bianca, que a personagem escolheu em homenagem a Bianca Jagger. Doutor Carvalho virou Mangueira. Edsinho queria ser Neguinho, como o chamavam na Vai-Vai. Algumas não se importaram com o nome verdadeiro, afinal, o livro de um ilustre e jovem desconhecido de 23 anos seria lido por poucos. E claro que termos e cenas que hoje são ofensivas mantive em edições futuras. Não poderia ser desonesto e reeditá-las num livro sobre honestidade. Eu era um garoto no auge da sexualidade, aos vinte anos, num tempo de muita liberdade e descobertas, num ambiente libertário, mas numa sociedade patriarcal, machista, repressora. Pode parecer ofensivo desejar enfermeiras e fisioterapeutas na UTI, mas sexualidade ali era um grande dilema para um lesionado medular. Como seria dali em diante?

Decidi terminar o livro narrando o primeiro aniversário do meu acidente, escrevendo como no começo, mas em terceira pessoa — como se o passado fosse de outro personagem, como se eu falasse de outro Marcelo. Decidi também terminar o livro com dois amores que rolaram antes e depois do acidente, Ana e Bianca, misturando-os numa mesma cena. E incluir trechos sobre a prisão dos meus pais.

Entreguei no prazo, outubro de 1982, para um Caio otimista, que passou em casa, enfiou os originais numa mala de couro e saiu com o seu Gurgel sem capota num dia de primavera ensolarado. Antes de ir para a editora, foi almoçar e depois a um banco, e deixou a mala com a única cópia datilografada da versão final do livro no carro. Por sorte, ninguém afanou aquela mala, porque ao chegar à editora ele me ligou perguntando se eu tinha feito um xerox, e eu não tinha.

O livro passou pela revisão da Cecília, coincidentemente uma colega minha da USP, e do Caio Fernando Abreu, que entendeu a linguagem coloquial e deixou tudo da maneira que escrevi. Revisores mais ortodoxos teriam mudado tudo e tirado a alma do livro inovador, que inspirou gerações de escritores que vieram depois. Porém, outros editores da Brasiliense acharam que o livro não deveria ser publicado. Caio bancou sozinho a publicação e marcamos o lançamento em dezembro, para aproveitar o Natal e o fim do ano. Trouxe a prova da capa, feita por Gilberto Salvador, artista plástico que teve pólio. Adorei as cores.

Fui pessoalmente ao Sesc Pompeia, bati na porta da diretoria, me apresentei e informei que estava lançando um livro e queria um espaçozinho qualquer para uma noite de autógrafos. Olhar surpreso para aquele estudante cadeirante magro, fraco, com cara de membro do Sex Pistols, cuja camiseta era a capa do disco *Never Mind the Bollocks*. Milagrosamente, não sei por que agendaram e me deram um espaço debaixo de uma escada na entrada do teatro principal. Por mim, tudo bem.

Andava pela USP com um convitezinho implorando para meus colegas e desconhecidos aparecerem, caso contrário não iria ninguém. Data marcada: 14 de dezembro de 1982, exatamente três anos depois do meu acidente.

Saiu na Ilustrada da *Folha de S.Paulo* uma simpática matéria no alto da página, feita por Lígia Sanches, com minha foto: "A tragédia de um jovem num livro com muito humor". Surge uma entrevista de um garoto de 23 anos bem articulado, crítico, que faz pensar. "Escrever é um ato solitário, cheirando a cigarro e café. Uma coisa contraditória, pois escritor tem que falar da vida e é obrigado a ficar dentro de casa. Para mim foi uma terapia: eu queria falar de um cara normal com problemas, como outras pessoas."

Eu deveria ter dito: como TODAS as pessoas. Critico a norma de finais felizes de deficientes nas telenovelas, que saravam milagrosamente no último capítulo. Lá estava um militante da causa pela inserção dos novos amigos, influenciado pelos encontros e congressos de que participou: "Mentira, há uma sequela muitas vezes originada das próprias armas que a sociedade cria: armas, poluição, automóveis". Lígia termina com uma frase precisa: o livro "é ágil, rápido, procurando uma linguagem moderna que inclui gírias e frases curtas".

Repercutiu. Às oito da noite, apareceu uma multidão de amigos da USP, Unicamp, das casas noturnas, da AACD, desconhecidos, parentes, amigos da minha família.

Porém não tinha livro. Por alguma imprudência, o responsável pelo estoque da editora mandou caixas de outro livro. Mas ninguém arredou o pé. Ficaram todos lá revendo amigos e amigas, contando histórias, bebendo vinho branco alemão. A editora, desesperada, encontrou o guarda responsável pelo galpão da gráfica. O livro chegou no final.

Feliz ano velho tinha tudo para dar errado. Caio Graco era o mais animado, dizia que venderíamos 10 mil exemplares. Eu já ficaria satisfeito se ao menos algumas pessoas lessem aquilo, que eu considerava uma espécie de cartão de apresentação de um deficiente que não queria mais ser tratado como diferente, e era olhado com susto e surpresa nas ruas. Se alguém me perguntasse o que tinha acontecido comigo, eu daria um exemplar do livro.

Para a minha surpresa, o livro mexeu com algumas pessoas, muito mais do que eu imaginava. Recebi cartas, elogios. Muitos de muitas gerações se emocionavam. Dois meses depois do lançamento, um colega de escola, o premiado cineasta Roberto Gervitz, me procurou para fazer a adaptação cinematográfica. Poucos meses mais tarde, dois grupos de teatro me procuraram para fazer adaptação teatral da obra. Escolhi o Grupo Pessoal do Victor.

Quando o livro vendeu a primeira edição, Caio me ligou festejando, mas continuei a minha vida como se nada tivesse mudado, estudando na USP, frequentando o gramado da ECA e as casas noturnas de rock e punk, prestigiando shows de amigos e eventualmente fazendo lançamentos em cidades onde me chamavam, como no Recife, em que fui apresentado ao ídolo Alceu Valença. No Rio de Janeiro, apareceu a velha esquerda revolucionária, achando que tinha escrito um livro sobre o meu pai e a luta. Eu informava logo de cara que não era sobre ele.

O livro passou em branco pela imprensa. Meses depois do lançamento, apareceu uma crítica de meia página na *Veja* muito elogiosa de João Cândido Galvão, chamada "Memória jovem". Em primeiro lugar na lista de livros de não ficção estava *Eu, Christiane F.*, livro de uma garota que se prostituía em Berlim para conseguir drogas. Muitas vezes fui comparado a ela. Galvão escreveu ao final que o livro "é emocionante sem ser piegas, crítico e irônico sem ser inocuamente agressivo e mostra que apesar de tudo Marcelo não perdeu a paixão pela vida".

Meses depois, Salete de Almeida do *Estadão* dizia que "Marcelo Rubens Paiva revela seu pique e agarra o leitor prendendo-o numa leitura capaz de varar madrugada, mas se é fato que o feitiço pode virar contra o feiticeiro, depois de *Feliz ano velho*, é Marcelo quem passará a ser cantado pelo público com expectativas de cobranças de quero mais, e quem sabe não acaba de surgir na safra dos jovens autores o canto novo de mais um galo bom de briga".

O boca a boca fez o resto, o livro passou a ser citado por muitas pessoas, recomendado na televisão, até em novelas. Inclusive pelo herói da democracia brasileira, Ulysses Guimarães. A crítica resolveu ir atrás do prejuízo e passou a cobrir o sucesso na minha vida pessoal. Ficaram curiosos em checar que um tal novo representante da geração sem voz era um cadeirante. Comecei a aparecer nas capas de cadernos culturais de jornais e de revistas alternativas, e as edições começaram a se esgotar. Um ano depois, chegaram prêmios de literatura revelação, como Jabuti e Moinho Santista. O livro entrou para a lista dos mais vendidos, e ficou em primeiro lugar por anos.

Matéria de 1984 do *Estadão*, quando ganhei o prêmio Moinho Santista: "Três gerações premiadas hoje". Era o meu nome junto ao de Jorge Amado e do poeta modernista Menotti del Picchia, que li na escola.

O peso pesado da crítica passou a escrever sobre mim. "O retorno da sinceridade num tempo de mentiras" era a matéria de Luiz Carlos Maciel para a revista *Leia* de 1985. Em abril de 1985, capa do caderno Ilustrada de Miguel de Almeida: "Esses escritores e suas esquisitices prediletas". Lá estava eu no alto da página numa foto com Lygia Fagundes. Ela, a grande dama da literatura brasileira. Eu, um aluno do segundo ano da ECA. Minha mania era ouvir música alta e escrever depois das 22 horas até a madrugada.

Como não deram matérias no lançamento, deram sobre o sucesso. Na *IstoÉ*, apareço ao lado da minha mãe, na matéria "Feliz vida nova". Na *Manchete*, "O ano feliz de Marcelo Paiva". No *Jornal do Brasil* de dezembro 1983, um ano depois do lançamento, a manchete "Do sofrimento ao sucesso em *Feliz ano velho*". Começam a me chamar de símbolo de uma geração.

Na capa do Caderno 2, assinada por Telmo Martins, estou em destaque no lançamento do meu segundo livro, *Blecaute*, de 1986: "Marcelo ataca de novo". O mesmo Telmo cunhou uma frase que adorei, e até usei na contracapa de uma edição: "Depois de *O pequeno príncipe*, *Feliz ano velho* é o livro mais lido pelas misses".

No lançamento de *Blecaute* no Rio, o *JB* me desenha como "o charme de um escritor". A matéria da Cleuza Maria trazia: "O sorriso de Marcelo mexeu com as gatinhas da PUC". Durante muitos anos, pareciam duvidar se eu teria gás para continuar, o que eu mesmo duvidava e duvido até hoje. Mas os livros foram brotando. Quando do meu quarto livro, *Bala na agulha*, de 1992, sai na *Visão*: "*Bala na agulha* já dispensa grife". Matéria da Ilustrada sobre o lançamento do meu sétimo romance, *A segunda vez que te conheci*, em 2008, assinada por Moacyr Scliar: "Paiva se fixa como autor de gerações". Enfim, de gatinho, revelação, passei por provações, até ser enfim considerado não de uma, mas de várias gerações de leitores.

O sucesso na juventude me atordoou de tal maneira que eu não conseguia fazer o que mais queria: viver uma vida comum. O telefone não parava, aonde eu ia pessoas queriam autógrafos e, curiosamente, se você notar bem, três dos meus autores favoritos, Rubem Fonseca, Salinger e Dalton Trevisan, são arredios e avessos a entrevistas. Mas eu não sabia dizer não, estava assustado mas deslumbrado, precisava ganhar dinheiro, comprar um carro, que foi a primeira coisa que fiz com os primeiros direitos autorais, uma cadeira de rodas melhor, ajudar a minha mãe nas despesas, voltar a viver sozinho, com uma estrutura suficiente para me manter.

Eu não tinha outra profissão, não tinha herança, tinha é que ralar, e a literatura me abriu um campo imenso. Se eu estudava rádio e televisão para trabalhar como roteirista e diretor, passaram a me chamar para apresentar programas de televisão roteirizados e dirigidos por mim, por conta do sucesso do livro. Foi então que me juntei à TVA, na Gazeta, e chamei os amigos do Olhar Eletrônico (Fernando Meirelles, Paulo Morelli, Marcelo Machado, Marcelo Tas, Bel Berlinck), produtora onde eu filava uma boia semanalmente, e passamos a fazer reportagens para um programa dominical no horário noturno. Depois, fui para a TV Cultura fazer o programa *Leitura Livre*. Paralelamente, comecei a escrever na *Veja*. E nunca deixei de fazer aquilo que mais me mobilizava, que mais me fortalecia: sair à noite, estudar e escrever. Eu tinha um pique... Na virada da década, eu fazia mestrado na Unicamp de manhã, trabalhava no programa *Fanzine* da TV Cultura à tarde e à noite, mantinha uma coluna semanal da *Folha de S.Paulo* e escrevia o quarto romance, *Bala na agulha*.

Me apropriei do melhor da vida de escritor, viajei. Fui a todas as cidades. Inclusive a feiras literárias no Amazonas. Na Europa, fui a lançamentos das traduções alemã, italiana, espanhola, à Feira do Livro de Frankfurt, à Argentina lançar o livro e uma adaptação teatral, aos Estados Unidos num festival de teatro e depois num de cinema, depois a Havana, apresentei peças teatrais em festivais em Portugal e na França, dei palestra na Inglaterra. Minha carreira internacional não foi lá essas coisas. Meu agente era muito maconheiro. Era o mesmo do Bukowski, credencial que nos atraiu, mas pouco eficiente.

A crítica gostava de mim. Quando lancei o segundo livro, *Blecaute*, quatro anos depois, completamente diferente do primeiro, que a essa altura já tinha vendido uns 500 mil exemplares, a crítica me olhou de olhos bem abertos. Paulo Leminski na *Folha* escreveu: "Marcelo passou pela dura prova do segundo livro, mas nós queremos mais dessa vez". Estava nas capas dos cadernos culturais de jornais e inclusive no jornal noturno da Globo. Me senti incentivado a escrever mais e mais, e quatro anos mais tarde lancei o terceiro romance, um livro mais ousado ainda, *Ua: brari*, escrito todo ele num período em que eu vivia exclusivamente de literatura e para a literatura, e me juntara à dramaturgia, após fazer um curso no CPT de Antunes Filho. Estreei minha primeira peça em 1989, *525 linhas*. Teatro, cinema, literatura e televisão passaram a ser parte de uma rotina que, como eu disse naquela entrevista no começo, mudou a minha vida.

Então o jornalismo se juntou. Mantive na *Folha de S.Paulo* uma coluna por treze anos, e desde 2004 tenho uma coluna no Caderno 2 do *Estadão*. Vivi altos e baixos, frustrações e surpresas, peças minhas foram detonadas e outras premiadas, já fui do inferno ao paraíso. Finalmente, em 2014, resolvi encarar aquilo que me fez começar a escrever no colegial, um livro em detalhes sobre a ditadura, o golpe de 64, as prisões do meu pai, minha mãe e irmã no DOI-Codi. Informações apareceram durante todas essas décadas, e especialmente nas investigações dos cinquenta anos do golpe. *Ainda estou aqui*, meu oitavo romance, me deu o segundo prêmio Jabuti. Voltei como comecei: à autobiografia. Em seguida, escrevi uma outra autobiografia, livro sobre como ser estudante e escritor aos vinte anos de idade nos anos 1980, e como era a vida noturna, *Garotos em fúria*, em parceria com o ídolo e amigo Clemente.

Fui arrogante em muitos momentos, e peço desculpas, mas nunca traí o leitor, nunca fui desonesto, vivi estresses emocionais que muitas vezes eram transferidos para fora da minha intimidade, demorei muitos anos para lidar com a duplicidade da vida de uma pessoa pública, levei muitos anos para me perdoar pelos meus erros, pelos meus fracassos, porque afinal de contas a minha carreira foi o meu laboratório, em cada livro eu experimentava, em cada livro aprimorava ou regredia, em cada livro eu buscava um estilo que talvez só chegasse ao final quando eu parasse definitivamente de escrever, o que está longe de acontecer.

Tenho um livro narrado por um orangotango, *Orangotango marxista*, meu nono, uma espécie de aula de filosofia moderna. Tenho livro que mistura ficção com realidade, como *Não és tu, Brasil*, que levei seis anos para escrever. Fui da absoluta ficção à total interpretação da realidade. Contei histórias que aconteceram comigo através de outros, como na peça *No retrovisor*, que escrevi em quatro dias, e no romance de amor recente, *Do começo ao fim*, que escrevi em uns três anos, inclusive durante a pandemia, isolado com dois filhos.

Ganhei o prêmio Jabuti também com o livro infantil *O menino e o foguete*. Ganhei o prêmio Shell de melhor autor de teatro por *Da boca pra fora*, em 2000. Outro, da Academia Brasileira de Letras pela adaptação de *Malu de bicicleta* para o cinema em 2012, meu sétimo romance. Fui até indicado ao Emmy, pelo roteiro da série *Mais forte do mundo*.

Há muito tempo não escrevo por dinheiro, há muito tempo a literatura virou paixão, quase nunca fiz concessões, e me pergunto por que nunca parei. Simples. Porque amo escrever, e minha vida continua girando no olho do furacão, o que nunca foi intenção; a História me colocou nele. Ainda falta muito. Falta escrever sobre os meus filhos. Falta escrever sobre os conturbados dias atuais. Falta escrever sobre a crise da masculinidade. Falta escrever sobre os meus sessenta anos. E quando o meu cérebro começar a pifar, aí sim, paro.

Se você chegou até aqui, pergunta se tudo isso teria acontecido se eu não sofresse um acidente. Respondo com outra pergunta: "Tudo isso teria acontecido se Caio Graco não tivesse falado inocentemente: 'escreve sobre isso que está te acontecendo'?". Desde então, nunca mais parei.

Marcelo Rubens Paiva
Outubro de 2022

Feliz ano velho

Marcelo, cara, peguei teu texto para ler em um dia de tremendo baixo-astral. Como sempre acontece comigo (desde que te conheço), recebi uma porrada de energia na boca do estômago e o moral subiu dos intestinos para a cabeça.

O teu livro está um barato, especialmente porque dá pra sentir um gozo aberto tipo pôquer descoberto. No fundo eu acho que a transa da literatura está ligada à transa da verdade (assim como a revolução, o amor e um montão de coisas). E é aí que está todo o pique do que você escreveu. A tua história está transada de um jeito putamente terno, bem-humorado, erótico e sedutor, o que, aliás, é a tua maneira de ser.

Agora o seguinte: vou tentar uma contribuição de leitor numas de baixo-astral. Ou então porque me sinto um tanto machucado pela vida e sinto vontade de transar a amargura como parte da realidade. Se você achar que as minhas questões não têm nada a ver com teus sentimentos, vê se não é o caso de falar sobre isso com quem transa as coisas desse jeito. Ou então desencana e manda ver no teu texto.

1. O que é que passou pela tua cabeça na hora que você mergulhou estilo Tio Patinhas?

2. Raiva, revolta contra o fatalismo do acidente? (por que logo eu?)

3. Quando você fala em "cagada", isso expressa sentimento de culpa?

4. Eu acharia legal que, em alguma parte, viesse um relato personalizado da tua visão do Rubens Paiva e do sequestro.

Tem uma firmeza no teu texto que espero que você mantenha: é um texto limpo de teorias e com um puta sentimento que expressa e defende tuas ideias. Por exemplo, é deliciosa a maneira como na história há elementos críticos sobre as pessoas, comportamentos sem nenhuma cagação de regras ou ironias baratas, mas com uma puta firmeza.

Ameaça final: se você não publicar esse livro, juro que vou me aliar ao pai da sua namorada da BBB e perseguir você até o juízo final.

Abração,

Luís Travassos
Inverno de 1981

O Travassos foi presidente da UNE em 68 e morreu na quarta-feira de Cinzas de 1982, aos trinta e sete anos. Não leu o final do meu livro, nem escreveu o dele (veado, eu dizia que a história da vida dele era muito mais emocionante que a minha). Não consegui convencê-lo a escrever, mesmo depois de mostrar as minhas primeiras páginas analfabetas. Sinto saudade da gente bebendo cerveja e falando das nossas desgraçadas vidas. Nós, com quem o destino não foi muito generoso, temos uma certa cumplicidade com a vida, e procuramos juntos nos defender dela.

É difícil entender por que um rapaz de vinte anos fica paralisado depois de um mergulho mal dado. Assim como é difícil aceitar que um líder estudantil teve que passar toda a sua juventude fugindo de país em país, pois alguns generais não gostavam dele.

Você morreu, Zé, e eu adorava você. Este livro é dedicado a você, e, quando eu for pro céu, vou levar o que você não leu, e umas folhas em branco pra sua história.

Até mais, garotão.

MARCELO RUBENS PAIVA

Biiiiiin

14 de dezembro de 1979
17 horas
Sol em conjunção com Netuno
e em oposição a Vênus

Subi numa pedra e gritei:
— Aí, Gregor, vou descobrir o tesouro que você escondeu aqui embaixo, seu milionário disfarçado.

Pulei com a pose do Tio Patinhas, bati a cabeça no chão e foi aí que ouvi a melodia: biiiiiin.

Estava debaixo d'água, não mexia os braços nem as pernas, somente via a água barrenta e ouvia: biiiiiin. Acabara toda a loucura, baixou o santo e me deu um estado total de lucidez: "Estou morrendo afogado". Mantive a calma, prendi a respiração, sabendo que ia precisar dela para boiar e aguentar até que alguém percebesse e me tirasse dali. "Calma, cara, tente pensar em alguma coisa." Lembrei que sempre tivera curiosidade em saber como eram os cinco segundos antes da morte, aqueles em que o bandido com vinte balas no corpo suspira...

— Sim, Xerife, o dinheiro do banco está enterrado na montanha azul.

Por que o cara não manda todo mundo tomar no cu e morre em paz?

O fôlego tava acabando, "devem pensar que estou brincando". Era estranho não estar mexendo nada, não sentia nenhuma dor e minha cabeça estava a mil por hora. "Como é que vai ser? Vou engolir muita água? Será que vai vir uma caveira com uma foice na mão?"

— Venha, bonecão, vamos fazer um passeio para o mundo do além, uuuaaaaaaa!!!

Será que vou pro céu? Acho que não, as últimas missas a que fui eram as de sétimo dia dos tios e avós. Depois, não sei se deus gosta de jovens que, vez em quando, dão uma bola, gostam de rock. Pelo menos não é isso o que os seus representantes na Terra demonstram. É, meu negócio vai ser com o diabo, vou ganhar chifrinhos, um rabinho em forma de flecha, e ficar peladinho, curtindo uma fogueira.

De repente estava respirando, alguém me virou.

— Você tá bem? — Era o professor Urtiga, que me carregava no colo. Sem saber o que dizer, pedi uma respiração boca a boca. Ele me olhou assustado e foi me levando pra margem fazendo a respiração. Já em chão firme, os bêbados e loucos falavam:

— Ei, Marcelo, levanta!

— Que é isso, Paiva?

— E aí, tinha muito ouro?

— Levanta, que ele fica bom logo, é só dar uma chacoalhada.

— Isso, me levanta, eu devo estar meio bêbado.

Me levantaram, mas não deu em nada. Todos ficaram impressionados, logo começaram a transar uma ida a um hospital qualquer: uma cabeça mágica arrumou uma tábua. Deitaram-me e fomos até onde estavam os carros. Não havia dúvidas de que a Kombi era o melhor deles. Entraram Urtiga, Florência, Marcinha, Gregor e não sei mais quem. Urtiga foi cantando em castelhano, imaginei que fosse algum ritual maia, já que ele é mexicano. Gregor foi cutucando meu pé e chamou seu deus que até hoje não sei quem é, a Marcinha apelou pro pai-nosso e a Florência só chorava. O caminho tava demorando, mas eu nem me importava, tava gostoso ali, deitado, ouvindo o canto maia, com a certeza de que nada de grave havia acontecido. No hospital me dariam uma injeção qualquer e tudo bem. Urtiga começou a passar a mão na minha cabeça. Reparei que ele tava preocupado, olhei pra sua mão e vi que estava toda ensanguentada. Só poderia ser de algum corte da minha cabeça.

Chegando no pronto-socorro, percebi que o negócio era sério: maca, oxigênio, enfermeiros, médicos, maca correndo, teto branco, todo mundo olhando, mesa de raio X.

— Sente aqui?
— Não.
— E aqui?
— Só acima do pescoço.
— Ih, meu deus...

Veio uma mulher: disse calmamente meu nome e pedi para avisar minha família em São Paulo.

— Ah! Avisa também o dr. Miguel aqui em Campinas. O telefone dele é 29045.

Não sei como consegui lembrar o telefone do pai da minha *ex-girl*. Comecei a pensar nela, doce Lalá, faz quase dois anos e não teve outra paixão igual. Lembrei-me de que, sempre que a gente ia jantar fora, pedíamos vinho e ficávamos tão bêbados que todas as privadas de barcs campinciros estavam registradas com meu vômito.

— Não, moça, não corte minha unha, é que eu toco violão e vou fazer uma gravação neste fim de semana.

Seria a primeira vez que ia entrar num estúdio profissional.

— Guarda esse colar, que ele é muito especial.
— Pô, meu cabelo não, é que eu sou muito vaidoso.

Me deixaram carequinha, carequinha. Apaguei.

Do lado de cá dos trilhos

De um lado, sou neto de latifundiários; de outro, comerciante italiano da rua Santa Rosa. Filho de engenheiro e advogada, tenho quadros bonitos na parede e piso em tapetes persas. O único calo que tenho em minhas mãos é de tocar violão. Não tenho marcas de estilete nem de balas pelo corpo, apenas arranhões devido a uma infância debaixo das traves. Sempre joguei no gol.

Nasci do lado de cá dos trilhos, de marginal somente no colegial, onde os colegas eram príncipes; eu, apenas burguês. Eles calçavam All Star, um tênis todo fresco, americano, que encantava as menininhas, dando um porte de jogador de basquete da Harvard University. Eu usava um Bamba, figurando um goleiro do Vasquinho, meu time de futebol.

O Tictê cnchc, mas não molha minha casa; o temporal cai, mas não atola minha rua. Nunca tive que trabalhar. Meu berço não era de ouro, mas era um berço. Só aos dez anos peguei no batente, no Rio de Janeiro. Fora eleito presidente do Vasquinho. Era um cargo glorioso, mas tinha que pôr dinheiro na Caixa. Varria quintais e ganhava Cr$5,00. Em outras palavras, cinquenta chicletes. Sempre fui um grande pidão, e, nos jantares que meus pais ofereciam, eu punha uma urna na entrada, escrito:

DÊ UMA COLABORAÇÃO
A UM POBRE GAROTO.

Eles achavam graça e davam. Como os jantares eram frequentes, já estava me tornando um milionário. Resolvi investir, capitalizar minhas economias. Virei um sócio fanático da Caixa Econômica Federal. No Natal e no meu aniversário, o bolo era grande. Pensei até em investir no *overnight*, mas não tinha know-how para tanto. No dia seguinte, ia direto para minha amiga Caixa, onde os caras já me conheciam, e todo dia 26 de dezembro ou 2 de maio já tinha um comprovante de depósito preenchido em meu nome no valor de Cr$500,00 (cinco mil chicletes), era o bolo da minha avó. Pena que todo ano, até hoje, a ficha continue preenchida em Cr$500,00. Minha avó não entende nada de correção monetária.

A conta crescia, começava a ficar apetitosa. Andava pelas vitrines escolhendo o que poderia e o que não poderia ser meu. Um dia, encheu o saco. Não queria morrer rico sem ter nada em mãos. Primeiro foi uma prancha de isopor, dessas de pegar jacaré. Fiquei bom no mar, passei pruma de surfe, mas vim morar em São Paulo, e, até agora, as ondas do laguinho do Ibirapuera não subiram. Tinha de fazer um investimento mais paulistano: comprei um violão. Aos dezessete anos, conheci uma linda paraguaia na Unicamp. Com as férias, veio o convite. Nunca havia saído do Brasil. Então, fechei a conta numa aventura ao Paraguai. Que decepção: ela tinha um namorado paraguaio. Tinha carregado o Fabião comigo, mas ele também levou um fora de uma *muchacha*. Decidimos então ir à Argentina, mas comemoramos a última noite paraguaia numa boate. Bêbados e mal-amados, uns caras insistiram para irmos pro "quilombo". Quilombo? Deve ser algum gueto de negros, pensei. Que nada, era um puteiro. Bêbados, mas nem tão mal-amados, eu e o Fabião fomos pra Argentina, onde torramos todo o dinheiro em cassinos e mulheres. Que besteira, ficamos duros. Tenho um pouco de vergonha, mas também um pouco de orgulho, pois não era só nos filmes que os caras se estrepavam em Las Vegas. Nós também.

Estávamos com fome e frio em Buenos Aires. Como explicar às nossas famílias que não tínhamos dinheiro pra voltar? Apelamos para a criatividade:

— Fomos assaltados.

— Que coisa horrível.

Em dois dias havia dinheiro suficiente para passarmos mais um mês, porém, cinco minutos depois, fomos pra rodoviária, pegamos um Pluma. Quarenta e oito horas de viagem sem abrir a boca. A Argentina e o Paraguai riram de nós como quem diz: "Enganamos mais dois trouxas".

UTI
Unidade de Terapia Intensiva

Acordei. De um lado, um caninho com um líquido amarelo que entrava em minha veia; do outro, um com sangue. Na boca, um acoplado, aqueles aparelhinhos de respiração artificial que já conhecia do *Fantástico*. Muito eficiente, fechava a boca com a língua, mesmo assim o ar entrava. Tinha uma sanfoninha pendurada que enchia e esvaziava. Assoprava e ela nem se tocava, enchia e esvaziava...

Fiquei curtindo o bicho: como é gostoso respirar sem fazer força, enchia e esvaziava... Passei a reparar no ambiente. Era uma sala pequena, com luz fria. Não sabia se era dia ou noite, porque não havia janelas, só paredes brancas. À minha esquerda, um leito com um cara em cima. Também tinha uma sanfoninha. À direita, dois leitos. Tentei me erguer, mas não consegui.

É mesmo, não mexia nada. Lembrei-me do acidente, só podia estar num hospital. "O que aconteceu comigo? Será que fui operado? Será que é por causa da bebida que estou assim? Algum trauma devido à batida na cabeça?" Ouvi vozes e percebi que havia gente na sala. Comecei a balançar o pescoço pra chamar a atenção. Veio uma enfermeira e perguntou se tava tudo bem.

— Eh, eh, eh...

Perguntou se eu queria tirar o aparelho. Fiz um gesto afirmativo, ela pediu pra esperar um pouco e saiu. Nunca sentira tanta falta da minha voz. Precisava saber se era sério o que tinha acontecido, queria falar, ouvir, e naquela sala não havia nada. A enfermeira voltou com mais dois caras. Perguntaram-me se eu seria capaz de respirar sem a sanfoninha. Era óbvio que podia, afinal de contas eu tava absolutamente acordado. Minha boca livre, perguntei o que havia acontecido. Responderam que eu fora operado e que estava tudo bem.

— Como assim?

— Mantenha-se calmo e com um pouco de paciência, que você vai pra casa logo. Tua mãe teve aqui, mas voltou pra São Paulo, porque já é tarde.

— Que horas são?

— Três da manhã.

— Tudo isso? Mas o que aconteceu? Por que acordei só agora? Quebrei alguma coisa? Por que é que não me mexo?

— Calma, amanhã cedo virá o médico que te operou, e você vai saber de tudo. Nós estamos aqui pra te ajudar, tente dormir e descansar, que já, já, você fica bom.

Acordei com uma pessoa cantando. Era uma enfermeira. Estava vindo direto pra mim, como se me conhecesse há muito tempo.

— E aí, Marcelo, tudo bem? Eu sou a Elma. Aguenta um pouco que nós vamos te dar um banho.

Ela era baixinha, gordinha, dessas com uma cara simpaticíssima. Não entendi direito aquele banho. Será que vão me colocar num chuveiro? Mas como? Se eu não me mexo. Imagino que não conseguiria ficar em pé. Podem me pôr numa banheira, mas com esses caninhos vai ser meio difícil. Estava meio confuso, não conseguia pensar direito. "Será que vai demorar pra mexer alguma coisa? Pode ser que dê pra mexer alguma coisa, pode ser que dê pra ficar em pé, que merda não entender nada de medicina. Além do que, esse líquido amarelo que entra na veia deve ser algum tranquilizante, é que eu tô meio de barato, com a boca seca e formigando."

Apesar de sozinho lá deitado, dava pra sacar que a movimentação era intensa. Veio um sujeito com uma bandeja na mão:

— E aí, meu irmão, como é que é, tudo firme? Fica frio, não esquenta não, porque se você esquentar a cabeça, caspa vira Mandiopan.

Fiquei imaginando um cara começando a ficar nervoso, vermelho, a cabeça pipocando ploc ploc ploc...

Até hoje não sei por que comecei a chamar esse cara de Ding Dong. Era o nome do percussionista do meu conjunto. Lembro-me que ele adorava quando eu o chamava de Ding Dong e, apesar de não ser sua função, ele vinha todo dia, punha a bandeja e falava:

— Olha, senão caspa vira Mandiopan.

Veio outro cara, esse se chamava Divino, molhou uma toalha n'água e começou a passar no meu corpo. Perguntei se era aquilo o banho.

— É, meu irmão. É um banho de gato, só que em vez da língua é essa toalhinha.

Eu não podia ficar de bruços, e, para lavar as costas, ele chamou a Elma. Me viraram de lado, ela segurando e ele lavando. O cara ficou esfregando a toalha na minha bunda e depois enfiou a mão numa luva de plástico e pôs o dedo no meu cu para tirar o cocô. Eu morrendo de vergonha, mas ele nem aí. Já devia estar acostumadíssimo.

Só agora percebi que estava num colchão d'água. Enxugaram-me e me cobriram. Elma mandou-me esperar um pouco, porque tinha que dar banho em outros pacientes. Disse que logo depois viria dar o café da manhã e bater um papo.

"Que loucura, o que está acontecendo? Eu aqui deitado, sem poder me mexer. Essas pessoas que nunca tinha visto antes, esse lugar, o que é tudo isto afinal? A única certeza que tenho é de que estou vivo e muito lúcido. Consigo me lembrar perfeitamente do acidente, do meu passado, de tudo, enfim. Minha cabeça está a mil por hora e eu aqui paralisado: não poderia ter acontecido algo tão sério assim, será?"

Senti que só existia uma coisa funcionando em mim. Era como se fosse uma cabeça em cima de uma bandeja. Qualquer balançada que desse, a cabeça cairia da bandeja e sairia rolando como se fosse uma bola. Cairia no chão e continuaria rodando, rodando, rodando, rodando, rodando, rodando...

— Até que você é bonito.

— Porra, Elma, o que está acontecendo?

— Nada, vou começar a dar café para você agora.

— Eu preciso falar com alguém.

— Tua mãe ligou e está vindo de São Paulo. Deve chegar daqui a pouco.

E foi-me dando com colher um café com leite e pão amassado dentro. Fiquei um pouco mais calmo e imaginei minha mãe preocupadíssima. "Como será que eles reagiram à notícia? Será que minhas irmãs já estão sabendo? E o pessoal de Campinas?"

Finalmente chegou minha mãe; a primeira reação que tive foi a de sentir vergonha pela cagada que havia feito: me atirar num lago de meio metro, bêbado.

— Você quebrou a quinta vértebra cervical e comprimiu a medula.

— Medula?

— Medula é um negócio que liga o cérebro aos músculos por estímulos nervosos: enfim, o cabo que liga o telefone de uma casa à central telefônica. O que aconteceu foi que caiu um poste no meio da rua e todos os telefones de um bairro ficaram sem funcionar, apesar da central telefônica estar inteirinha.

— Quer dizer que os meus braços são o Jardim Paulista e as minhas pernas o Ibirapuera?

— É, filhinho, mais ou menos isso.

— Eunice, falando sinceramente, eu fico bom? Diga a verdade!

Eu nunca tinha tido contato com a morte na minha vida até os doze anos. De repente, morreu meu pai, o pai do Ricardo (meu tio), uma prima, outro tio, outro tio, meu avô, meu outro avô. Tudo isso em dois anos. Foi um choque, pois, encarando-me como uma criança, nunca me contavam direito a verdade. As pessoas não entendem o que é a morte porque a morte não é para ser entendida, é para ser apenas a morte. A morte é para ser vivida, e minha família não queria que as crianças convivessem com ela.

A morte do meu pai eu vou contar mais tarde. A mais chocante delas foi a do pai do Ricardo. Ele estava com câncer no cérebro, mas me diziam que estava apenas doente. Eu pensava que ele estivesse com uma gripe forte, um resfriado ou com tosse, pensava que ele ia ficar bom logo e nem me importava com o fato de ele ter ido aos Estados Unidos fazer uma operação, de voltar careca, com uma cicatriz enorme na cabeça, de aos poucos ir perdendo a memória, os movimentos, e, enfim, entrar em coma. Eu pensava que era só tomar tira-tosse para ele ficar bom logo, porque me diziam que ele estava apenas doente.

Um dia o Ricardo me acordou e ficou sentado na cama olhando pra parede. Percebi que ele estava um pouco triste e, para animá-lo, montei a mesa de botão. Começamos a jogar:

— Lá vai Doval com a pelota: uahah! (barulho da torcida), entrega para Fio, dribla o primeiro e perde a bola para Clodoaldo.

— Lá vai Clodoaldo galopando pelo campo, faz um passe em profundidade para Edu, vai pro gol!

— Pode vir.

— Ploc.

— Defende Ubirajara numa sensacional defesa.

Entra Nalu no quarto e, meio assustada, me chama para o quarto dela. Chegando lá ela me diz:

— Fica com o Ricardo, porque tá a maior confusão lá embaixo.

— Mas por quê?

— Porque tio Carlos morreu.

Voltei para o quarto, olhei para o Ricardo e não sabia o que dizer. Eu estava chocadíssimo, e, olhando para o Ricardo, comecei a chorar. O que eu ia fazer? Dizer "meus pêsames" para o meu primo?

Nunca perdoei minha família por não dizer que o tio Carlos ia morrer. Isso me fez sentir um medo tre-

mendo da mentira, e, no momento em que vi minha mãe na UTI, sabia que a verdade seria mais saborosa. Eu não queria de jeito nenhum que minha mãe me encapuzasse, fazendo o que algumas tias minhas fazem, me dizendo:
— Fica calmo, porque deus vai resolver tudo direitinho. Deus é muito bom, viu? Pode confiar nele.
Um dia eu estava tão de saco cheio que perguntei para a tia Cida:
— O que é deus?

Eu devia estar sendo muito bem dopado, pois apagava com uma facilidade incrível e, quando acordava, não conseguia pensar direito: hospital, esses caninhos, esse teto branco, por que não mexia nada? Ah é, era a tal de medula.
"E agora? Minha maior preocupação é sair daqui, estudar pra dois exames que ainda faltam na faculdade, fazer a matrícula do próximo semestre, pagar o aluguel e arrumar grana pra passar o Carnaval em Olinda, na casa da Nana." Quando entrou no quarto minha mãe de novo, com um baixinho meio careca, todo de branco:
— Esse foi o médico que te operou, dr. Alex.
Me deu um sorriso, foi até o pé da cama, examinou as minhas fichas, voltou, examinou o meu pescoço.
— Doutor, eu queria te fazer umas perguntas.
— Lógico, eu vou te explicar tudo direitinho.
— Vou ter que ficar ainda muito tempo aqui? Tenho umas coisas importantes pra fazer.
— Agora não posso te responder. Você foi operado e está em estado de observação.

* * *

Teto branco. Branco para paz. Limpeza. Repouso. Branco que nem vazio. Tédio. Solidão. Era difícil o tempo passar, e não tinha um filme do Marlon Brando com a Maria Schneider na frente, ou mesmo um com Chico Cuoco e Regina "Malu" Duarte pra me distrair. Não dava pra ler um jornal naquela posição horizontal sem levantar a cabeça. Jogar dominó, pôquer, botão. Não dava pra fazer nada a não ser pensar e olhar o teto branco, com três lustres de lâmpadas de mercúrio, oito parafusos em cada e uma rachadura no teto que lembrava o perfil de um cachorro.

Cachorro. Isso me fez lembrar a minha trágica vida com os animais: cachorros atropelados e gatos fugitivos. Nunca me esqueço do Sig (homenagem ao Sigmund Freud). Eu tava passeando com ele pela praia do Leblon quando de repente soltei a coleira e ele, numa demonstração do quanto gostava de mim, se picou. Saiu correndo feito louco, e eu atrás:

— Volta aqui, seu desgraçado.

Ele atravessou a rua e um Decavê passou por cima. Fiquei chocado, arrependidíssimo, com o maior sentimento de culpa. Meu pai, percebendo meu sofrimento, me deu outro: Khe San, nome de uma província bombardeada pelos americanos no Vietnã (meu pai tinha um senso de humor político incrível). Passeando de carro por Copacabana, eu, num instante, abri a janela pra jogar um papel fora e ele pulou, saiu correndo, felicíssimo, latindo.

Pimpão era um gato incrível. Um dia apareceu na casa, foi com a cara do meu pai e passou a morar lá. Passava o dia inteiro na rua e só aparecia quando meu pai estava deitado, fumando charuto e lendo jornal. Ele pulava a janela, subia no encosto do sofá, descia calmamente até a barriga do velho e ficava lendo o jornal. Os dois se amavam silenciosamente. Dizem que quando um gato vai embora é sinal de morte. Pois é, o Pimpão sumiu e, pouco depois, deram sumiço no meu pai.

Por último, veio o mais incrível deles: Biro-Biro, um gato vira-lata, preto e branco. Esse foi na minha fase adulta, já morando sozinho em Campinas. Peguei-o para criar desde pequenininho, numa época em que eu passava muito tempo sozinho. Resolvi que tinha que educá-lo liberalmente, sem repressões sexuais etc. Quando eu estava escrevendo, ele subia na mesa, caminhava pelo meu braço até o ombro e pulava na minha cabeça, para me ver escrever. Então, eu o colocava na mesa e ficava acariciando sua costela. Apertava bem devagarinho sua bunda, ia e voltava. Ele adorava, me olhava bem no fundo, levantava o rabo e se contorcia todo. Todo dia que eu estava escrevendo, ele vinha como quem quer ser acariciado. Já estava virando mania. Eu não queria, mas ele pegava a ponta da caneta com a boca e não me deixava escrever. Eu tirava a caneta, ficava lendo, mas ele sentava em cima do papel e só saía se eu o alisasse. Fiquei preocupado. "Esse gato tá virando um sexomaníaco." Resolvi reprimi-lo. Joguei o Biro-Biro numa almofada, como quem diz: "Vá procurar suas gatas, canalha".

Eu me dava tão bem com ele que até nossos gostos musicais eram parecidos. Quando eu punha uma música de que gostava na vitrola, ele vinha correndo, pulava em cima do disco e ficava rodando, felicíssimo. Eu achava um barato, só que isso me custou duas agulhas e uma coleção de discos arranhados.

— Hora do almoço — disse Elma.

Almoço? Você deve imaginar uma mesa no meio de cinco macas com pessoas absolutamente estouradas comendo frango e chupando ossinhos.

— Cuidado, isso é o meu braço.

— Desculpe, é que parecia uma coxinha de galinha.

Mas não. O almoço era um prato de sopa na mão da Elma. Enquanto me dava na boca, a gordinha falava:

— Você é um cara bem conhecido. Tem um monte de gente lá embaixo querendo te ver.

— Ah é? E por que eles não entram?

— Não pode. Aqui na UTI não devem entrar pessoas de fora, pode ser perigoso. Vocês estão em estado de observação, absoluto repouso. Só a tua mãe e...

— Minhas irmãs?

Acabando o almoço, ela me trouxe um copo d'água com um canudinho de plástico.

— Pra que é que servem esses canudinhos aí pendurados?

— Esse amarelo é soro. Tem glicose e alguns medicamentos. O vermelho é...

— Sangue.

— Isso. É por causa da operação, mas hoje mesmo você tira ele. Aqui no pênis é uma...

— Pênis?

— Ah, não dá pra ver, mas tem uma sonda.

— Pra quê?

— Pra você urinar, burro.

Mais uma vez apaguei. Aliás, os três primeiros dias foram na realidade alguns minutos acordado e o resto dormindo. A vida se resumia em alguns flashes de sopinhas e enfermeiras tirando a pressão. O dr. Alex, que vinha me ver todas as manhãs, não falava nada além de um:

— Está melhor?

Quando abro os olhos, na minha frente estão duas caras conhecidas: Veroca e Bundão.

— Agora você já pode receber visitinhas, mas por poucos minutos, pra não se cansar.

— E aí, tudo bem? Viram a cagada que eu fiz?

— Pois é, a gente ficou preocupado.

— No que é que vai dar tudo isso?

— Ninguém sabe dizer, mas tá todo mundo mandando a maior força.

— Vai dar tudo certo — disse o Bundão, que até agora estava quieto.

— Claro que vai. Eu tô ótimo, é só sair daqui e pronto. — Os dois olharam meio desconfiados.

— Está ótimo. Eu estou bem, não estou?

— É... — disse a Veroca.

— Olha o que eu trouxe pra você.

No começo achei graça daquele presente. Um espelhinho e um pente, desses que vendem em banca de camelô. Pude ver como estava horroroso. Careca, cheio de espinhas, a cara inchada. Mexeu com a minha vaidade. Mas, olhando pra minha cara, pude ver que realmente era eu que estava ali. O espelho nos dá essa sensação mágica de, subitamente, tomarmos consciência de nós mesmos. É o momento em que você se encontra com o que você representa para o mundo. "Ah, então é assim que eu sou." Repare que na frente do espelho a gente sempre faz uma careta. É porque achamos que somos diferentes daquilo que realmente somos. Então, a princípio, não acreditamos muito naquela imagem. Até achamos graça. Depois a examinamos direito, e viramos de perfil, de costas, mexemos no cabelo e dizemos: "Olá, como vai?". Espelho sempre foi uma coisa importante na minha vida. Eu adoro me ver num espelho, apesar de sentir certa vergonha se houver outra pessoa do lado. Em banheiro de rodoviária, por exemplo, sempre finjo que estou espremendo uma espinha quando quero me olhar por mais tempo no espelho. Sempre que vou a uma festa e estou bêbado ou chapado, me tranco no banheiro e fico horas me cagando de rir na frente de um espelho: "Olha lá você, safado. Está doidão". É engraçado como eu me estudo minuciosamente em frente ao espelho. Presto atenção em todos os detalhes: "Essa mecha de cabelo está feia, passo ela pra cá, e assim tá melhor". Acontece que ninguém percebe a mecha corrigida, isto é, pra maioria das pessoas tanto faz se ela está de um lado ou do outro.

Mas foi aquele espelho de camelô que o Bundão me deu que me fez acordar. Me deixou consciente de que, agora, meu dia a dia ia ser: teto branco, dormir, teto branco, dormir, teto branco, dormir...

De repente começou. Não, não podia ser, não havia mosquito aqui. Mas era. Uma tremenda coceira na cabeça. Calma, tente se concentrar. "Passa, desgraçada!" Mas ela não passava. Era grande, e eu não podia fazer nada. O braço não saía do lugar. Balançava a cabeça e nada. Não teve jeito.

— Elma! Elma!

Veio uma enfermeira bonitinha:

— A Elma só vem de manhã.

— Dá pra você coçar a minha cabeça?

— Claro.
Ah, que alívio. Ao mesmo tempo fiquei preocupado. E agora, será que sempre, quando der uma coceira, terei que chamar alguém? E se não tiver ninguém? Já imaginou que horrível coçar, coçar, coçar... cada vez aumentando mais. Em filmes, essas coisas nunca acontecem: o mocinho é amarrado numa cadeira, enquanto o bandido sequestra a sua namorada. Ele percebe que o maldoso assassino esqueceu uma faca em cima da mesa (o bandido é sempre burro). Então ele vai arrastando a cadeira até a mesa, encosta a mão na faca e, de repente, sente uma tremenda coceira no nariz. Ele fica desesperado, a coceira vai aumentando, ele não aguenta mais, solta a faca, se joga no chão, arrasta a testa no pé da mesa, mas não adianta nada. Ele, desesperado, grita. Então, joga-se na fogueira, preferindo a morte a se entregar aos domínios de uma terrível coceira.
— Como é o seu nome?
— Ilma.
— Ilma? Tem uma Elma e uma Ilma, vocês são irmãs?
— Não, mas moramos juntas.
E continuava coçando. Muito bonitinha. Me olhava com uma ternura que transmitia uma certa segurança. Achei altamente sensual duas enfermeiras morando sozinhas nessa cidade moralista. Sei que é um tremendo preconceito meu imaginar que todas as enfermeiras tendem a ter mais relações sexuais do que outras profissionais. É o mesmo que imaginar que todos os enfermeiros são bichas. Mas a minha cabeça sexomaníaca não parava de imaginar: "Quando estiver bom, vou sair daqui e ficar bastante amigo dessas enfermeiras, para transar com elas". Sacanagem, né? Também acho, mas eu sou assim

mesmo. Depois eu desencano e acabo ficando amigo, mas a primeira coisa em que penso é sempre sexo.

— Você mora aqui? — perguntou Ilma.
— Moro. É que eu estudo na Unicamp.
— Ah é? O que você faz?
— Engenharia agrícola.
— Que ano?
— Passei pro quarto.
— Nossa, mas você parece tão moço. Mora em república?
— Mais ou menos.

Eu não gostava de falar que morava em república, porque minha casa era diferente. República lembra uma casa de dois quartos, onde moram dez pessoas, um monte de beliches, uma mesa na sala e uma enorme televisão pifada. Minha casa era mais transada: um quarto pra cada um: Nana, Gureti, Helô, Mariúsa, Cassy e eu. Uma decoração linda, samambaia, som na sala, rede. Meu quarto era um barato. Eu o pintei todo de marrom-claro e, na parede da janela, um verde-óleo bem escuro, com umas árvores desenhadas. O teto, azul-claro com o lustre parecendo um sol. Era a fase ecológica pela qual eu estava passando: transando tecnologia alternativa, agricultura orgânica (falando grosso: agricultura homeopática), essas coisas que viraram moda. Era lindo, em um dia de lua, apagar a luz do quarto. Como a parede da janela era escuríssima, a janela ficava bem realçada, parecendo uma tela de cinema. Aquela lua fazia o teto brilhar, parecendo um planetário. Nessa coisa de pintar paredes de cores diferentes, eu imitei o Otaviano. É que ele tinha feito a sala dele toda marrom-escuro, com o teto bem verde, e tinha pendurado umas esteiras de palha na parede. Parecia que você estava no meio da selva. Lindíssimo.

* * *

— Tico-tico.
Que gracinha, era a Nana que tinha acabado de entrar na UTI. É uma das minhas irmãzinhas campineiras, isto é, mora comigo. Pernambucana, linda. Acho que deve ser descendente de holandês: loira, com a pele bem queimada do sol e olhos verdes. Nos conhecíamos há uns seis meses, mas já éramos amigos pacas. Um dia, eu tava em São Paulo na casa de minha mãe, quando tocou o telefone.
— Queria falar com Marcelo.
— É ele mesmo.
— Oi, tudo bem? Eu sou a Nana, irmã de Zaldo. É que eu tô ligando de Recife, porque eu tô "afins" de morar em Campinas, e meu irmão me falou que tinha um lugar na tua casa.
Ficamos uma hora falando pelo telefone, batendo altos papos. Meu primo, que tinha passado as férias em Recife, já tinha me falado sobre ela. Mas quando a vi, já em Campinas, não imaginava que fosse tão bonita. Pena que ela me conheceu quando eu tinha acabado de levar um pé na bunda da Ana. Eu estava mal pacas, a ponto de queimar a fotografia dela e jogar tudo o que ela tinha escrito pra mim no lixo. Levei a Nana pra casa, ajudei-a a arrumar seu quarto e demos uma bola. Já na primeira noite transamos, o que foi a maior cagada. Eu não estava nem um pouco inspirado, ou melhor, estava brocha mesmo. Ia ser difícil desencanar da Ana, paixão das maiores. Uma mulher forte, com personalidade marcante. Taurina como eu. Foi com ela que eu descobri que orgasmo e ejaculação são coisas distintas. Minha relação com a Nana já começou complicada, eu não conseguia tirar a outra da

cabeça, estava querendo ficar sozinho e a coitada pagou o pato.

— Estou emocionado, tudo bem se eu chorar?
— Tico-tico.

Ela me deu um beijo na boca e me abraçou. Ficamos um tempo quietos.

— Que loucura que está acontecendo. Estou muito carente, sozinho. Que será que vai acontecer comigo? Este hospital...

— Você não está sozinho, tem um montão de gente aí embaixo querendo te ver. Tá todo mundo torcendo por você.

— Sabe que me dá umas dores na barriga toda hora.

— Cocô?

— Não, acho que é nervoso. Eu tô muito sensível. Eu vejo vocês e me dá vontade de chorar.

Enquanto isso, entram também a Veroca, a Big (minha irmã caçula) e a Gorda. Todos fazendo festa, rindo baixinho.

— Trouxemos uns trecos pra escovar seus dentes — disse a Veroca, tirando do saco uma escova, pasta, um líquido, fio dental.

— Tem também um creminho pra sua pele, que tá toda ressecada.

— Deixa que eu limpo — falou a Nana. Sentou na cama e começou a escovar os meus dentes delicadamente. Aliás, ela tem um jeito incrível pra essas coisas. Daria uma ótima mãe.

Veroca começou a contar das pessoas que estavam lá embaixo, de gente que havia ligado do Rio, de Brasília, da Bahia. Falou da bagunça em que a minha casa tinha se transformado. Tava todo mundo morando lá. Minha mãe trouxera até a empregada. Ia trabalhar de dia e, de noite, voltava. Eram férias e todas as minhas irmãs estavam em Campinas. Só Nalu, que tinha que trabalhar, ficava em São Paulo. E a Eliana, que estava incumbida de receber os telefonemas e explicar o acidente. Disse também que não se falava em outra coisa, todo mundo mandando mil forças, rezando, torcendo, fazendo macumbas.

— Mas, afinal, quando é que vou sair daqui?

— Vai demorar um pouco, você não precisa mais da UTI, só que é muito arriscado transferir você. Aqui é um hospital pequeno, só tem um quarto, que está ocupado.

— Mas pode deixar, agora você pode receber visitinhas. Nós falamos com o dr. Alex e ele tá fazendo uma exceção com você. Agora vamos sair que tem mais gente querendo te ver.

Acordei com minha mãe. Ela havia trazido um rádio, mas eu pedi pra não ligar, ia atrapalhar os outros.

— Tudo bem, eu ligo bem baixinho.

— Que bom ver você.

Estava cansado. Minha mãe é dessas figuras fortíssimas, que transmitem uma segurança incrível. Sabia que ela estava sofrendo pra burro por ver o filho todo estourado. O que minha mãe já passou na vida a fez ter essa cara de segurança em qualquer momento trágico. Você já imaginou uma mãe de cinco crianças ter a sua casa invadida por soldados armados com metralhadoras, levarem seu marido sem nenhuma explicação e desaparecerem com ele? Já imaginou essa mãe também ser presa no dia seguinte, com sua filha de quinze anos, sem nenhuma explicação? Ser torturada psicologicamente e depois ser solta sem nenhuma acusação? Já imaginou essa mãe, depois, pedir explicações aos militares e eles afirmarem que ela nunca fora presa e que seu marido não estava preso? Procurar por dois anos, sem saber se ele estava vivo ou morto. Ter que, aos quarenta anos de idade, trabalhar para dar de comer a seus filhos, sem saber se ainda era casada ou viúva. É duro, né? Nem Kafka teria pensado em tamanho absurdo. Fora as informações de que:

"Seu marido está em Fernando de Noronha. Eu mesmo o levei até lá."

"Está preso no Xingu e passando bem."

"Está internado num hospício como indigente."

"Está exilado no Uruguai, esperando um momento melhor pra voltar."

Ou então ler as declarações de um general supostamente responsável pela prisão do meu pai:

"Pergunte à mulher dele onde ele está, que ela sabe melhor que a gente."

Mais absurdo ainda foi o que uma testemunha, que também fora presa, contou, muito tempo depois:

"Seu marido foi espancado na minha frente até cair no chão sobre uma poça de sangue."

A conclusão é de que seria difícil ele estar vivo depois de passar pelas mãos das nossas heroicas "Forças Armadas".

Essa é mais ou menos a história da minha mãe. Só que, agora, com uma tragédia a mais pela frente: o que dizer a um jovem de vinte anos, quando ele, depois de ter quase morrido, ficou paralítico? Nada. Diga apenas que o ama. E foi isso que ouvi.

— Pode deixar que a gente vai resolver tudo. Você tem uma cabeça boa, vai sair dessa fácil.

— Eu sei que vou, mas agora eu tô mais preocupado em sair daqui.

— Eu já tô transando isso pra você, fique tranquilo.

Ela nem precisaria ter dito aquilo, tranquilo era uma coisa que eu ficava só em ouvir a sua voz.

Sabia que era de noite, pois já havia mudado o plantão. Até o almoço, eram a gordinha Elma e o que me dava banho, Divino. À tarde, até o jantar, que também era sopa, ficavam a bonitinha Ilma e uma japonesinha. De noite, até o dia seguinte, João e Maria. Numa UTI não existe noite e dia. A luz de mercúrio fica sempre acesa, não tem janelas e a movimentação de enfermeiros é de três em três horas. Tirar a pressão, medir a temperatura, abrir a tampinha da tal sonda pra sair o xixi, e o que é pior, os antibióticos e sedativos. Esses remédios me faziam dormir e acordar durante o dia todo. Chegava de noite, o mesmo. Só que, juntando com o não fazer nada, teto branco, frio na barriga de nervoso, passava a noite inteira acordado. Terrível. Tinha que pensar em alguma coisa. De certa maneira, sentia inveja dos meus colegas de UTI. É que a maioria deles estava mais pra lá do que pra cá, totalmente grogues. Não precisavam enfrentar aquele tédio. O do canto estava com traumatismo craniano. Tomou um pileque e se espatifou na sarjeta. Do outro lado, uma mulher que tinha se envenenado com mata-ratos. À direita, uma velha gorda, quase morta.

E eu lá, acesão, contando os parafusos. Uma maneira de passar o tempo foi pegar uma determinada pessoa, lembrar todos os momentos em que estive com ela, os papos. Aliás, é uma mania que tenho até hoje. Isso me angustia um pouco, pois acabo conhecendo muito mais a pessoa do que ela a mim, e dando um valor que nem sempre essa pessoa merece. Cada palavra que ela tenha dito, o gesto ao acender um cigarro, o beijo de despedida acabam se tornando imagens marcantes e importantes no meu dia a dia. A velha gorda ao meu lado começou a gemer. Os enfermeiros vieram rápido, puseram uma espécie de biombo pra ninguém ver. Ela estava morrendo, era óbvio. Entraram alguns médicos, barulho de massagem cardíaca. De manhã já tinha morrido um que eu não vi, pois estava dormindo. Parece que o esforço fora inútil. Eles tiraram o biombo e pude ver a velha quieta. Saíram todos e lá estava eu, deitado naquela cama sem mexer nada além do pescoço, ao lado de uma velha gorda morta. Foi aí que eu descobri o que é uma UTI. É uma espécie de antessala do céu ou do inferno. Se você entrou nela, ou morre, ou sai com profundas lesões. Eu não tinha tanta certeza se eu preferia sair ou passar pro outro lado.

Mas uma manhã, que alívio ouvir a voz daquela gordinha:
— Bom dia, Marcelinho, como vai este menininho?
— Vai bem, gordinha, bunduda e fofinha.
— Olha o respeito, senão você não ganha café da manhã.
Já estava me tornando íntimo das enfermeiras. Também, de hora em hora, um tal de coça aqui, coça ali. Depois do café da manhã, ficou combinado que minha mãe viria de manhã me fazer um pouco de companhia e ler o jornal pra mim, antes de ir pra São Paulo trabalhar. Desde moleque sou viciado em jornal. Leio tudo, até os classificados.

Estava aflito, precisava ver alguém, aquela dor na barriga não me deixava em paz. Tinha medo de que ela aumentasse. Procurava me concentrar, mas já estava de saco cheio de ter paciência. Queria me balançar, mexer com o corpo. Fiquei respirando com força pra me cansar, afinal era a única atitude física que poderia ter. Mas nada, já estava desesperado. Me senti uma planta sendo atacada por um enxame de abelhas africanas. Frágil, só fotossintetizando. Que loucura. Pedi desesperadamente pro Divino me virar de lado, mas ele estava ocupado. Chamei a Elma e disse-lhe para ligar pro dr. Miguel. Era o único telefone que sabia.

— Diga-lhe qualquer coisa, que eu estou precisando urgente.

Enquanto isso, veio uma sombra escura na minha frente.

— Não esquenta a cabeça, que caspa vira Mandiopan, falô, meu chapa?

Era o Ding Dong. Incrível, mas todo dia ele vinha, nunca se esquecia. Acho que no cartão dele estava escrito:

NÃO SE ESQUEÇA DE FALAR PRO MARCELO:
"NÃO ESQUENTA A CABEÇA,
SENÃO CASPA VIRA MANDIOPAN."

Apesar da movimentação, e dos cinco colegas estourados, estava sentindo uma profunda solidão, uma total incapacidade de me controlar. Estava a um passo de enlouquecer. Eu sou touro, ascendente touro. Sol em oposição a Netuno, isto é, o Sol ilumina exatamente as coisas opostas às influências de Netuno, planeta da transcendência, do mistério. Minha cabeça doía de tanto pensar. Se ao menos eu erguesse a cabeça para mudar o cenário. Impossível. Uma mulher bonita qualquer. Imagine transar com a Lídia Brondi. Como é mesmo a cara dela? Cante, isso, cante:

> *Eu sempre quis muito*
> *Mesmo que parecesse ser modesto*
> *Juro que eu não presto*
> *Eu sou muito louco*

(Louco? É, não. Que saco, não aguento mais.)
— Oi, dr. Miguel.
— Tudo bem?
— Mais ou menos. Fica um pouco aqui comigo.
— Claro.
— Eu tô de saco cheio de ficar nessa posição.
— É, eu imagino. Mas fica calmo, que é por pouco tempo.
— Mas é esse o problema. Eu sei que vou ficar bom, mas quanto tempo?
— No seu caso é difícil afirmar qualquer coisa.
— Quanto tempo?
— Pode durar dois meses como pode durar um ano. Mas logo que sua vértebra se consolidar, você já poderá sentar numa cadeira de rodas e fazer bastante fisioterapia.
— Por favor, pega na minha mão.
Era um cara ótimo. Pai de uma antiga namorada campineira. Apesar de ser médico de pele, ele entendia de tudo. Ficamos um tempo de mãos dadas. Era estranho, mas pude descansar com ele ao meu lado. A cabeça tinha desacelerado, estava bem mais tranquilo.
Enquanto isso, entraram na sala minha mãe e o médico, dr. Alex. Pronto, agora eu estava salvo. Ela tinha

trazido uma maçã e um Danone de morango. Ótimo, já estava ficando de saco cheio de sopinhas. O médico começou as perguntas de praxe, tirou uma agulhinha da maleta e mediu a minha sensibilidade. Ela tinha baixado, já estava sentindo um pouco o tórax.

— Agora vamos ver a movimentação dos braços. Bom... com muita força já pode dobrá-los. Precisa começar a fisioterapia, esses braços têm que receber muito trabalho.

— Concordo, doutor, não aguento pedir pros outros coçarem a minha cabeça.

— Agora as pernas. Vai, concentre-se. Força, mexa. Não, nada ainda. Mesmo assim elas precisam de movimentação para não atrofiarem. Fisioterapia nas pernas é necessário também.

— Será que eu volto a andar, doutor?

— Não sei, não posso lhe dizer nada. Só com o tempo é que se pode fazer qualquer prognóstico.

Que saco! Eu tenho que imaginar o que esse doutor fala, ele fica quieto o tempo todo.

Realmente, eu nem tinha reparado, mas conseguia dobrar o braço. Só que não o esticava, as mãos ficavam paradas em cima do peito.

Os dias foram passando. A sensibilidade cada vez mais baixa. Já estava atingindo a altura dos mamilos. A fisioterapia havia melhorado um pouco meus braços, mas não o suficiente para coçar a cabeça. O tédio é que era o problema. Não aguentava mais os oito parafusos. A única novidade era o Francisco, o nome que eu tinha dado à rachadura com cara de cachorro. Agora eu batia papo com ele, quebrando um pouco a monotonia. Cada atividade extra era uma sensação. Eu curtia horrores os dois minutos que durava o café da manhã. Dia em que acordava cedo demais, eu ficava perguntando as horas de dez em dez minutos, pra ver se chegava logo a danada da Elma pra me dar café. Mais tarde um pouco, vinha minha mãe com um Danone (já estava viciado, eram cinco copos por dia) e o jornal. O dr. Alex continuava calado. Só soltava um:

— Está melhor?

Dia em que ele estava mais criativo, ouvia um:

— Bom dia, está melhor?

E quando ele estava muito contente:

— Como tem passado, está melhor?

O Ding Dong não mudava nunca. Pressão e temperatura de três em três horas. Adorava, era o maior programão. Almoço, sopinha. Depois vinha a farra. Chegavam a Nana e a Gorda, geralmente chapadíssimas. Ela me dava um beijo na boca e ficava escovando os meus dentes. Primeiro com a escova e a pasta. Cuspia. Depois molhava uma gaze com um líquido e esfregava dente por dente. Próxima etapa, cotonete nas dobras, e, por último, fio dental. O processo demorava uma hora. Era uma viagem. Ficar olhando aquele sorriso carinhoso da Nana e as palhaçadas da Gorda. Ficavam contando a zona que tinha virado a minha casa. Todo mundo dando uma bola, enquanto minha mãe estava tomando banho. Às vezes, quando a escovada de dente era muito rápida, eu pedia e ela fazia tudo de novo. Depois, vinham as fofocas de quem tinha estado no hospital. A cabeça genial da Veroca bolou que todo mundo mandasse cartas, bilhetes, telegramas.

Mais tarde, vinha a Eliana ou a Veroca. Ficavam lendo o livro do Gabeira (*O que é isso, companheiro?*). Na maioria das vezes, eu não conseguia prestar atenção.

Aquela infernal dor na barriga me tirava de órbita. Mas era bonito ficar ouvindo uma voz baixinho no ouvido. Às vezes, eu dormia com aquela voz. Então, minha irmã saía, mas ficava na porta, pra que, quando eu acordasse, ela continuasse lendo.

 Em compensação, quando eu prestava atenção, as aventuras do Gabeira entravam pelo meu ouvido e me faziam lutar junto. Tinha momentos em que me identificava profundamente com ele. Principalmente numa parte do livro em que ele, perseguido pela polícia, é obrigado a ficar um mês no apartamento de uma pessoa que nem conhecia. Para não dar bandeira pros vizinhos, quando essa pessoa saía pra trabalhar, ele não podia ouvir um som, atender a porta, fazer nenhum barulho, pois podiam desconfiar de algum ladrão e chamar a polícia. Era uma situação muito parecida com a minha, preso num lugar que não conhecia, absolutamente sem fazer nada. Coincidência maior é que tinha sempre um mosquito que entrava no apartamento. Ele tinha posto o nome de Eduardo, servindo-lhe de confidente. Assim como meu cachorro Francisco. O Gabeira nem imagina quão importante ele foi pra mim. Nunca me esqueci da emoção que ele sentiu, quando, ao sair do apartamento, pegou um ônibus que vai pelo Aterro, na praia do Flamengo, abriu a janela e ficou curtindo o vento batendo em seu rosto. Foi aí que eu prometi pra mim mesmo que, quando saísse do hospital, a primeira coisa que faria seria abrir a janela, para receber a brisa da avenida Paulista no rosto. No final do livro, Gabeira é trocado por um embaixador e posto num avião para fora do país, na condição de exilado. Era mais ou menos a sensação que eu estava esperando sentir quando saísse daquele hospital. Exilado, sem poder voltar. Alguma coisa ia mudar, isso eu sabia. Mas tinha medo de imaginar o que poderia ser. Afinal, pra onde eu não voltaria? Não, eu não devia pensar nessas coisas. Ia dar tudo certo. Eu tinha uma cabeça boa. Todo mundo diz que o mais importante é a cabeça. Ou não?

Qualquer pessoa que está dentro de um profundo sofrimento, à beira da morte ou de sei lá o quê, fica mística. Nessas horas, a gente apela pra tudo. Não que eu tenha me convertido à religião católica, mas estava acreditando nas simpatias, nas abobrinhas populares. Uma mulher, que tinha entrado pra visitar um paciente, me olhou, ficou com dó de mim e me deu uma medalhinha da Nossa Senhora da Aparecida. Eu nem sabia que ela era a padroeira do Brasil, mas pedi para pendurarem na minha cama e botei a maior fé naquela plaquetinha de metal. Olhava pra ela e sentia uma coisa agradável, uma proteção carinhosa. Foi assim também com o Buda que puseram no criado-mudo. Ele tinha três barbantes amarrados: um azul, um amarelo, outro laranja. A Veroca fez a maior macumba nesses barbantes. Mas não interessava, o importante é que havia teorias.

    O Edu, um amigo que manja de umbanda, filho de santo, coisa e tal, me trouxe uma pulseira com um búzio no meio e três miçangas: uma branca, outra vermelha, outra preta. Deu quinhentas explicações: o búzio era fechado, sinal de proteção; as cores vermelha e preta representavam blá-blá-blá; a branca, pó-pó-pó; esse nozinho aqui é uma bi-bi-bi; essa manchinha é importantíssima, ela solidifica tudo o que os outros detalhes representam.

— Joia, pode pôr no meu braço, que eu boto fé.

Mais tarde leram o *I Ching* que a Gorda havia feito pra mim. *I Ching*, pra quem não sabe, é um livro (dizem que o mais antigo) chinês. Depois de se fazer uma pergunta, jogam-se umas varetinhas (ou moedas) e sai uma combinação que é a resposta. A pergunta que fizeram foi óbvia:

— Seu *I Ching*, o Marcelo vai andar?

A resposta (que não respondeu muito) apenas afirmava que era um acontecimento que, pela segunda vez, iria mexer com as pessoas (o primeiro, imagino que tenha sido o assassinato do meu pai), que iria mover montanhas, mas só o tempo iria responder.

Não sei se essas coisas dão certo ou não, mas que outra alternativa eu tinha? Se me dissessem que uma vaca daria sorte, pediria para porem uma na minha cama e colocaria um chapéu cheio de margaridas para ficar mais simpática.

Todo mundo me dizia que estava rezando, e eu botava fé.

— A tia Maricota de Taubaté organizou uma mesa de reza pra você.

— Ótimo.

— Seu primo Sérgio mandou um santinho benzido pelo papa.

— Pelo papa?

— Pelo papa.

— Ótimo.

Meus amigos eram mais escrachados, mas sinceros. Pedrinhas que davam sorte a eles, pulseirinhas, colares, fotografias do Jimi Hendrix.

Minha mãe teve uma viagem mais interessante. Ela foi numa mesa com parapsicólogos e, depois de muita concentração, conseguiu enxergar a minha medula, visitá-la e mandar forças para ela.

Mais estranho ainda, e disso eu fui testemunha, foi o sonho que a Eliana, minha irmã, teve comigo uma semana antes do acidente. Ela sonhou que eu estava me afogando e não conseguia levantar a cabeça. E que, depois de eu ser salvo, ela só me via do pescoço pra cima. Isso, numa sexta-feira. Como de costume, cheguei sábado em São Paulo, e ela me abraçou assustadíssima, quase chorando:

— Tive um pesadelo horrível com você, ainda bem que você está vivo.

Um dia, foi internado um paciente que causou sensação na UTI: um delegado do Mato Grosso envolvido com alguma transação de diamantes que ninguém explicava direito. Tinha até saído no *Jornal Nacional*. Ele recebera um tiro de espingarda na cara e estava totalmente deformado, com o rosto cheio de ferros para, literalmente, colar o nariz. Respirava por um buraco na garganta: traqueotomia. Ele estava do meu lado, e eu adorava ficar olhando praquele rosto deformado, todo vermelho de mercurocromo. No princípio eu tinha um pouco de nojo, mas depois foi o meu passatempo preferido. Nos primeiros dias, o tal buraco entupia e ficava aquele barulho de ar passando por um monte de meleca. Coitado, ele esbravejava todo pra respirar, e mal conseguia. Vinham dezenas de enfermeiros. E, quando ele já estava roxo, enfiavam um cano de oxigênio. Era um verdadeiro show. Aquele delegado veio em boa hora, pois já não suportava mais o tédio. No meio da noite, quando eu estava com insônia, torcia para que entupisse a porra do buraquinho, para haver distração. Um dia, entrou um cidadão para visitá-lo, e, de repente, ele começou a gemer. Balançou os braços até o cara ir embora. Como não conseguia falar, escreveu para a enfermeira que tinha acabado de ser ameaçado de morte. Pronto: rebu na UTI, e quem saiu perdendo fui eu. Proibiram as visitas e até puseram dois guardas na porta. Mas, afinal de contas, o que tinha feito esse misterioso delegado? A imaginação fértil dos enfermeiros dizia que ele tinha engolido um diamante gigante, e os caras queriam pegar. Um enfermeiro brincava com outro:

— Troco dois plantões de domingo para eu tirar o cocô dele no seu lugar.

O que me deixou mais chocado foi o dia em que ele mudou de quarto. Chegou o médico e falou: "Vamos". Ele simplesmente se levantou e saiu andando, sem fazer nenhum esforço. Será que virá algum médico pra mim, e, depois de me dar alta, vou me levantar e ir embora? Senti uma tremenda inveja daquele cara sem cara. Ainda mais se eu cagasse um diamantão.

— Entrou um cara que teve a mesma coisa que você.

É mesmo, no leito da frente, que eu não conseguia ver, tava um garoto que havia se atirado do viaduto (pra quem conhece, a rotatória de Campinas). Só que ele, além de quebrar uma vértebra, caiu de pé e quebrou as duas pernas. Fiquei morrendo de vontade de conhecê-lo. Sei lá, quem sabe poderia dar uma força, já que estava há alguns dias na mesma situação. Gostaria de ajudar. Era exatamente disso que eu precisava nos primeiros dias: um cara na mesma situação. É bom pra dividir um pouco mais o sofrimento e a angústia do que acontecerá com a gente. De certa maneira, existia ali dentro um espírito de solidariedade. Por exemplo, um senhor que tinha quebra-

do a perna foi com a minha cara, e, durante os três dias em que lá esteve, pagou um monte de sorvete da Yopa pra mim. No final, disse que rezaria por mim.
— Falô.

Um dia como os outros. Elma e o café. Ding Dong. Banho com Divino. Dr. Alex, minha mãe e o jornal. Nana e a Gorda mais a Big chapadas. Bilhetinhos. A bonitinha Ilma que já estava me deixando apaixonado. Veroca massageando minha barriga para ver se a dor de nervoso passava.

Mas, de repente, entrou um bando de gente cantando e tocando violão. Foi aí que me dei conta:

Dingo bel, dingo bel
Já chegou Natal
Lá lá lá...

Fiquei contente com as pessoas. Elas queriam, e conseguiram, transmitir uma felicidade, um espírito de Natal, um vamos-nos-dar-as-mãos que me deixou emocionado. Nunca fui muito de Natal, exceto quando criança, óbvio. Mas naquele dia a música me deixara feliz, feliz por saber que jamais teria outro Natal tão triste como aquele. Por saber, também, que, apesar de tudo, ainda existia Natal. E descobri que Natal é isso mesmo. Por que não um momento de ternura e amizade com as outras pessoas, mesmo levando uma vida fodida o ano inteiro? Estamos todos na mesma. Não sejamos tão egocêntricos a ponto de querer, quando estamos mal, que esteja todo mundo péssimo. Foi o nascimento de um cara incrível, de um revolucionário que lembrou às pessoas que, acima do poder, o amor e a felicidade são mais importantes. E que poderemos construir um mundo melhor. Então, é um dia em que temos a oportunidade de renascermos em nós mesmos. De brilhar, de ser gente. Lutar por aquilo que desejamos, defender a nossa condição de homens. E como disse o poeta: "Gente é pra brilhar, não pra morrer de fome".

De Cristo eu gosto. Pena que o manipularam pra tanta babaquice. Pra começar, dizer que ele é filho de deus. Que besteira. Será que o homem é tão incapaz de se dar valor a ponto de achar que, quando outro homem é genial, tem que ser do outro mundo? Que nada, Jesus era tão homem quanto eu.

Ganhei um radiogravador estéreo do François, mas preferi continuar com meu radinho do lado da cama. Um dos motivos foi o medo de que estragasse naquela UTI cheirando a éter. Mas o motivo mais forte mesmo foi não querer ostentar, já que a maioria não tinha onde cair morta. Sempre fui assim, meio popularesco, fazedor de média com a classe baixa. Mas tudo bem, o pessoal lá em casa foi que se divertiu com o gravador.

Minha fisioterapeuta chamava-se Rosana. Linda, simpática e falante. Conversávamos muito sobre Campinas. Olhos pretos, rosto bem queimado do sol, cabelo moreno liso. Chegava, me dava um beijo e ia para as pernas. Dava pra ver quanto curtia a profissão. Pegava nas pernas com delicadeza e, enquanto falava, flexionava o joelho, levantava, dobrava o pé. Às vezes, parava de falar e ficava movimentando a perna com carinho, bem devagarinho. Depois, sentava na cama e punha meu braço sobre sua perna.

— Tente dobrar. Isso! Mais força! Bom!

Fazia uma massagenzinha nas juntas para relaxar e, depois, a mesma coisa. Eu sentia um prazer enorme com aquelas mãos morenas na minha pele. Quando me cansava, encostava ao máximo meu braço em toda a superfície de sua coxa. Estava melhorando, já havia uma certa força nos meus ombros. Ela colocou uma mesa ao meu lado e eu abria os braços, na posição horizontal. Uma hora de terapia, sessenta minutos de carinho e prazer.

Um dia, ela trouxe suas alunas da PUC para me verem. Um monte de menininhas bonitinhas me examinando, me olhando com olho clínico e, ao mesmo tempo, ternura. Acho altamente sensual estudantezinhas de fisioterapia da PUC, uma mistura de inocência com sacanagem. Puro preconceito machista achar que fisioterapia é o mesmo que massagem erótica. Lembrei-me de que, por um bom tempo, não teria uma relação sexual. Primeiro, essa borracha, a sonda, instalada no meu pinto. Não ia ter útero que aguentasse. Também não ia adiantar, não estava sentindo nada, embora o François me dissesse que, já no primeiro dia, meu pau ficara duro. Estranho não mexer nada debaixo do pescoço e o pinto se levantar. Deve ser um órgão independente, autônomo. "Mas como ele se levanta? Quando alguém põe a mão ou quando penso em alguma situação sexy?" É, não entendia nada dessas coisas e estava ficando curioso. Sabia que existem duas coisas que fazem o pinto ficar duro. Uma reflexiva, independente de nossa vontade: isto é, quando fica duro mesmo sem a gente querer. Sempre que pego um ônibus em dia de sol, sentado, ele fica duro. O saco é quando chega a hora de descer. Tenho que fazer altas manobras pra ninguém perceber. A outra ligação é psicológica mesmo, dependendo do estado de excitação. Essa todo mundo conhece.

Paciente novo. Meu xará, Marcelo. Caiu da moto e quebrou a perna: caso simples. Um desses boyzinhos típicos de cidade provinciana.
— Pô, e minha moto, onde é que ela tá?
O cara era um verdadeiro chato. Ele ia ser operado e não podia comer nem beber nada. Como estava com sede, tentava fazer a cabeça da Ilma pra lhe arrumar um pouco d'água. Mas ela, com um espírito de profissional responsável, não lhe dava nada. Não é que o cara começou a berrar?
— Eu quero água.
— Calma, tenha paciência. Já, já, você vai ser operado e poderá ir para casa. (Essas enfermeiras têm que aturar cada cara!)
— Eu quero água.
E chorava feito bebê. Garotão mimado, de Limeira, uma das cidades mais babacas que conheci. O papaizinho dele deve ficar orgulhoso do filhinho motociclista, cantando as "minas" e bundando o dia inteiro. O cara não parava de chorar, e eu não suportava mais. Uma tremenda falta de respeito com os quase mortos, simplesmente por um copinho d'água. Quando ele começou a xingar a belezinha da Ilma, eu me estourei:
— Ô, meu chapa, você não tá vendo que tem gente morrendo aqui?
— É, mas eu quero água, tô com sede.
— Espere um pouquinho, respeite os outros, senão você pode matar alguém.

A princípio deu certo, mas depois começou de novo. Não aguentei. E, como ele não sabia do meu estado físico, gritei:

— Olha aqui, bebê chorão, se você não calar a boca, eu me levanto daqui e te arrebento.

— É que eu queria um pouco d'água.

— Fica quieto.

Ele ficou resmungando baixinho, mas calou a boca. Quem gostou foi um bêbado na minha frente que, enquanto eu falava, me aplaudia. Senti-me como um galo defendendo seu território e suas fêmeas.

Último dia do ano. Grande coisa. Única diferença é que não haveria fisioterapia. Mas, de resto, era um dia qualquer. Passagem de ano é bom pra se fazer um balanço do que passou e prometer a si mesmo que corrigirá os defeitos.

— Este ano, paro de fumar.

— Este ano, vou estudar.

— Este ano, arrumo um emprego.

Claro que nada disso dá certo, mas a tentativa é que vale. Na minha situação, não adiantava nada. Que poderia eu fazer de promessa, se nem ao menos sabia se ia continuar vivo ou não? E também foi o tipo de passagem de ano para pior. Preferiria que o tempo voltasse atrás, até o exato momento em que eu mergulhara naquele lago. Quantas vezes desejei isso. Uma coisa de nada transformou minha vida num pesadelo.

Minha mãe era quem ficava comigo de noite. Ela voltava de São Paulo e dava janta pra mim. Esperava até eu dormir, dava um tempo e ia embora. Mas essa noite, pouco antes da meia-noite, acordei com fogos e gritaria

na rua. Era ano-novo. E mudança de década: 1980. Não haveria champanhe, serpentinas ou abraços. Eu estava só.
— Feliz Ano-Novo, Marcelo.
— Pra você também, Marcelo.
Admirava a alegria das pessoas na rua, uma alegria da qual não fazia parte. Estava triste e só.

Adeus, Ano Velho, feliz Ano-Novo

Não tinha o mínimo sentido. As lágrimas rolaram, chorei sozinho, ninguém poderia imaginar o que eu estava passando. Nada fazia sentido. Todos sofriam comigo, me davam força, me ajudavam, mas era eu que estava ali deitado, e era eu que estava desejando minha própria morte. Mas nem disso eu era capaz, não havia meio de largar aquela situação. Tinha que sofrer, tinha que estar só, tão só que até meu corpo me abandonara. Comigo só estavam um par de olhos, nariz, ouvido e boca.

Feliz Ano Velho, adeus, Ano-Novo

Foi o que eu prometi a mim mesmo. "Se eu não voltar a andar, darei um jeito qualquer pra me matar." Era bom pensar assim. Eu não tinha medo de morrer. Era muito mais fácil a morte que a agonia daquela situação.
Parabéns, Marcelo. Foram vinte anos bem vividos. Deixará muitas saudades, alguns bons amigos, umas fãs. Fique tranquilo, o Cassy sabe tocar algumas de suas músicas. Um dia, quando ele gravar um disco, irão saber que você existiu. Mas também, se não souberem, tanto faz. De que vale a eternidade? Um orgasmo dura poucos segundos. A vida dura poucos segundos. A história se fará com ou sem a sua presença. A morte é apenas um grande

sonho sem despertador para interromper. Não sentirá dor, medo, solidão. Não sentirá nada, o que é ótimo. O sol continuará nascendo. A terra se fertilizará com o seu corpo. Suas fotografias amarelarão nos álbuns de família. Um dia alguém perguntará:

— Quem é esse cara da fotografia?
— Ninguém que interesse.

Meu R.G. irá para outra pessoa. Meu violão se desintegrará em algum depósito de velharias. Meu gravador será roubado por um trombadinha. As cuecas, minhas irmãs poderão guardar para seus filhos, mas aconselho jogar fora, pois até lá já estarão fora de moda...

Tchau, mãe. Se cuida, tá? Thais e Ana, vocês são belas mulheres. Cassy, continue tocando, que você chega lá. Virgínia, pena você não ter me amado como eu te amei. Veroca, Eliana, Nalu e Big, juízo, hein? Gorda, você é um cara incrível. Ricardo, meu irmãozinho, o cara que mais me conhece. Nana querida, não fique com raiva de mim, eu tentei gostar de você, mas não dava, eu tava muito chato. Marcinha gracinha, você é uma fofa. Fabião, vá à luta, meu chapa. Mariúsa mãezinha, valeu a força que você me deu. Gureti, vê se fica menos briguenta. Maurão, seu veado, não beba tanto. Bundão querido, cuida bem delas, tá? Zequinha, seu louco, largue um pouco os livros, bata mais punheta. Celso, lindo, você é duca. Nelson e Olaf, cuidem bem da chácara. Betão, Rubão, Max, lembrem de minhas posições políticas. Laurinha fofa, emagreça um pouquinho. Milu, você tá me devendo uma transa, hein? Tchau, pessoal, feliz ano-novo pra vocês.

Continuei chorando.

Tive outra crise. Essa foi brava.

— Pelo amor de deus, faça alguma coisa!
— Calma, Marcelo — disse Ilma, de mão dada.
— Mexe comigo, balança esse colchão d'água. Isso, mais, eu não aguento!
— Tenha um pouco de paciência.
— Quanto falta pra tomar o remédio?
— Mas faz uma hora que você tomou. Fique calmo que o tranquilizante deve estar fazendo efeito agora.
— Merda! Esses remédios já não fazem efeito, devo estar imune.

Precisava descarregar essa energia acumulada. Balançava os braços, virava a cabeça, mas nada. A porra da dor de barriga não parava. Eu tava tonto de tanto ficar na mesma posição. Pedi pra Ilma inclinar um pouco a cama.

— Aí nessa manivela.
— Não pode, sua coluna não está calcificada ainda.
— Claro que pode. O dr. Alex falou, hoje de manhã, que agora tem que, de hora em hora, erguer um pouco a cama. (Sempre fui mentiroso.)
— Mas não tem nada prescrito aqui.
— Por favor, levanta logo, só um pouquinho, senão eu vou ficar louco.
— Tá bom, só um pouquinho.

E foi rodando a manivela bem devagarinho. Minha cabeça foi levantando, mas parecia que tinha um FNM me atropelando. Tava tudo duro. Começou a faltar ar.

— Volta, volta, não dá.

Não deu mesmo, era loucura minha. Estava absolutamente proibido de levantar a cabeça. Tinha que aguentar, ter a maldita da paciência, palavra que mais ouvi nesses tempos de UTI.

"Pense em alguma coisa, Marcelo, um dia qualquer de sua vida, um momento de amor."

Foi aí que me lembrei da Lúcia de Búzios. O sobrinho do dono da casa em que eu estava hospedado em Búzios tinha morrido, e ele deveria voltar imediatamente pra São Paulo. Só que tinha que levar a outra hóspede, já que havia prometido pro pai dela. Mas não tinha lugar no avião. Logo, ele me pediu:

— Eu dô a grana do ônibus e você leva a menina.
— Tá legal.

Por mim, tudo bem, eu tinha mesmo que voltar, pois entrara na Unicamp e precisava fazer a matrícula. Era uma menina de dezesseis anos que conheci no dia de irmos embora. Lúcia, seu nome.

— Então, você é que é o meu protetor?
— Mais ou menos.
— Por que a gente não faz o seguinte: vamos de carona até o Rio e economizamos dinheiro. Depois a gente gasta em São Paulo.

Gostei da ideia, aventura é comigo mesmo.

Fui com a cara dela. Bonitinha, um cabelo castanho, olhos verdes. Meio peituda, mas eu adoro mulheres peitudas. Fomos para a estrada. O primeiro carro que passou, parou. Era um Alfa, com um casal de cariocas, jovens, desses ricos que passam o verão em Búzios andando de lancha e cheirando pó. Logo a peituda nos apresentou como marido e mulher.

— Mas tão jovens?
— É, casamos há um ano, já temos até um filho. (Cara de pau essa menina!)

Ficou a viagem inteira só contando mentira. A princípio fiquei desconfiado de que estava protegendo uma paranoico-depressivo-esquizofrênica. Mas cada vez gostava mais do jeito meio sacana dela. Ela contava as besteiras e eu era obrigado a confirmar. Chegou a falar que nosso primeiro beijo fora no ar, já que os dois saltavam de paraquedas. Que imaginação fértil! O casal se deliciava com as imaginativas histórias. Só porque eu estava com o violão, ela falou que eu era o guitarrista do Raul Seixas. Imaginem só! Eu, que não sabia tocar nenhuma música do cara, tive que inventar na hora, já que a mulher pediu.

— Toca aquela da mosca que pousa em uma sopa.

Chegando no Rio, admirado com nossa felicidade conjugal, o casal convidou-nos para passar o dia em sua casa na Gávea. A safada da Lúcia topou no ato, mas eu, dando uma de protetor durão, não aceitei.

— Vamos, bem.

— Isso, ficam em casa, tem um quarto pros dois, amanhã eu levo vocês até a rodoviária.

Não, eu já não podia, já que tinha prometido que a levaria ainda naquele dia. Mas fiquei arrependidíssimo. Ia ser interessante um dia de casado, com altas mordomias.

Eu poderia até dormir com essa mentirosa, já que teríamos que representar o papel de felizes "um ano" de casados. Porém, o meu diabinho não convenceu o santinho, e fomos direto pra rodoviária. Compramos a passagem e ficamos tomando uma Coca, na espera. Foi aí que ela perguntou:

— Você gosta de mim?

Subiu uma sensação gelada da barriga, as pernas tremeram. Como é duro ser tímido, e eu era um bocado. Claro que gostava dela, mas era difícil dizer que sim. Eu tinha que dizer, já era um passo adiante pra uma possível transa. Quando consegui reunir forças pra dizer o "G" de gosto, já estava entre a língua e os dentes, ela me pegou pelo braço:

— Vamos logo, senão a gente perde esse ônibus.

Ela sentou na janela, eu na ponta. Estava uma tarde lindíssima, céu aberto, batendo sol na nossa janela o tempo todo, o que me deu um tremendo sono. Dormi a maior parte do tempo. Quando acordei, quase em São Paulo, ela estava cantando baixinho, com a mão atada na minha. Estávamos tristes. Tinha acabado a fantasia. Agora cada um iria levar a sua vida. Eu sabia que, quando se conhece uma pessoa numa viagem, depois fica um relacionamento hipervazio, um saco. Com ela, não seria diferente. Chegamos, pegamos um táxi, levei-a até a sua casa. No caminho, já abraçados, falei em nos encontrarmos mais vezes. Ela me deu o telefone e um delicioso beijo na boca que durou da Consolação até a avenida Heitor Penteado.

No dia seguinte, tive de ir pra Campinas fazer matrícula na Unicamp e acabei ficando uma semana. Quando voltei, ela não havia ligado. Peguei o telefone dela, fiquei olhando, olhando e imaginando como seria ela num cinema, num boteco, numa festa. Será que ela dança legal? Será que puxa fumo? Estuda? Amassei o papel. Decidi deixá-la na estrada, no fundo da imaginação. Era mais bonita assim. Nunca mais a procurei.

Foi na estrada, um ano depois, voltando de Ubatuba, que cruzei com ela num posto da Dutra. Eu estava imundo, com o cabelo enorme, bem queimado do sol. Eu e mais quatro surfistas, num Opala velho do Cabeção. Um carro engraçadíssimo, quatro portas, cor de abóbora, caindo aos pedaços, que a gente chamava de Lúcio Flávio, pois parecia que íamos assaltar um banco.

Pra contrastar, a menina estava arrumadíssima, com um boyzinho do lado, vindos de São Sebastião num

Passat todo bonitinho. Quando ela me viu, abriu um lindo sorriso.

— Como vai, protetor? Estava com saudade.

Peguei um sanduíche e, enquanto todos estavam sentados num balcão, eu, como quem está querendo ficar sozinho, fui pra uma mesa. De longe, fiquei encarando. O boyzinho não parava de falar, e ela, de longe, só me olhando. Devia se lembrar da nossa viagem. Pegou sua comida e veio até a mesa, deixando o outro com cara de tacho. Sentou-se e perguntou:

— Ainda gosta de mim?

Peguei na mão dela e disse:

— Claro que sim.

Ficamos quietos, meio sem assunto. Mas foi melhor assim. O que eu ia dizer? Minha vida? Tava tudo tão diferente, morando sozinho em Campinas, universitário, namorando firme a ciumenta da Marina.

— Você ainda toca violão?

— Toco. Muito mais que antes.

Ela estava mais branca, assim meio burguesa, mas ainda tinha aquele olhão verde e dois peitões gostosíssimos.

— É seu namorado?

— Mais ou menos.

Continua esquizofrênico-paranoica. Como *mais ou menos*? Odeio gente que responde *mais ou menos*. Fala que é uma transa, um caso sem interesse, mas nunca *mais ou menos*.

— Bom, tá na hora de ir embora.

— É, pois é...

Pensei em dizer o velho "me procura". Mas não ia adiantar, nosso caso é o que se pode chamar de amor das estradas. Ela se levantou, abraçou-me e me deu um beijo delicioso. Virou as costas, pegou o boy e nunca mais vi aquela carinha bacana.

Uma vez no Rio, eu estava de férias passeando no carro da Nesita, quando parou um ônibus ao meu lado. Olhei e tinha uma menina linda me olhando. Dei uma piscada pra ela e ela retribuiu com um beijinho. Então dei uma lambida nos meus lábios e ela me fez uma careta. Depois rimos, e, quando o ônibus partiu, ela mandou um tchauzinho bem íntimo. Fiquei morrendo de vontade de parar o carro, subir no ônibus pra conhecer a garota. Deve ser uma menina legal, pra corresponder assim a uma brincadeira. Mas deixa ela ir embora. Pode ser que uma palavra estrague tudo. Essa cena nunca mais saiu da minha cabeça, nem o rostinho bonito dela. Eu a amei assim como amei a Lúcia. Na minha vida existem lugares, cenas, palavras que eu amo com um grande respeito. Como eu amei um orelhão de esquina que tinha perto da minha casa campineira. Como amei dona Margarida, minha professora de português em Santos, tanto que cheguei a arrancar a tampa da mesa onde ela dava aula só pra ver as pernas dela. E, como dizia Vinicius de Moraes, mais ou menos assim: "O amor não é para ser eterno, mas sim infinito enquanto dure".

Hospital Paraíso, São Paulo

Teto verde. Chique pra burro. De fórmica toda furadinha, desses isolantes térmicos e sonoros. Estava na maca indo pro raio X e admirava o novo visual. Realmente, era um hospital caro. Pelo verde e pelo silêncio já dava pra sacar que a gente ia gastar os tubos. Todo mundo falando baixinho, com respeito. Tava cansado da viagem, mas ficava atento a tudo. Estava recebendo um monte de informações novas, novidades para ter o que pensar depois. Os furinhos do teto verde, o bebedouro de água. A porta grande, cinza. O cheiro era mais azedo que o da UTI. Mas o que me impressionava mais era o silêncio, um som abafado, seco, sem o já costumeiro eco. Parecia um mundo mais calmo, devagar, sem vida. Dava pra ouvir a própria respiração. Terrível, sentia-me mais vigiado, qualquer palavrinha que desse seria ouvida pelo corredor inteiro.

Chegando na sala de raio X, fiquei sozinho. Teto verde, ainda. Na parede, uns quadros estranhos. Radiografias de colunas, de pés. Puxa, que fixação, podiam pôr umas paisagens, umas mulheres peladas, o time do Corinthians.

O cara do raio X pediu pra eu ficar de pé, ele nem imaginava meu estado clínico. Achei bom, sinal de que eu não tinha cara de quem estava totalmente paralisado. Isto me dava uma certa esperança. "Meu corpo ainda está todo aqui. Apesar de não sentir, a perna ainda tem joelho, pelos, pé. Deve estar branquinha de falta de sol. Quem sabe, até magrinha. Mas está viva ainda."

— Não, moço. Não consigo me levantar.

— Então espere um pouco, que vou ter que pedir ajuda.

Essas máquinas de raio X são lindas. Modernas, imponentes.

Chegou a ajuda e me deitaram na mesa. Com um controle manual, ele focalizou a máquina bem na coluna e:

BLUPT

Pronto. O raio invisível lascou uma foto da minha vértebra. Depois de revelada, pedi para me mostrarem, mas nem adiantou. Não entendi nada, eram todas iguais. Mas o cara olhou e falou que a minha vértebra estava bem ruinzinha. Fiquei puto. Não era possível, quase um mês sem levantar a cabeça e essa porra ainda não havia solidificado. Vai ver esse merda não entendia nada. Ou, então, os burros dos médicos campineiros não entendiam nada de vértebra quebrada. É mesmo, sempre soube que, quando quebra um osso, tem que engessar e tomar bastante leite. Não, besteira minha, engessa porque tem que ficar imóvel. E meu pescoço estava imóvel. "Que bosta, que bosta, que bosta! Eu quero sentar, sentar. Quero ir para um banheiro, sentar na privada, peidar, roer a unha, bater uma punheta."

A maca começou novamente a andar. Saímos da sala, entramos num elevador bem comprido. Que delícia, o elevador subindo. Eu estava andando por tabela. A máquina fazia vibrar todo o corpo. Sentia até ventinho na cara, como se estivesse guiando um kart. Subindo, levitando, crescendo, como um anjo escolhendo a mais confortável nuvem para repousar, meditar e viver. Estava indo para meu novo leito, continuaria deitado, fazendo o possível para não enlouquecer.

Para o elevador. Acabara a sensação deliciosa. Quase pedi pro guia dar mais uma voltinha. "Aperta o térreo de novo." Mas eu tenho senso do ridículo.

Abre-se a porta, novo corredor. Este, amarelo--claro. "Devo estar na parte velha do hospital, pois o teto (pé-direito, na linguagem engenheril) é bem alto, com portas também altas. Cheiro de comida. Provavelmente estou perto do restaurante. Incrível, mas faz um mês que me alimento de sopas e alguns danones. Quem sabe não irei comer um filezão com fritas e bastante cebola. Uma salada de cenouras cruas, com azeite e vinagre.

Entramos em um corredor estreito. "Devo estar chegando." Uma mistura de êxtase e nervoso fazia minha barriga doer. Estava curioso para conhecer o falado quarto. "Será amarela a cor do teto?" Não, provavelmente seria um quarto todo vermelho, cama redonda giratória, espelho no teto. A enfermeira me receberia vestida com uma camisola transparente preta e, depois de banhar meu corpo com óleo de amêndoa chinesa, deitaria sobre mim, falando baixinho no meu ouvido: "Bem vindo, gostosão".

Marrom-claro, bem clarinho. Nem bonito, nem feio. O pé-direito altíssimo. Teto de madeira, com um monte de ripas. No centro, um lustre redondo. Luz normal. Interessante.

Por incrível que pareça, estava ficando com saudade da UTI, das minhas enfermeirazinhas. Aqui estava tudo meio esquisito. Minha cama não estava arrumada, não tinha colchão de água. Deixaram-me jogado numa maca, sozinho. Comecei a ficar inseguro, num lugar que não conhecia, com pessoas que não conhecia, num corpo que não conhecia. A porta estava aberta e o eco que fazia no corredor dava a impressão de que tinha uma verdadeira multidão. Chamei por alguém e veio um enfermeiro meio bicha. Carinhoso, ficou pegando no meu braço, explicando a dificuldade de arrumar um leito pra mim, pois o colchão d'água era muito pesado (em torno de cento e cinquenta quilos), e eu precisaria de uma cama mais forte. Realmente. Eu, pesando uns sessenta e cinco quilos, mais o colchão d'água dava uma gorda enorme de uns duzentos e quinze quilos. Não precisaria só de uma cama, e sim de uma verdadeira estrutura metálica pra aguentar todo este peso.

Finalmente conheci meus novos médicos. Dr. Luís era clínico geral, responsável pela minha saúde no hospital. Depois, veio um neurologista que nunca mais vi na vida. Fez os testes da agulhinha:

— Sente aqui?
— Sim.
— E aqui?
— Não.

Fez umas anotações, me olhou preocupadamente e foi embora.

Veio um enfermeiro, tirou o caninho amarelo que continha soro.

— Agora você não precisa mais disso, você vai se alimentar com comida.

Já estava gostando desse hospital. Homens de coragem. Estavam me tratando mais naturalmente, sem caninhos (exceto a sonda no pinto), comida pura. Altos progressos.

Depois de um tempo, entrou no quarto o tão falado Mangueira. Junto dele estavam uns assistentes, meus amigos e a família. Todos animados para ouvir as palavras do mestre. Aparentava uns cinquenta anos. Bem grande, uma mistura de gordo e forte. Olhava com uma cara indecifrável. Não sabia se estava gostando ou não, mas isso não eliminava a expressão forte. Era um homem tranquilo, transmitia muita segurança. Examinou meu pescoço, tirou umas medidas, confabulou com um dos assistentes, deu um tapinha no meu ombro.

— É isso aí, rapaz.

E saiu, abraçado na minha mãe. Uma palavra, não disse uma palavra. Achei estranho. Afinal, eu era o doente. Tinha uma necessidade incrível de saber, mesmo em termos médicos, quais eram as minhas chances. A Nana me deu um beijinho e ficamos imaginando o que ele tinha achado do meu estado clínico. Analisamos cada sorriso, cada gesto, o tapinha no ombro. Mas não adiantava. Nada, nada. Mistério. Que saco!

Mais tarde, veio minha mãe trazer as novas. O Mangueira estava bolando um colete de ferro pra fixar o meu pescoço. Assim eu não precisaria fazer tração, e logo logo poderia sentar.

— Sério?

É, ele falou que o mais importante pra você agora é sentar.

"Joíssima. Falei que esse cara era corajoso. Eu gosto de gente assim. Nada de tremer com o desconhecido: ir à luta, aguentando as consequências, sejam quais forem. Ir de cabeça. (De cabeça? É, mas tomando cuidado pra não quebrar a quinta cervical.) Que maravilha, vou sentar, ver as pessoas na horizontal, ver as paredes, as janelas. Ver, enfim."

Estava cansado de pensar.

* * *

Nunca em toda a minha vida meu pai fizera tanta falta. Não sei ao certo o que é ter um pai, foi pouco o tempo que pude dizer "papai". Mas de uma coisa tenho certeza: ele se orgulhava de mim. Ficou preocupado que seu filho, convivendo com quatro irmãs, acabasse se afeminando. Então, logo cedo, me pôs num colégio público, em São Paulo. Mais tarde, percebeu que não precisava, já que eu era um brigãozinho e tinha uma voz hipergrossa. Quando mudamos pro Rio, me deixou estudar num colégio burguês, com os filhos dos seus amigos.

No boletim vinham as minhas barbaridades, mas em casa não tinha bronca. Ele se orgulhava de seu filho macho. As notas estavam ficando ruins, principalmente em português.

Minha mãe dava verdadeiros castigos, obrigando-me a estudar com ela. Meu pai me deu uma garrafa de uísque para rifar, e, com a grana, comprar um jogo de camisas novas pro Vasquinho (eu, como presidente, tinha que fazer uma média com os eleitores). O número sorteado foi o do vizinho da frente, e ele fez questão de ir com todo o time entregar o prêmio. Depois, nos convidou para irmos ao Maracanã ver um jogo do Mengão (apesar do nome do time, éramos todos flamenguistas). Achei incrível. Meu pai nunca tinha sido de futebol, mas naquele dia queria participar da minha vida.

Ele guiando, eu ao lado segurando uma bandeira pela janela, o resto do time atrás. Na entrada do túnel Rebouças, um trombadinha se aproveitou da lentidão do trânsito e passou a mão na bandeira.

— Para o carro, para — eu pedia desesperado.

Ele parou, descemos atrás do canalha. Voou pedra, pau e palavrão até que o bandidinho deixou meu pano rubro-negro no chão. Voltamos pro carro e dei com aquela figura de bigodes, meio assustado e meio surpreso ao ver seu filho se defendendo sozinho. No estádio — o Rubens Paiva e seis moleques sentados na arquibancada — gritamos "Meengo!", xingamos o juiz, atiramos bolinha de papel.

Gol do Fio: ÊÊÊÊÊÊÊÊ! Ao meu lado, um senhor pulando e agitando minha bandeira com a mesma alegria que meus cinco amiguinhos. Voltando pra casa, depois de comentar cada lance com os amigos, disse que enriquecera seu vocabulário de palavrões com seu filho de 10 anos.

No começo dos anos 70, ele viajava menos e estava bem caseiro, decididamente curtindo os filhos e a vida em família (um pouco também por não ter o que fazer politicamente). A maioria dos seus amigos estava no exílio, mas nos fins de semana ainda dava pra reunir a turma num jogo de pôquer. Antes, porém, a preliminar era comigo. Montava a mesa de botão na sala, colocava dois times e lá estávamos, eu e o Gasparian, jogando. Em volta, toda a nata do Partido Socialista Brasileiro, claro que torcendo pro mais fraco: o Gaspa. No meio do jogo, o Ryff deu um pênalti contra mim (era o juiz, mas não entendia nada de botão). Pronto, armei o maior escarcéu, soltei todos os palavrões possíveis, briguei com todo mundo. Tirei o time do campo sob vaias da torcida e fui pro quarto, jurando nunca mais falar com os caras.

Já vivíamos o espírito carioca e, domingo, íamos todos pra praia. Como minha casa ficava de frente pro Leblon, todos trocavam de roupa lá: um verdadeiro estado-maior, a cúpula do Vasquinho, jornalistas e o que sobrou da cúpula do governo Jango: Raul Ryff, Valdir Pires, Bocayuva Cunha, Fernando Gasparian, Flávio Rangel, Hélio Fernandes, José Aparecido.

Era sol, era praia. Biquínis, maiôs, ricos e pobres, pretos e brancos. A maior qualidade do Rio de Janeiro é que uma vez por semana a cidade fica absolutamente democrática. Tudo se mistura: bate-papo, futebol, vôlei (o Chico Buarque era frequentador da nossa rede), mulheres seminuas, cachorros enchendo o saco, bolinhas de frescobol perdidas. Mesmo com ditadura, o carioca sabe usar o que tem de melhor: a praia.

De repente, meu pai se levantava e íamos pra água. Ultrapassávamos a rebentação, até não mais distinguir uma pessoa de um cachorro. Longe de todos, bem lá no fundo, boiávamos. Eu não conseguia, mas não me cansava. Me sentia tão seguro que nem me importava com aquele mundão d'água. Descansados, nadávamos. Cruzávamos o canal do Jardim de Alá e, quase no Country Club, já em Ipanema, a gente parava. Íamos nos aproximando da costa até pegarmos um jacaré. Eu me agarrava nas costas dele como se estivesse numa prancha, e ele, com um bruta fôlego, deixava a onda nos levar até o raso. Era a glória eu ali, sendo levado nas costas do meu pai, preocupado em não machucá-lo com minhas mãos, vencendo todas as barreiras da natureza revolta, deslizando velozmente. Eu e meu pai, juntos desafiando a vida, sabendo que unidos venceríamos, em paz um com o outro, respeitando a vontade e os desejos um do outro.

Enquanto alguns pais levavam seus filhos pra jogar tênis, o Rubens Paiva levava o Marcelo pra Pavuna, um bairro operário da Zona Norte, onde ele estava construindo umas casas populares. Eu adorava, ajudava a fazer cimento, levantar muro, passar argamassa nas paredes. Aprendi a comer feijão com farinha na marmita, a beber café mineiro no copo, usar capacete de obra e carregar martelo na cintura.

Todo 1º de maio os candangos faziam festa nos canteiros. E, como era meu aniversário, sempre tinha um bolo pra mim. Ganhava os presentes mais incríveis, desde um martelo mirim até um chaveiro de fita métrica. Às vezes, eu ia pro escritório dele no centro da cidade e ficava brincando de engenheiro. Sentava naquelas pranchas enormes e desenhava pontes. Quando mostrava, meu pai sempre dava uns palpites e corrigia. Acho que foi assim que nasceu a vontade de estudar engenharia.

Meu pai me ensinou a andar a cavalo.

Meu pai me ensinou a nadar.

Me incentivou a ser moleque de rua.

Me ensinou a guiar avião (tinha um na firma dele e, depois de decolar, eu pegava no manche e ia mirando até São Paulo).

Mas meu pai não pôde me ensinar mais.

O dia 20 de janeiro de 1971 era feriado no Rio, por isso dormi até mais tarde. De manhã, quando todos se preparavam pra ir à praia (e eu dormindo), a casa foi invadida por seis militares à paisana, armados com metralhadoras. Enquanto minhas irmãs e a empregada estavam sob mira, um deles, que parecia ser o chefe, deu uma ordem de prisão: meu pai deveria comparecer na Aeronáutica para prestar depoimento. Ordem escrita? Nenhuma. Motivo? Só deus sabe.

Quando acordei e vi aqueles homens, perguntei pra minha mãe o que era. Ela não respondeu e disse que papai tinha saído. Desci, tomei café e vi as armas na sala. Não entendi nada e fui jogar bola na praia. Quando voltei, estavam todos assustados.

— Onde você andou? — me perguntou um sujeito.

— Fui jogar bola.

— Mas não pode.

Não tinha sacado, mas éramos prisioneiros. O telefone fora do gancho, ninguém saía. O namorado da minha irmã chegou e foi preso, levado embora. Um amigo de dezesseis anos chegou e também foi levado.

Minha mãe chamou-me num quarto e me mandou entregar uma caixa de fósforos pra Helena, que mora perto, mas fazendo o possível pra não ser visto por ninguém. Fui pro banheiro da empregada, subi no telhado, pulei o muro da vizinha, corri pra rua e voei pra casa da Helena com a caixa apertada na mão. Chegando lá, hesitei em tocar a campainha. Abri a caixinha e vi um papelzinho dobrado:

O RUBENS FOI PRESO, NINGUÉM PODE
VIR AQUI, SENÃO É PRESO TAMBÉM.

Minhas pernas tremeram. Que loucura, preso, mas por quê? Toquei a campainha, entreguei o bilhete e voltei pra casa preocupado.

Tivemos que conviver o dia todo com os caras jogando baralho, botão, vendo novela. À noite, mudou o plantão. Jantar, cafezinhos e, com mais intimidade, minha mãe pediu pra guardarem as metralhadoras num canto da sala.

Minha mãe me acorda no dia seguinte e se despede de mim. Ela também tinha que ir, junto com a Eliana (minha irmã de quinze anos). Os caras saíram, trancaram a porta, colocaram minha mãe e irmã no banco traseiro de um Fusca azul. E agora? Que fazer? Eu, Nalu (treze anos), Big (nove anos) e a empregada trancados. Ligamos pra minha avó, que morava em Santos, e esperamos seis horas até ela chegar, encolhidos num canto morrendo de medo.

À noite, a casa estava cheia e ficou decidido que eu deveria deixar o Rio. No dia seguinte, um cara que nunca tinha visto na vida me levou prum sítio em Petrópolis. Não sabia de quem era o lugar, mas devia ser alguém bem rico, pois tinha piscina e até quadra de tênis. Fiquei aos cuidados de um casal simpático (irmão do Bocayuva) e do filho deles. Minha irmã ficou só um dia presa, mas meu pai e minha mãe...

Não tinha muito que fazer. Tomar banho de piscina, tentar aprender a jogar tênis (não via a menor graça nesse esporte) e ficar dando tiro com espingardinha de chumbo. À noite, rezava pra que deus soltasse meus pais e ia dormir tranquilo, pois sabia que nada de grave ia acontecer, afinal "cadeia é coisa pra bandido" (pelo menos deveria ser).

Duas semanas depois, toca o telefone. Minha mãe estava solta. Alívio. Meu pai ainda não. Voltei imediatamente pro Rio e encontrei minha mãe exausta, deitada na sua cama. Tava irreconhecível, muito mais magra. Nos abraçamos e choramos. Tive o pior ataque de asma da minha vida. Ela tinha estado no quartel da Barão de Mesquita, Polícia do Exército, doze dias numa cela individual. Foi interrogada várias vezes, sempre com as mesmas perguntas: ideias políticas do meu pai e quem frequentava a nossa casa. Entre os interrogatórios, era obrigada a ver coleções de fotos e exigiam que as reconhecesse. Mas ela só identificou a do meu pai e da família.

Naquela época, a censura da imprensa não estava tão rigorosa e todos os dias saíam artigos nos jornais:

ONDE ESTÁ RUBENS PAIVA?

O Governo dizia que ele não se encontrava preso.

MAS COMO NÃO ESTAVA PRESO, SE SUA
MULHER VIU A FOTOGRAFIA DELE
NO ÁLBUM DA PRISÃO?

A resposta era cínica e covarde:

A MULHER DE RUBENS PAIVA NUNCA
ESTEVE PRESA, NEM SUA FILHA.

Mas eles cometeram uma gafe. Meu pai, quando preso, foi guiando o próprio carro, que ficou estacionado no quartel da Barão de Mesquita. Mais tarde, uma tia minha foi recolher o carro, e os caras deram um recibo com o timbre do Exército.

MAS, SE RUBENS PAIVA NÃO ESTAVA PRESO,
O QUE SEU CARRO ESTAVA FAZENDO ALI?

Houve um silêncio. Com esse documento foram impetrados três pedidos de habeas corpus, mas nada aconteceu. Minha mãe chegou a ir um dia à PE ver se conseguia alguma notícia. Ficou de pé horas, esperando fora do portão, até que um policial comovido disse: "Não adianta, dona Eunice. Os homens não vão devolver o que a senhora quer. Não adianta ficar aqui". No Congresso Nacional havia debates agitados. De um lado, Pedro Horta; do outro, o líder da maioria Eurico Resende. No dia 20 de fevereiro, o ministro da Justiça Alfredo Buzaid disse pra minha mãe que meu pai tinha sofrido "alguns arranhões", mas que voltaria em breve para casa. As reuniões do Conselho de Defesa dos Direitos da Pessoa Humana passaram a ser secretas depois do caso. Mesmo sob censura, a imprensa pegava no pé. Finalmente, no dia 24 de fevereiro, sai no *Diário Oficial da União* o que até hoje é a versão do Exército:

SEGUNDO INFORMAÇÕES DE QUE DISPÕE ESTE COMANDO, O CITADO PACIENTE, QUANDO ERA CONDUZIDO PARA SER INQUIRIDO SOBRE FATOS QUE DENUNCIAM ATIVIDADE SUBVERSIVA, TEVE SEU VEÍCULO INTERCEPTADO POR ELEMENTOS DESCONHECIDOS, POSSIVELMENTE TERRORISTAS, EMPREENDENDO FUGA PARA LOCAL IGNORADO...

Em outras palavras, ele tinha fugido. Foi a versão mais idiota que já inventaram, mas o que fazer? Logo depois veio a censura da imprensa sobre o caso, foi julgado um habeas corpus numa sessão secreta do Superior Tribunal Militar (obviamente negado), sessão essa a que minha mãe esteve presente, sozinha (só com a ajuda do tio Rafael). Não havia provas. O jeito foi esperar.

Continuamos morando no Rio e começaram a chegar as informações mais terríveis: ele tinha sido torturado e morrera. "Mas como? Não existe tortura no Brasil."

Doce ilusão, estava-se torturando gente como nunca e havia-se criado uma tática mais eficiente: mata-se o inimigo, depois some-se com o corpo.

Inimigo. Mas o que fez Rubens Paiva? Em 1978, o *Jornal do Brasil* lançou um caderno especial intitulado *Quem Matou Rubens Paiva?*, no qual dois repórteres, Fritz Utzeri e Heraldo Dias, faziam um completo levantamento do caso, sete anos depois.

O motivo da prisão parece ter sido uma carta enviada por alguns amigos exilados no Chile. Uma amiga da família, depois de visitar o filho no Chile, foi detida no aeroporto, onde os agentes de segurança descobriram as cartas. Dali ela foi levada para a 3ª Zona Aérea (para onde, no dia seguinte, levaram meu pai), comandada pelo brigadeiro João Paulo Burnier. Segundo versão dela, outra mulher e meu pai permaneceram de pé muito tempo, com os braços pra cima, num recinto fechado. Com a longa duração do castigo, ela fraquejou, sendo amparada por meu pai, que estava ao lado dela. A atitude dele irritou o chefe do interrogatório, descrito como "um oficial loiro, de olhos azuis", que atacou meu pai e começou a surrá-lo.

— Vocês vão matá-lo! — gritou uma das mulheres.

Isto fez com que esse oficial ficasse completamente fora de si, e, agarrando a mulher pelos cabelos, forçou-a a aproximar-se do meu pai, já estirado no chão.

— Aqui não se tortura, isto é uma guerra — gritou o oficial.

Essa mulher ainda ouviu a voz do meu pai, já no quartel da Barão de Mesquita, no dia 21 de janeiro, mas depois foi solta. É a única testemunha do caso, professora das minhas irmãs, porém contou essa história por carta meses depois, nunca pessoalmente.

Passei anos da minha vida sem saber se tinha ainda um pai ou não. Lembro-me até de que, um dia, já morando em Santos, pensei ter ouvido minha irmã gritar "papai". Saí correndo feito um louco, rodei pela casa toda, fui pra rua, procurei por todos os cantos, mas não o achei. Ainda com uma tremedeira no corpo fui perguntar pra minha irmã. Era engano meu. Ninguém tinha gritado. Sonhei centenas de vezes com meu pai chegando um dia. Mas foram sonhos. Quando viemos morar em São Paulo, três anos depois, já estava conformado com o fato de que realmente eu era órfão.

Depois da anistia ficou-se sabendo das barbaridades cometidas nos porões dos quartéis. Até soube que um repórter, que estava próximo do ex-presidente Médici no aeroporto de Recife, ouviu alguém dizer que Rubens Paiva fora morto. Segundo o repórter, nosso ex-presidente riu e falou pro senador Vitorino Freire:

— Acidente de trabalho.

Rubens Paiva não foi o único "desaparecido". Há centenas de famílias na mesma situação: filhos que não sabem se são órfãos, mulheres que não sabem se são viúvas. Provavelmente, o homem que me ensinou a nadar está enterrado como indigente em algum cemitério do Rio. O que posso fazer? Justiça neste país é uma palavra sem muita importância. As pessoas de farda ainda são as donas do Brasil, e elas têm um código de ética para se protegerem mutuamente (como no caso do Riocentro).

Vou usar um velho chavão, mas é verdade que não é matando um corpo que se elimina um homem. Rubens Paiva está vivo em muitas pessoas. Um homem querido, respeitado. Um homem que não temeu nada. O contrário de quem o matou. Imagine as noites da pessoa que um dia colocou um senhor de quarenta anos e pai de cinco crianças num pau de arara, dando uma descarga elétrica naquele corpo...

Chegará o dia de quem desapareceu com Rubens Paiva, assim como chegará o dia dos que desapareceram com vinte mil na Argentina, porque esses desaparecimentos têm o mesmo significado. O sadismo de alguns imbecis que apenas por vestirem fardas e usarem armas se acham no direito divino de tirar a vida de uma pessoa, pelo ideal egoísta de se manterem no poder.

    MATARAM RUBENS PAIVA
        JESUS CRISTO
        CHE GUEVARA
        HERZOG
        SANTO DIAS
        20 MIL NA ARGENTINA
        30 MIL EM EL SALVADOR
    MATARAM E DECEPARAM VICTOR JARA

Mas nunca vão matar aquela esperança que a gente tem de um mundo melhor, que eu não sei direito como vai ser, mas tenho certeza de que gente tipo "o oficial loiro, de olhos azuis", tipo brigadeiro Burnier e tipo Médici não vai ter.

Finalmente veio a hora do rango. Primeiramente, uma sopa, muito mais consistente que a da UTI. Bom. Depois, inacreditável, arroz, carne, cebola e um leguminho que deveria ser chuchu. O prato dava para dois, mas comi em um segundo. Salada, sem tempero, mas era salada. E tinha até sobremesa, veja só que mordomia. Mamão, que é bom para o intestino. Pra descer a comida, um suquinho artificial, com a pretensão de ser de laranja, que tinha mais gosto de dióxidorubinolaranjeico-2. Nem tudo é perfeito. Faltava o cafezinho, mas tudo bem. Veio a moça buscar a bandeja, e perguntei se não poderia repetir o prato. Claro que não podia, era uma dieta cuidadosamente receitada.

* * *

  A noite vinha chegando, e com ela o pavor da insônia. Havia quase um mês que vinha sofrendo com isso. Só que na UTI tinha outros caras estourados pra gente se distrair. Aqui só iria dormir eu, num colchão de ar, pois os colchões de água do hospital estavam todos ocupados. Ao meu lado ficava outra cama, para o acompanhante. O colchão de ar era mais gostoso, macio. Tinha um motorzinho, provavelmente um compressor, que ficava ligado deslocando o ar através do colchão, fazendo com que meu corpo ficasse em ligeira movimentação. Uma mistura de massagem com mudança de posição.
  Minha mãe iria ser minha acompanhante naquela noite. Bom. Era a pessoa que me dava mais confiança, e eu já estava prevendo uma noite difícil.
  Onze horas, medicamentos: remédio pra dormir, antibióticos, tranquilizantes. Que dia emocionante hoje. Primeiro, um passeio de ambulância. Depois, outro hospital, novos enfermeiros, novos amigos. Médicos, quarto marrom-claro, sentar qualquer dia. São Paulo, eu adoro esta cidade, agito, multidão. Campinas era ótimo pra morar, mas tinha muita gente babaca e, principalmente, não tinha vida noturna, o que estraga qualquer província com pretensão de ser cidade. Campineiro é muito idiota. Muita cocotinha e pouco conteúdo. O que vale lá são os estudantes da Unicamp e da PUC, que são na maioria de fora. É a cidade que tem mais dedo-duro que já conheci. Tem uma polícia municipal que é mais nojenta que a polícia que nós conhecemos. Andam pra cima e pra baixo, num Fusquinha creme, pondo sossego na decadente aristocracia campineira. Precisava ver como grilava o fato de morarmos em república mista.

— Mas como? Homem e mulher juntos?

E não era só velho que tinha preconceito. Tinha muito garotão que perguntava:

— Então, você come todas elas?

É, imbecil, todinhas, uma por dia. E, se não der, a gente corta os seios da mina com gilete pra fazer ensopado. Dormir, eu tenho que dormir.

Uma vez, em São Paulo, demos uma bola na casa do Fabião e fomos andar pela cidade. Era de noite, e eu, louquinho, não tinha a menor ideia de para onde estávamos indo. De repente, ali pela rua Augusta, ouvimos um tremendo som, um batuque meio afro, que vinha de dentro de uma galeria. Entramos. Era um lugar que tinha uns botecos, um do lado do outro, escuros, enfumaçados. Só dava crioulo. Cada boteco tinha um som diferente. Todos bêbados, loucos, sei lá. Veados, machos, mulheres lindas. Fiquei sentado em volta de uns caras que estavam tocando só instrumentos de percussão, fazendo um samba de roda.

— Pum, escapum tac pum, escapum tac pum.

Tinha um violão encostado ao lado. Tomei coragem. Entrei no ritmo e soltei:

Omolu, Ogum, Oxum
Oxum Maré, todo o pessoal
Manda descer
Pra ver Filhos de Gandhi.

Sol 7ª+ / Lá 7ª menor / Ré 7ª+ / Sol 7ª aumentada. Gilberto Gil. Tinha que ser um Gilberto Gil. E os caras entraram na minha. Eu dava os nomes dos santos e vinha um coro.

*Manda descer pra ver
Filhos de Gandhi*

Oxalá, Oxóssi, Ogum, até mesmo Exu. Estava todo mundo adorando. Uma qualidade minha é saber tocar exatamente o que o meio está querendo ouvir. Em acampamento, beira de praia, shows, eu sempre tocava uma que agradasse a todos.

*Manda descer pra ver
Filhos de Gandhi*

O coro estava crescendo. Tinha uns caras na porta entrando. Outros atabaques chegando. Agogô, chocalho, como eu gosto disso.

*Manda descer pra ver
Filhos de Gandhi*

Agora, só os instrumentos. Violão fazendo a base. Pena que o Cassy não esteja aqui, ele faz um solinho genial nessa música.
Senti que precisava mudar. Sem parar, no mesmo ritmo, uma que todos soubessem a letra. Que tal essa:

Eu não sou daqui

Nem precisei falar nada.

Marinheiro só

Caetano Veloso manja das coisas.

Eu não tenho amor

Que nem a maioria dos que lá estavam, solitariamente bêbados, mas solidariamente loucos.

Marinheiro só

Eu não sou da Bahia, portanto:

Eu sou de São Paulo

Gostaram.

Marinheiro só
Do Jardim Paulista
Marinheiro só

Nunca mais vi esse lugar. Procurei, mas não achei. Foi lindo demais, um sonho. Cada vez eu estava mais convencido de que meu negócio era música, uma das poucas coisas que me emocionavam. Como essa noite houve outras, mas não com um público assim.

Não estava conseguindo dormir. Esse compressor fazia um barulho danado. Não só o motor dele, como também o ar que saía e entrava no colchão, parecendo um velho respirando asmaticamente. Pra piorar, tinha uma luzinha vermelha que estava me deixando louco. Mantinha meu olho aberto, atento. Minha mãe também não conseguia dormir. Me concentrei. Fiz contas de matemática na cabeça. Cantei uma música sem abrir a boca. Não dava.

Chamei minha mãe. Além de tudo, minha barriga estava doendo. Igualzinha àquela dor de nervoso que dava na UTI. Tocamos a campainha, veio o enfermeiro de plantão.

— Outro sedativo? Mas você tomou um há uma hora.

Expliquei meu nervosismo. Afinal, era o primeiro dia depois de trinta na UTI. Ele fez uma cara contrariada, mas gentilmente me deu outro sedativo. Minha mãe ficou um tempo mexendo na minha barriga. Apagou a luz. Tentei dormir.

Tentei, tentei, como tentei. O sonho da minha vida era ter um botãozinho na barriga pra, quando quisesse dormir, só apertar e pronto.

Deve ser genético. Meu avô Paiva tinha insônias homéricas. Até achavam que ele era um fantasma. Ficava circulando pela fazenda com dois cachorrões, conversando com eles.

O chato era que, além da insônia, tinha essa luzinha, esse motorzinho, essa dor de barriga que aumentava, aumentava. Já estava gemendo de dor. Minha mãe pôs o desgraçado do compressor debaixo da cama, com um cobertor em cima pra abafar o barulho. Mas já não era isso o meu desespero, e sim o fato de não dormir. Não estava preocupado com a tragédia, com o meu futuro. Era dormir que eu queria, e encanei tanto nisso que a barriga doía pela possibilidade de passar aquela noite inteira acordado, olhando para o teto, sem fazer nada.

Pedi outro remédio.

— Pelo amor de deus!

Mas minha mãe, com todo o espírito racional dela, falava:

— Fique tranquilo. É só fechar os olhos que você dorme.

Bosta nenhuma. Perdi a minha aliada. Comecei a gritar. Primeiro, para descarregar o nervosismo. Depois era pra chamar a atenção mesmo. Não poderiam me deixar gritando, pois isso atrapalharia outros pacientes. Teriam que dar um jeito. Veio o médico de plantão, e eu reclamei de dor. Tava doendo muito, era insuportável.

Finalmente deram-me uma injeção fortíssima de aspirina. Que delícia. Era de efeito imediato. Logo minha boca estava adormecendo, a bochecha formigando. Uma moleza ótima dominava meu corpo. Finalmente. Paz. Estava abandonando essa loucura toda. Ia dormir por alguns instantes, mas o suficiente para recarregar a bateria, já que outro dia viria pra me pirar. Paz, como é lindo o outro lado da vida. Sonhar, respiração lenta. Sonhar aquilo que desejo sonhar. Uma bela menina que me mostra os seios num elevador. A garçonete me convidando pra conhecer o sótão.

Se morrer é isso, então é a coisa que mais desejo. Passear de elevador até o infinito com um par de seios bonitos.

— O café está servido...

Surpreendentemente, logo de manhãzinha, fomos acordados pela moça do café, e que café. Pão, presunto, queijo, torradas, pacotinho de manteiga. Num bule, leite; noutro, café. Mamão e o suquinho de dióxido-laranjucleico. Formidável, parecia hotel. Comi tudo e ainda pedi mais. Incrível a fome que estava sentindo, não era normal. Podia ser que o jejum forçado da UTI estivesse me dando fome, mas creio que era um pouco de carência também. Deglutir, massagear a garganta, entupir o estômago. Era primordial que me cansasse, fazia o tempo passar mais depressa.

Logo após o café, vinha o banho. O ritual era o mesmo da UTI, só que mais sofisticado. Vieram dois caras bem alegres. Um era o Chico. O outro nem precisou dizer o nome, que já comecei a chamá-lo de Santista. É que ele tava com uma bruta camisa dos "Tubarões da Baixada". Torcida organizada desse time medíocre (não sei se já falei, mas sou corintiano e flamenguista roxo). Um me segurava e o outro me lavava. Fiquei de lado um pouco e pude examinar melhor o quarto. Tinha uma janela verde, bem na minha cabeça, que dava para um bosque lindíssimo. O hospital era no Pacaembu, bairro hiperarborizado de São Paulo. Havia uma espécie de criado-mudo entre as duas camas. Nada mais, exceto uma poltrona grande de madeira. O quarto não era tão fino quanto o tratamento, pois eu estava na ala do INPS. Um silêncio delicioso. Trânsito não havia. Só passarinhos cantando em homenagem àquele sol de verão.

Os caras já tinham ouvido falar das minhas irmãs e das amiguinhas, em especial da Nana, a linda pernambucaninha oxênti-bichinha de olhos verdes. E logo já se interessavam:

— Mas aquela morena, de cabelo liso?

— É a Veroca, a irmã mais velha. Só que já tem um mineiro na vida dela.

Eles riam ironicamente. E perguntavam da Big:

— Essa tá sem namorado.

Eu já estava acostumado com esse inquérito. É bom ter irmãs bonitas, e eu tenho quatro, modéstia à parte. O que você tem de amigos facilita muito.

— E aquela loira, pernambucana?

— A Nana?
— Isso. Ela é sua namorada?

Nunca tinha pensado nisso. Não sabia responder. Eu nunca tinha pedido a Nana em namoro. Eu sabia que ela estava gostando de mim. Uma noite, transamos. Mas não era minha namorada, nem também uma amiga. Eu a estava amando loucamente naqueles hospitais. Adorava quando ela ficava, e era quem ficava mais tempo comigo. Estava sendo a pessoa mais importante na minha vida. Achava-a linda, beijava-a na boca. Amava-a, mas não era minha namorada. Dá pra entender?

Fiquei com ciúme quando eles riram da Nana. "Qual é, ô meu? Não põe a mãe em brasa que leva fogo!" Mas homem é assim mesmo. Nem todos gostam de futebol, ou de política. Mas falá de muié, uau!

Um dia ainda vou perguntar pra Nana se a gente namorou, mas acho que ela também não vai saber dizer.

Falando na danada, é ela que aparece agora. Todos estavam morando em casa e ninguém estava muito disposto a viajar, pois queriam ficar perto de mim. Lindo. Até a Gorda, que tem os pais aqui em São Paulo, estava em casa. Havia trazido o jornal e os óculos pirados, aqueles que, mesmo deitado, dá pra ver na horizontal, como um periscópio. Puseram uma mesa no meu colo e...

Incrível, tava dando pra ler. Só um pedaço, mas com alguém ao meu lado, ia orientando:

— Um pouco mais pra esquerda.
— Vira a página.

Que ótimo, poderia ficar lendo o dia inteiro. Jornais, revistas, livros. Quem sabe até estudar um pouco, pra não perder o ritmo. Vitória, passar o tempo, enfim! Digeri a *Folha de S.Paulo*. Começaram a chegar as visitinhas. Em vez de bilhetinhos, como na UTI, muitos vieram ao vivo. Emocionante! Amigos, amigas, tias, irmãs, curiosos. Parecia um bar. Cassy, brincando, ficou servindo salgadinhos imaginários para as pessoas.

— A madame deseja um?

Chato que não dava pra falar com ninguém direito. Chegava um, cumprimentava. A maioria me beijava, até os machos. Não entendia esse fascínio que eu estava tendo para as pessoas. Olhavam-me com uma cara de alucinados, como se estivesse sendo hiperimportante me ver. Acho que quem está de fora sabe medir o problema melhor do que quem está dentro. Pra mim, era uma questão de tempo, mas, pra eles, era de luta. Cumprimentavam-me efusivamente. Pegavam no meu braço, apertavam, sorriam em me ver, e por fim me beijavam. Recebi muito beijo melado de tias exageradas de batom, e beijos de machos amigos meus que até então tinham uma outra relação de carinho, que não passava de um aperto de mão e, raramente, de um abraço. Com o Ricardo, sempre tive cumprimentos exóticos. Xingava-o, pegava no pinto dele e dizia:

— Oi, querida.

Com o Fabião eu dava um pulo nele, como se estivesse comemorando um gol. A Gorda, eu pegava na barriga, nos seios dela, que são deliciosos, e beijava. O Cassy era como jogador de basquete americano:

— *Hi, man, how are you?*
— Yé!

Enfim, cumprimentavam-me e iam para o canto do quarto encontrar alguém conhecido. Um ou outro ficava comigo. A Nana, sempre ao meu lado, geralmente pegando na minha mão. Faziam uma barulheira grande, mas era bom. Importante ter muita gente que gosta de mim, principalmente agora. Quem já não deu uma de doente, pra deixar todo mundo preocupado? Uma vez, no Rio, um amigo meu quebrou a perna esquiando na Suíça (finíssimo), e, no colégio, todos o ajudavam. Ele andava com uma bengala charmosíssima, geralmente apoiado no ombro da Carla. A musa do colégio, minha primeira paixão platônica. Aliás, isso é uma tremenda fraqueza minha: sempre me apaixono pelas musas, isto é, as mais desejadas do colégio. E é claro que sempre me dava mal. Só na Unicamp que a musa virou pro meu lado. Não sei se eu estava bonito na época, ou se minhas músicas a encantavam. Mas logo no primeiro ano transei com a musa das humanas, o que me deu vários inimigos, pois fazia engenharia. A Maira era da Libelu (tendência política do movimento estudantil), uma morena com os lábios em forma de pêssego. Um tesão.

Dei muita sorte na Unicamp, com um sorriso bonito e esse meu machismo liberal. É a minha grande arma, meu sorriso. Não que eu tenha descoberto isso, mas várias garotas se deixaram seduzir por ele. Depois me contavam. É claro que eu comecei a dar mais importância, já que passei grande parte da adolescência com uma incrível incapacidade de me aproximar de mulheres. Ensaiava com o Richard como seduzir uma garota. Ele vestia uma roupa de mulher, sentava na cama. Eu entrava no quarto como quem está entrando numa festa. Olhava pra menininha sentada (Richard), dava um sorriso, sentava ao lado e começava a ensaiar os papos furados:

— Oi, tudo bem?

— Tudo bem (geralmente o Richard caía na gargalhada).

— Sabe que você é linda?

Ele tinha me ensinado a técnica de pôr a mão no ombro ou nos cabelos. Eu achava melhor, despretensiosamente, ansiosamente, pôr a mão na perna. Discutíamos as investidas e, finalmente, a luta por vencer a timidez, antes de dar o primeiro beijo. Uma vez eu vi um filme do Woody Allen em que ele estava paquerando uma mulher. Saíram, se gostavam. Daí, quando os dois andavam pela calçada, ele virou, pediu licença e lascou um beijo. Depois disse:

— É pra já ir facilitando as coisas.

O Bino tinha inventado uma técnica que comigo nunca deu certo. Ficar beijando no rosto e, se ela virar, pronto, já está com uma namorada. A minha melhor técnica é na despedida. Quando um dos dois se propõe a ir embora, imediatamente faço dois ou três elogios, fico bem pertinho e, na despedida, não ofereço a bochecha e sim a boca.

OBS.: Repare na qualidade pedagógica deste livro...

A Teté me emprestou uma televisão incrível. Era mínima e em cores. Desses milagres da tecnologia japonesa. À noite, colocaram-na na mesinha, e, com meus óculos malucos, podia vê-la. Minha vida estava ficando ótima. Televisão é o tipo do negócio que faz o tempo voar. Ligaram-na. Mas fazia uns quatro anos que não via televisão. Campinas absolutamente não combinava com televisão. Às vezes, ela fazia falta. Por exemplo, na Copa do Mundo de 78, ninguém em Campinas tinha televisão. Alguns acompanhavam o jogo pelas lojas de eletrodomésticos. Eu acompanhava no 437, um restaurante bastante fuleiro na minha rua, mas com comida barata. Tinha uma televisão velha pendurada na parede, e nós, já fregueses da casa, ficávamos na melhor mesa. Juntavam todos os estudantes e aposentados do Vila Nova. Um dia, a mãe do dono morreu, conosco jantando lá, e ele foi obrigado a fechar o bar. Era o último jogo da semifinal. A Argentina precisaria vencer o Peru por quatro a zero, senão o Brasil estaria na final. Ficamos em casa, ouvindo o jogo por um radinho de pilha. E não dava pra acreditar: a Argentina fez um, dois, três, quatro, cinco e, tchan-tchan-tchan-tchan, seis gols. Precisávamos ver as imagens, não era possível, o locutor poderia estar nos enganando. Foi um gelo, e logo com os argentinos, odiados por todo o Brasil.

Não conseguia me concentrar na televisão. Tá certo que ela era muito pequena, mas era a falta de costume. Não dava importância àquelas imagens. O som estava desconexo, metálico. Logo percebi que era falta de prática. Teria que ver bastante televisão, pro tempo passar mais depressa. Mas naquele primeiro dia, era difícil. A Veroca seria minha acompanhante, porque ela é uma verdadeira especialista em relaxamento, do-in, o que eu precisava pra dormir, já que os remédios não estavam adiantando.

E, realmente, não adiantaram. Mais uma noite sem conseguir dormir. Já tinha tomado dois sedativos, e nada. Tensão, ansiedade, insônia. Veroca fez relaxamento, com atenção especial na barriga. Estava doendo, e ela tentava dissipar o ponto de tensão do centro de gravidade do corpo. Nada. Relaxamento na cabeça. Nada. Ligou o rádio, batemos papo, apagou a luz. Nada.

Precisava daquela injeção. Pedi para o enfermeiro de plantão, e ele me perguntou se estava doendo.

— Eu não aguento de dor. (Mentira!)

Ele me falou que aquilo era uma droga muito forte, e só em casos excepcionais ele aplicava.

— Por favor, eu não aguento.

E chorava alto, desesperado, me debatia na cama. Gemia de dor imaginária. Queria dormir, morrer por algumas horas. Finalmente, ele se convenceu e me aplicou aquela coisa maravilhosa. Que efeito, que joia, é maravilhoso querer e poder. Eu amo você, amo quem inventou você. Liquidozinho, vença meu corpo, vença meu cérebro, que não para de pensar. Você domina o filho de deus, é mais forte que a própria vida. Insuspeita, na sua reação, é a própria morte, inexplicável, destruidora...

No dia seguinte, a mesma multidão que viera antes, acrescida de alguns elementos. Uma loucura. Eu gostava, mas estava me fazendo mal. Havia me dado uma febre que, segundo o clínico geral, era cansaço. Fizemos um acordo: durante os próximos dois dias, seria melhor não receber visitas.

Realmente, muita gente, dormindo mal, emocionado, não dava pro meu corpo ficar numa boa. Só ficaram comigo as pessoas de sempre.

Foi bom. Fiquei a tarde inteira vendo televisão. Eu precisava me acostumar. Já estava melhorando, sabia quem era quem, distinguia as vozes, reconhecia aquele barulho estridente que saía de dentro do aparelho. A programação é que não ajudava muito. Estava passando *Flipper*, um golfinho babaca, amigo de uma típica e feliz família americana. Mudei de canal. Passava um desenho hiperimbecil que costumava ver na minha infância. Um tal de *Speed Racer*, corredor bonitinho que tinha um carro, o Mach 5, que voava, andava em duas rodas, uma tremenda besteira. Mudei. Passava o programa *Clarice Amaral*, uma mulher simpática, maquiada até o tornozelo. Por coincidência, lembrei-me que estivera nesse programa havia uns quatro, cinco anos, com um grupo de teatro infantil. Fazíamos uma espécie de promoção da peça. Fomos entrevistados e, depois, cinicamente, ela perguntou:

— Por que vocês não fazem uma demonstração, de improviso?

Ridícula, nós já estávamos de roupa e tudo, e ela falou aquilo com um olhar de quem está sugerindo uma coisa nova. Provavelmente imaginando que os telespectadores pensariam que o programa era cheio de surpresas.

Fizemos uma cena em que eu e o Romão entrávamos no palco e perguntávamos pra Julinha se ela estava bem. A besta esqueceu o texto ali, em frente às câmeras. Percebendo a cara de coitada dela, assoprei bem baixinho o texto. Não é que os caras tinham aumentado o volume do microfone e tinha saído tudo? Bosta.

Mudei de canal. Não acreditei: aula de ginástica pela televisão. Uma velha, com um corpo horroroso, ao som duma valsa de Viena, comandando os exercícios. Deprimente. Ainda mais pra mim, que só poderia fazer um exercício: levantar o braço.

Às sete, passou uma novelinha boboca. Eram os últimos capítulos, e logo entraria outra. Bom, assim acompanharia desde o início. Depois: "Dez para as oito". Era o *Jornal Nacional*. A União Soviética invadira o Afeganistão e os Estados Unidos afirmavam que iriam revidar. Estudantes iranianos invadiram a embaixada dos Estados Unidos. Meu deus, mas que loucura. Eu já tinha lido isso no jornal, mas o tom trágico do Cid Moreira me deixou apavorado. Bateu uma insegurança, pois, caso houvesse uma guerra, eu não teria forças pra fugir, me esconder. Fiquei puto. As potências ficam brincando com a humanidade que nem uma disputinha de gato e rato por um teco de queijo.

As cenas de canhões, gente botando fogo em madeiras, o bobo do Carter, Brejnev. Pronto: era o fim. Tudo estava perdido. Acabem logo, apertem o botão. Mas não era por isso que estava tão emocionado. Já tinha visto muitos "jornais nacionais". Mas agora era diferente. Não dava pra entender por que tanta tragédia. Coisa inútil, esses homens perdendo um tempo precioso pra ficar brigando entre si. Você deve estar pensando — mas que carinha mais bobo, infantil, todo pacifista, ingênuo. O povo do Afeganistão tem o direito de se levantar contra a tirania russa. Ou então, se você é do PC, deve estar me achando um agente do jogo capitalista que não entende a necessidade de uma teoria chamada comunismo ter que ser aprendida pelos muçulmanos do Afeganistão a porrada. Ora, eu estava absolutamente maluco naquela cama de hospital. Era inconcebível que as pessoas se preocupassem em se matar, guerrear. A violência do que havia acontecido comigo já era o suficiente. Se "quem procura, acha", por que eu, que nunca bati em ninguém? Se "quem fere com ferro, com ferro será ferido", oras! Ainda querem que eu acredite em justiça. Por que esses merdas dos generais, americanos, russos etc. não quebram a quinta cervical?

    Que o mundo se foda todo, porque merece. Mas eu, NÃO!

    Veroca, novamente minha acompanhante. Fizemos os relaxamentos, algodão úmido no olho, visualizar a respiração. Calma, muita paciência. Pensar no futuro, daqui a um tempo estarei longe, amando uma mulher numa praia, sentindo o ventinho de um CMTC, comendo churros na praça da Sé. Vestido de seda azul, penas de pavão, cheiro de patchuli, depilação, sol, pele, luz, olhos, sim, né.

    É.

— Bom dia!

O quê? Como? Ué, não é possível, dormi. Dormi no meio do relaxamento. Sem injeções, sem sedativos. Nada de dores na barriga, gritos, gemeção. Que maravilha, dormi. Dominei minha cabeça. Meus olhos não viram nada. A vida parou por instantes. Epa, pera aí. Tive até um sonho. Isso mesmo. Sonhei que estava numa cela de cadeia ouvindo um radinho. Tinha na minha frente um pôster da Lídia Brondi. Com o som da música, comecei a dançar, e ela estava nos meus braços. Estava com uma perna entre as minhas e sentia perfeitamente o corpo dela, todo colado no meu. Os seios, as coxas. Não lembro de mais nada. Mas foi bom sentir de novo um corpo de mulher. Essa menina tem um rosto lindo que lembra uma namorada de infância. Uma mistura de inocência com personalidade. É uma menina inteligente. Sempre fui vidrado nela. Que bom, Lídia Brondi, você se lembrou de mim. No próximo sonho, levarei você pruma cachoeira linda que existe perto de Campinas (ela é de Campinas). Minha musa, minha paixão, dedico esta noite de sono a você, e obrigado por ter dormido comigo.

Estava em êxtase. Contei a grande novidade a todos: dormi. Oito horas de sono ininterruptas. Ronquei, sonhei, falei sozinho, enfim, apaguei esse desgraçado tédio por algumas horas. Não tinha dúvidas de que este hospital tinha dado um grande salto de qualidade na minha vida. Comer comida, livre dos caninhos. Ler jornal. Ver televisão e, o mais sensacional, dormir. Senti até o corpo de uma garota.

Não conseguia esconder meu entusiasmo na hora do banho. O Chico e o Santista não entendiam como alguém podia ter ficado tão feliz simplesmente por dormir, mas respeitavam minha alegria. Até então, eu só conseguia dormir por poucas horas. Sempre acordava no meio da noite. Chegaram as ajudantes de praxe, Nana, Big e Gorda. Contei-lhes a nova "soplesa". Tínhamos combinado que "soplesa" eram as melhoras físicas, os novos movimentos.

Mudamos os esquemas. As visitas não ficariam mais no quarto, até baixar a febre. Só poderiam me ver de duas em duas, e por pouco tempo. Prometi a mim mesmo que não veria televisão à tarde, para ler.

O que mais me agradava na mudança era que, como todos estavam ocupados, minha avó se encarregaria de passar as tardes comigo. Achei ótimo, eu me dava bem pacas com ela. Além do mais, era uma grande contadora de histórias. Filha de um anarquista italiano, famoso por provocar a polícia (dizem que tem até um chapéu dele num museu em Módena, Bolonha, que ele deixou cair numa fuga), ela veio pro Brasil aos quatro anos, junto com os pais, fugindo das autoridades. Foram trabalhar com cultura de algodão no interior paulista. Ganharam um certo dinheiro e vieram pra São Paulo, morar ali no Brás, onde conheceu meu avô, também italiano. ecco!

Tenho um tremendo orgulho de ser neto de italianos, *tutti gente buona*, principalmente de anarquistas, os grandes revolucionários do começo do século. Uma ideologia fascinante que vou estudar melhor, neste período de... sei lá, período cabeçal (só a cabeça funcionando).

Depois do jornal, passei pro Gabeira. Na uti, onde ditavam este livro pra mim, não tinha entendido direito, portanto comecei a ler tudo de novo. Minha avó virava as páginas. Muito melhor ler do que ouvir ditado. As palavras, quando escritas, ganham sentimentos, mais verdade. Aquilo estava ali e não poderia ser apagado, enquanto a memória apaga facilmente. Veio um enfermeiro dizer que já estava chegando gente. Ele mandara, como o combinado, esperar no terraço.

Não estava a fim de visitas, principalmente agora que o Gabeira acabava de sequestrar um cônsul. Mas era um pessoal que estava de viagem para Recife. Tremi nas bases, devia ser a Virgínia e o Olaf. Olaf é um dos meus melhores amigos de Campinas. Um motoqueiro que não tinha o menor ciúme quando eu andava na moto dele. Sabia que eu curtia aquela moto e que andava bem. Morava na chácara, em Barão Geraldo, onde eu tava louco pra morar. Ficava horas tentando ensinar violão pra ele, mas não aprendia. Em compensação, tocava duas músicas dos Rolling Stones como ninguém. A Virgínia — ah, essa não tem palavras pra descrever...

Virgínia, morena Virgínia. Pernambucana que, um dia, trocou o sossego do lar pra vir morar em Campinas e acabar o curso de Antropologia. Linda. Pele morena, cabelo liso. Olhos caídos, pretos. Sotaque pernambucano forte. Abre bem a boca pra falar. Veio morar na minha rua, junto com a irmã e o Mateus.

Foi paixão à primeira vista, mas diziam que ela tinha um namorado pianista em Recife. Meu instinto machista respeitou o colega homem. Fiquei apaixonado a distância. Tempos depois, brigou com o namorado. Tchan-tchan-tchan-tchan. Homens de Campinas, preparem-se para um novo ataque. Novilha solta no pasto. Montem seus cavalos e avante! (Tenho nojo do meu machismo.) Na lista: Maurão, que morava comigo, Celso e eu. Minha cotação era a mais baixa, e por cagada minha. É que, pouco tempo antes, eu estava namorando a Silvinha e, ao mesmo tempo, transava às escondidas com Cristina. Acabei ficando indeciso e briguei com as duas, hipersacanamente. Aliás, sou um verdadeiro imbecil com as mulheres. Quando estou "afins" e ela não está, fico mal. Quando não estou "afins" e ela está, faço verdadeiras sacanagens. Com a Nana foi assim. É uma fraqueza minha. De tanta insegurança, eu trato mal a garota, para que ela desencane de mim, e isso é a pior coisa do mundo. Desprezo, não cumprimento, verdadeira sujeira. Não tenho o menor respeito com o sentimento alheio. Egoísta, eu sei. Sou um filho da puta, eu sei. Por isso sempre digo pra todo mundo que, se eu fosse mulher, nunca transaria comigo, pois além de sacana, sou egocêntrico. Hoje em dia melhorei.

E minha fama de garanhãozinho (que insisto em dizer que não é verdade) chegou aos ouvidos da morena linda. Bolei um plano para desfazer essa fama, isto é, explicar pessoalmente a ela que eu estava ficando chateado com esse papo de garanhãozinho, de gostosão. Que eu não era assim. Era tão carente e inseguro quanto a maioria.

Não era uma tática sacana, mas simplesmente um jogo sincero. Peguei a bicicleta da Vera, pus meu cachecol e uns óculos escuros, e fui pra casa dela. Meu primeiro erro: pra que esta fantasia ridícula, cachecol, se não estava frio, e óculos escuros, se não tinha sol? Só pra me mostrar. Besteira. Chegando lá, ela estava de toalha lendo, deitada. Tinha acabado de tomar banho e me recebeu hiperbem. Legal. Como eu sei que, quando uma pessoa me conhece, me acha um cara metido a besta, eu estava fazendo de tudo pra não passar essa impressão. Segundo erro. Estava representando, falso. Gaguejava. O plano de ser sincero se inverteu. Eu estava mentindo. Saí de lá arrasado, com a certeza de que ela tinha me achado um babaca. Sempre que encontrava com ela, imaginava que no fundo de sua cabeça ela devia estar pensando:

— Que saco este cara. Metido, idiota, todo convencido, só porque toca violão bem, se acha todo gostosão.

O tempo foi passando. Tive outras mulheres, e ela, outros homens. Um dia, já morando com Nana, confessei o amor que eu sentia pela Virgínia e a impressão que ela me dava de não gostar de mim. A Nana achou graça e me falou que eu estava dizendo uma tremenda bobagem. Elas conversavam muito e a morena havia lhe dito que me achava um cara legal e que ela é que achava que eu não gostava dela. Vejam só, o que é uma cabeça encanada. Eu achando que ela não gostava de mim, acabei dando a impressão a ela de que eu não gostava dela. Dei um pulo de alegria. Já estava cheio dessa paixão engasgada. Aquela noite teria uma festa, e eu me declararia. Tinha que pôr pra fora, não importava nem mesmo que recebesse um fora. Ia ser bom tirar esse nó da garganta.

Me preparei, peguei o Olaf na chácara, e fomos de moto. Era uma festa boba, meia dúzia de pessoas dançando Milton Nascimento e umas cem na cozinha, bebendo e comendo. Fiquei dançando com a Nana e, ao meu lado, estava ela, linda, dançando com o Olaf. Estava toda de preto, entretida com o Olaf. Fiquei com ciúme mas deixei os dois, pois sabia que eu era melhor que o Olaf (pelo menos, tocava violão melhor).

Final da festa, eu não sabia mais de nada. A imagem dos dois saindo da festa de mãos dadas ficou na minha retina. Fiquei tonto. Bebi até vomitar. Triste fim de uma paixão, e com um dos meus melhores amigos. Que jeito?

Pedi para minha avó deixar entrar um de cada vez. Primeiro veio o Olaf.

— E aí, canastrão? — eu sabia imitar perfeitamente a voz dele e seu sotaque carioca.

Ele sorriu, me deu um beijo e contou que estava indo pra Recife conhecer o sogro e a sogra. Xinguei-o (ele sabia da minha paixão pela sua namorada) e mandei-o tratar bem da menina, senão eu levantava da cama e dava um pau nele. Contou-me que havia alugado uma casinha em Barão, e iriam morar só ele e a Virgínia. Era a antiga casa do Otaviano. Desejei-lhe boa sorte, disse que morria de inveja. Me deu um abraço emocionado e saiu.

Finalmente entrou a danada. Estava linda. Bem queimada do sol e com uma camiseta sem sutiã. Eu adoro mulheres que usam camisetas sem sutiã, e ela é especialista nesse traje. Lembrei-me de umas fotos que o Olaf tinha feito dela, nua. Lindas fotos. Achei um barato ela ter posado nua pra ele, e o cara manjava de fotografia (ganhou prêmio e tudo). Ele não mostrava pra ninguém, uma atitude que respeito. Olhei pra ela e lembrei dos seios da foto. Senti vergonha da minha feiura. Minha careca, minhas espinhas. Caspas, caninhos no pinto. Corpinho parado, branco, sem vida alguma. Ela me deu um beijo na boca (não me lembrava dela ter me beijado assim antes). Disse que eu estava bonito, com uma cara boa. Disse também que eu estava transmitindo uma puta força pra ela com a minha luta. Disse também que me respeitava pela coragem que estava tendo. Engraçado que eu não tinha coragem nenhuma, simplesmente não podia fazer outra coisa senão enfrentar. Falei que ela estava linda e que era uma das garotas que mais curtia. Ela gostou e fez um carinho na minha cabeça. Falei que me orgulhava de sua personalidade forte, que a maioria das mulheres era muito passiva.

Ficamos um tempo nos elogiando até que acabou o assunto. Ficamos quietos, um olhando pro outro. Não tinha vontade de dizer nada, só olhar pra ela.

Imaginei a casa do Otaviano. Tinha um quarto e uma sala. No terraço, ficava uma rede de frente pro jardim, onde se viam umas montanhas. Era o lugar mais sossegado de Barão, e o sol costumava se pôr bem em frente. Imaginei-me tocando violão e a Virgínia chegando, depois de um dia duro na Unicamp. Eu a pegaria pelo colo e a levaria até o quarto. Tiraria calmamente sua roupa e beijaria delicadamente cada parte de seu corpo. Lamberia o bico de seus seios, morderia devagarinho. Enfim, deitaria calmamente sobre sua pele morena, olharia para sua vagina, encaixaria bem meu pinto entre as pernas dela e, aos poucos, penetraria, olhando para sua cara contorcida de tesão. Ela olharia pra mim e, sem tirarmos o olho um do outro, nos amaríamos até o sol se pôr nas nossas costas. O orgasmo seria longo, suado, aflitivo. Os dois corpos tremeriam, ela gemeria pedindo "não pare". Finalmente viria o êxtase, os corpos tremendo, a boca espumando de tesão, os dentes batendo. A gente se beija, se abraça, a gente se olha. É agora, lá vai, lá vai, tá indo, te amo, tá indo, maravilha, linda, tá indo, cabelo, boca, tá indo, seus olhos, sua cara, seu corpo moreno, Virgínia, Marcelo, sós na cama, no fim de tarde, cansaço, prazer, a sós, AMOR.

Fumaríamos um Minister, quietos, cúmplices de um mesmo prazer. Querendo ficar naquela posição até o fim do mundo. Tchau, Virgínia, boa viagem, menina chocolate.

Passei a tarde lendo o Gabeira, atento para não dormir. Já à noite, minha avó se foi. Nana me deu o jantar. Sopinha, carinho, arroz com carne moída, beijinho, salada sem tempero, abracinho, sobremesa, te adoro, gracinha. Falamos da vida alheia e ligamos a tv.

Tragédias do Cid Moreira e, enfim, a novela das oito, à qual, apesar de achar um saco, assistia, tentando me acostumar com minha nova vida noturna (e que vida). Era uma novela boba do Lauro César Muniz que, para o meu azar, era das piores já passadas no horário das oito. Tinha uma tal de Paloma (Dina Sfat), que dividia seu amor por dois canastrões (Chico Cuoco e Tarcísio Meira). Única coisa de excitante na novela é que trabalhava a Lídia Brondi, minha Lídia.

Veroca, a heroína da noite anterior, foi minha acompanhante. Esvaziamos o quarto, esperamos dar onze horas, hora do remédio para dormir. Tomei o danado e, para minha felicidade, dormi.

A febre baixara. Já estava dominando meu sono. Não havia dores, exceto a desgraçada coceira na nuca que a Nana, já a postos, aliviava. Liberadas as visitas. Pronto, acabou o sossego. A partir das quatro horas, começou a chegar gente. Tios, tias, amigos, todos querendo me ver. Todos precisavam me ver, não sei por quê, aliás eu sei, é que agora estou com preguiça de explicar. Às seis, chegavam os da casa: Cassy, Laurinha, Ana, Gorda, Big, Bunds, Nalu, Eliana... Adoravam aquele quarto, aquele astral. Era uma festa. Cassy me disse que ficava o dia inteiro esperando chegar a hora de visitar o Marcelo. É incrível isso, o espírito de ajudar que se criou em volta de mim. Cada um querendo dar um pouco de si, e é por isso que lá era gostoso. Todo mundo gosta de ser bom, mas essa vida maluca faz as pessoas frias, duras umas com as outras. Lá não tinha nada disso, era outro lugar no universo. Diziam que sentiam inveja de minha família, que podia dormir comigo.

— Não tem problema — disse. — A partir de hoje, quem vai dormir comigo vão ser vocês.

Dito e feito. Não precisaria mais da minha mãe ou da Veroca, estava já dominando completamente a situação, e principalmente meu sono.

Laurinha foi escolhida pra primeira noite. Eu adorava a Laurinha. O barato é que ela já tinha transado com todos os meus amigos, mas comigo não. E sabíamos que nunca transaríamos. Isso facilita horrores a amizade entre um homem e uma mulher. Ninguém precisa provar nada a ninguém. Somos o que somos, sem frescura, jogação de charmes, ciúme. Além do que, conhecia essa menina há tempos. Foi ótimo. Ficamos fofocando a noite inteira, e ela ria pra burro das nossas abobrinhas (é a risada mais gostosa que conheço).

Designaram uma fisioterapeuta pra mim. Heloísa. Era uma mulher comum, legal, mãe de dois filhos.

A fisioterapia não se diferenciava em nada da que eu tinha feito na UTI. Heloísa fez o discurso, que já tinha ouvido da outra, da importância de todo o corpo estar em movimentação constante e de muito exercício nos braços, que eu já movia, embora estivessem muito fracos. Ela sugeriu, e muito bem sugerido, que todas as pessoas ficassem constantemente movimentando minhas pernas e meus braços, sempre com o cuidado de verificar se não estava dando escaras no tornozelo e no cotovelo (nas costas e na bunda não precisava, pois o colchão d'água fazia a parte dele).

Imediatamente ensinou os exercícios à Nana, à Big e à Gorda. Ela faria todo dia, antes do almoço, e os outros, antes do jantar. Se desse pra fazer antes de dormir, ótimo.

Assim foi aconselhado, assim foi feito.

Marcinha veio me ver. Estava assustadíssima, pensava que fosse um probleminha de nada. Não sabia se me beijava ou se chorava. Tentei tranquilizá-la, mas não deu. Estava indo pra Andradina, onde moravam os pais, e só voltaria depois do Carnaval. Prometeu torcer pra mim e disse que depois iria me ver já em casa. Tchau.

Marcinha era minha namorada. Incrível, né. Até agora ela nem tinha aparecido na história, mas era minha namorada, dá pra entender? Nem eu. Foi o namoro mais confuso que já tive. Vou começar do princípio.

Era uma vez uma amiguinha da minha irmã, no ginásio. Loirinha, bobinha (nem tinha peito formado). Vivia lá em casa desde os treze anos (eu, com quinze). Melhor amiga da Big. Complexada, triste. Eu não largava do pé dela. Sempre enchendo o saco, tirando sarro da cara dela. E ela, me confessou depois, curtia uma paixão infantil por mim (típico: gostar do irmão mais velho da amiga), jurou pra ela mesma que me faria ficar "afins" dela. E fez.

Um tempo depois, ela já mais crescidinha, fiquei vidrado. Foi na festa da Denise. No primeiro dia que dei uma bola. Ela estava de preto, com blusa de abotoar branca, sentada no sofá, e eu, no chão, pedindo, pelo amor de deus, que ela namorasse comigo. A desgraçada fazia cu--doce. Insegura, fria, dizia:

— Não sei, acho que não vai dar certo.

— Mas vamos tentar pelo menos.

— Não, eu queria ser sua amiga, mas namorar, não sei.

O engraçado é que meu primo, melhor amigo na época, também estava "hiperafins" dela, e nós brigávamos horrores. A boboca não transou nem comigo, nem com o Richard. Transou com um babacão, menino discoteque, típico boyzinho paulista. Mandamos a menina se foder, e nunca mais a vimos. Nem minha irmã, que, a esta altura, já estava virando também "bicho-grilo". E a menina virou gatinha discoteque, careta, alienada, um tipo bem comum nos anos 70.

Mas o Brasil mudou, e a Marcinha também.

Depois de ter levado o pé na bunda da Ana, me dediquei pacas ao movimento estudantil. Comecei a transar o pessoal do Refazendo (tendência estudantil), em Campinas. Fiz campanha pra UEE, ganhamos. Vinham as eleições da UNE e os caras começaram a fazer mais ainda minha cabeça. Eu era popular na Unicamp. Conhecia todos os "bichos-grilos" e todos os "malucos" que eram politizados mas não participavam. Fui eleito presidente do Centro de Engenharia Agrícola, o que me surpreendeu. Colocar um cabeludo maconheiro no Centro é um ato de muita coragem (mais tarde, na festa do BIIIN, é que descobri que a maioria dos colegas engenheiros eram maconheiros). Em troca do meu apoio à chapa (Mutirão), exigi a minha participação nos altos escalões do Refazendo. Descobri que o Refazendo não era simplesmente uma tendência do movimento estudantil. Tinha coisas obscuras por trás: uma organização de esquerda forte dos anos 70, a Ação Popular. Fiquei entusiasmado. Era barra-pesada: reuniões secretas e coisas mais. (Não seja ridículo.) Não éramos terroristas, subversivos, nem fazíamos planos de um levante armado pra dar o poder às classes trabalhadoras. Eram simplesmente reuniões de discussões sobre nossa intervenção no movimento estudantil, quiçá no movimento operário. (Ahn!) A chapa Mutirão fora eleita. A luta continuava. Precisaríamos de mais reuniões para sabermos as próximas etapas. Então o cabeludo fora destacado, junto com o Rubão (diretor da UEE em Campinas), para uma reunião de cúpula na GV; em São Paulo. Fui lá. Como toda reunião, estava um saco. Não aguentava mais e desci prum bar em frente. Pedi um guaraná e achei bonitinha uma loirinha que tava no canto do balcão. Moderninha, trancinha no cabelo, toda de branco, bem loirinha. Continuei tomando meu guaraná, quando ouço bem baixinho:

— Marcelo, é você?

Era a loirinha que estava perguntando. Como ela sabia o meu nome? Mas epa, pera aí...

— Marcinha!

Fiquei realmente contentíssimo em revê-la, e surpreso com a mudança do visual. Estava bonita, com cara de menininha ainda, mas cheia de colares, pulseiras, uma roupa toda moderna, sem sutiã (adoro!). Sentamos na calçada e batemos altos papos, as últimas transas, o passado. Foi ótimo. Decidimos sair à noite, de qualquer jeito. Marcamos um ponto lá em frente ao Gazeta, voltei pra reunião certo de que pintaria uma nova transa.

À noite, comprei um copo de Coca e fiquei no meio da Paulista com a Eugênio de Lima, esperando. Ela chegou um pouco atrasada, mas veio. Estava mais linda ainda, o que me deu certeza de que iríamos transar, pois se preocupara em ficar bonita. Fomos ao cinema, e, enquanto esperávamos o início da sessão, batíamos papos ótimos. Começou o filme e não saímos do lugar. Eu tirava sarro da mudança de menininha discoteque para "bicho-grilo". Ela estava também dando bola, curtindo Bob Marley. Falamos sobre Gil, Caetano. Sobre música. Propus continuar o papo moderninho noutro lugar, já que não íamos mesmo ver o filme. Fomos no Pereira Lopes, um bar na alameda Santos que tem mesinhas na calçada. Sentamos, pedimos cerveja e rolou mais papo. Falei da Ana, da descoberta da verdadeira relação sexual. Ela me falou do Henrique, o namorado que morava no Rio, com quem pela primeira vez estava tendo relação sexual.

Eu, já bêbado, resolvi levá-la a pé até sua casa. Fomos caminhando pela avenida Paulista e, "sem querer", esbarramos um no outro até nossas bocas se encontrarem. Beijamos deliciosamente e aceleramos os passos até sua casa, para darmos prosseguimento à nossa excitação.

Ela morava só com as irmãs. Chegamos no apartamento. Ver se as irmãs estão dormindo. Estão. Fechar a porta da sala, ligar a luz mais fraca, colocar Bob Marley na vitrola (*Positive Vibration*), deitar no sofá e se amassar. Tiramos as camisas e encostamos o peito nu um no outro (delicioso). Pude ver seus peitinhos, que tanto quisera dois anos atrás. Pontudinhos, rosinhas. Encostei minha boca nos mamilos quentes, doces. Ficaram arrebatidos quando lambi. Lindo. Ficamos de roupa (essas calças Lee são infernais, machucam) nos esfregando até gozar. Estávamos namorando? E o tal do Henrique? Ele mora no Rio. Tudo bem. Fui pra Campinas.

Voltei dois fins de semana depois e liguei pra ela. Fomos a uma festa e, depois, pra casa do Ito dar uma bola. Fumamos e ficamos a sós deitados numa cama. Era hoje, tinha de ser, mas ela não quis. Grilada com o carioca, achava confusa a ideia de ter dois amantes para quem era totalmente inexperiente. Respeitei a vontade dela, puto. Falei então que ela ficasse com o carioca, acabasse o que tinha de acabar e, depois, quem sabe, nos encontraríamos por aí. Decidi terminar. Levei-a para casa e, na despedida, ela tristemente disse que não queria terminar, que estava em dúvida, que gostava de mim...

Não terminamos.

Fui em outra festa com a Marcinha, onde, por coincidência, estava a Ana, que me perguntou se agora eu estava atacando no jardim da infância, referindo-se à cara de criança da Marcinha (Ana e seu senso de humor ciumento). Levei-a para casa e nada de sexo novamente.

Fui pra Campinas e não voltei mais pra São Paulo, enfronhado nas minhas atividades político-ecológicas (defendendo os interesses de meus eleitores agrícolas). Conheci a Pati, amiga misteriosa da Mariúsa, amei a Pati, organizei a festa da Escola de Engenharia Agrícola pro fim do ano e BIIIIIIN. Era ou não era minha namorada?

Emoção no Paraíso. O colete pro pescoço ficou finalmente pronto. Os caras foram rápidos. A ordem era: sentar o Marcelo o mais rápido possível (boa, Mangueira!). Todos no quarto. Expectativa. O médico corajoso veio orgulhoso com o aparelho nas mãos, como quem carregava um troféu. Foi aplaudido. Assistentes, residentes, enfermeiros, médicos e o grande Mangueira. A turma na geral, sem fazer barulho. Ele tinha um encaixe que dividia em dois: um na nuca e outro no peito. Um pedaço de couro duro ficava no queixo, unido com dois ferros até outro no peito. Atrás, idem. Juntavam-se as duas partes por quatro tiras de carrapicho.

— Aguente até quando der — aconselhou-me o mestre. — No começo vai doer, mas você precisa se acostumar.

— E sentar?

— Devagarinho a gente chega lá. Primeiro se acostuma com o colete. Se der, três vezes ao dia. Depois, nós inclinaremos a cama devagarinho até sentar. Mais tarde, vem a cadeira de rodas.

Gênio. Puseram o colete e apertaram. Havia também um parafuso que, ao longo do tempo, esticaria mais ainda meu pescoço. O negócio doía horrores, apertava o queixo e a cabeça. Depois de cinco minutos, não aguentava mais. Minha cabeça parecia que ia explodir. Doía tudo. Aguentei até onde dava, mas não resisti.

— Tira!

Ah! Que alívio. Resolvemos cobrir o colete com espuma, pra ficar mais confortável. Ótimo resultado. À tarde, fiquei mais tempo com ele. À noite, mais tempo ainda.

Os dias foram passando e o ritual era o seguinte: café de hotel, papo com Chico e Santista na hora do banho, fisioterapia com Helô. Almoço, jornal com vovó e colete. Tirar uma soneca à tarde de mais ou menos uma hora, visitinhas. Físio com Nana e Big, jantar, mais visitas e colete. Novela, físio com quem estivesse no quarto, relaxamento da Veroca, pensar na medula, sonífero e dormir.

O maior programão, né?

A moça do café entrava mais ou menos às oito horas. Só que eu e o acompanhante, desmaiados na cama, não conseguíamos acordar. A princípio deu confusão: ela precisava tirar a bandeja meia hora depois, mas, com o meu charme e minha virtude de ser chorão, conquistei a madame. Ela entrava em silêncio, punha a bandeja devagarinho e recolhia só na hora do almoço. Eu só acordava de fato com o Chico. Ele vinha me dar banho lá pelas onze horas e, sabendo do meu sono pesado, passava no quarto quinze minutos antes, acordando-me.

Abríamos a janela do quarto, deixando entrar a luz do verão paulista, e saboreávamos a mordomia samaritana. Era a hora que mais gostava, dia novo, novidades a surgir. A janela dava simplesmente para um bosque cheio de árvores. Longe dos barulhos de trânsito, só pássaros e o som do vento atravessando as árvores.

Finalmente chegavam os lavadores de doente. Me divertia. O Chico era um mulato claro, bem bonito, que tocava tumba na banda do Banespa e estava tendo incríveis problemas no casamento. O outro era o torcedor do Santos, a maior cara de malandro. Os dois ficavam o tempo todo brigando e eu servia de voto de Minerva. Eles brincavam comigo, dizendo que eu tinha um jeito difícil de falar. Vejam só, eu, falando difícil. Nunca pensei nisso. Tenho o maior bode das palavras complicadas, fica parecendo uma coisa formal, acadêmica. Eu adoro falar gíria, palavrão, mas falar "difícil", por essa não esperava. Tenho fases de encanar com uma palavra difícil, isso é verdade. Por exemplo: quando descobri o significado da palavra "paliativo", fiquei entusiasmado. Usava para tudo: essa questão, colega, é paliativa. Por favor, gatinha, não me dê um beijo paliativo. No colegial havia dois jornais. Um, do pessoal mais velho (*Cinzel*), cheio de frescura, intelectualizado. O outro era o nosso (*Jornal Mural*), mais debochado, tirador de sarro. Os dois grupos eram altamente rivais, inclusive no que dizia respeito às menininhas. Eles eram mais bonitos, ricos e sábios. Nós éramos desprezados, carentes. Nós os chamávamos de "multinacionais", pois sempre usavam roupas importadas. Um dia, veio uma carta pra redação acusando-nos de estarmos fazendo um "pseudojornal". Assinada pelo *Cinzel*. Nem sabíamos o significado de tal vocábulo: "pseudo". Nos informamos com o Flávio, professor de literatura. A opinião foi unânime: uma linda palavra. Na edição seguinte publicamos a tal carta com um recado agradecendo o presente de tão bonita palavra, e comunicamos que, a partir daquela edição, o jornal se chamaria *Pseudo*. Todos os artigos tinham vários "pseudo". Eu mesmo usei "pseudo" por um bom tempo. Passamos a chamar nossos inimigos mulherengos do *Cinzel* de pseudointelectuais.

O Chico ficava pedindo conselhos pra mim sobre o que fazer com a esposa. Ele não aguentava mais a mulher.

— Mas então, por que casou?

Não soube me dizer. Precisava de alguém que tomasse conta dele, pois já tinha sido alcoólatra e tinha uma saúde péssima, sempre ficava doente. Era um caso difícil, não tinha dúvidas, mas não dava pra ajudar. Não entendia nada de casamentos.

O santista só debochava. Dizia que ia arrumar um crioulão pra tomar conta dele.

— Um pouco mais pra esquerda.
— Aí?
— Não, mais pra cima, tá quase, vai.
— Pronto?
— Aí, tô vendo, tô vendo. Que lindo, é ele mesmo.

Bola de fogo, quente, luz, bate na minha retina me cegando por instantes, mas logo a visão se acostumou e pude ver o mais belo espetáculo da Terra: o pôr do sol. Cassy pendurado na janela com um espelho e a Laurinha, em cima de mim, com outro. Pude acompanhar seu deslizar pelo poluído horizonte do Pacaembu. Havia dias que não sentia sol na minha cara, e o desgraçado se punha bem nas minhas costas. Ele brilhava vermelhantemente, e a mão trêmula e emocionada de Laurinha fazia-o tocar em todas as partes da minha face. Magnífico, cenários que todo mundo via e eu apenas sentia.

Nesse dia especial, muita coisa mudaria. Depois de quatro dias me acostumando com o colete, chegara a hora de inclinar um pouco a cama. Era incrível, mas eu estava pronto para sentar, banalidade que tanto esperava.

Meu pescoço? Ainda estava bem ruinzinho, mas a genialidade do Mangueira fez esse colete doido que, em tese, substituiria minha vértebra grogue.

— Ele está chegando — disse Edmílson, um enfermeiro que parecia o Renato Aragão.

A geral estava eufórica. Foi um zum-zum. Todos queriam ajudar a pôr o colete. Tinha que ter muito cuidado com o pescoço. Duas pessoas para erguer a cabeça e encaixar a metade do aparelho nas costas. Era difícil, ele deveria estar bem posicionado, e era eu quem comandava o encaixe. Pronto. A parte da frente era fácil, já que ficava à vista da terceira pessoa. Primeiro no queixo, depois no peito, tomando o cuidado de pôr uma toalha entre o couro e a minha pele. Pronto. Agora é só apertar o carrapicho bem forte.

Esta coisa me dificultava abrir a boca, apertava muito os dentes. Tinha que falar que nem malandro cínico, isto é, com os dentes colados. Doía muito na nuca. Depois de um tempo, começava a doer também a cabeça. Os ouvidos ficavam tapados, como se uma pessoa estivesse espremendo meu crânio. Era a hora que me dava vontade de pedir pra tirarem aquela droga, mas nesse dia, em especial, aguentei ao máximo pra não decepcionar a plateia.

Chegou o Mangueira e, como de praxe, abraçou minha mãe, olhou ao redor cumprimentando a torcida e veio me ver. Abriu o sorriso discreto, que ninguém conseguia descrever, e examinou o aparelho. Não elogiou nem criticou, aliás, eu nunca sabia se estava gostando ou não. "O que pensa esta misteriosa pessoa, com seu corpo enorme, seu olhar macio?" Minha mãe, que já estava ficando bem amiga dele, dizia que era uma pessoa muito tímida, mas de um ótimo coração.

Depois de examinar a coisa, mandou-me apertar sua mão. Não conseguia. Não movia nem um dedinho. Sentia um pouco de vergonha por não poder mostrar-lhe logo minha recuperação. Mas o braço, esse sim, melhorou bastante. E ele comprovou pedindo-me para dobrar. Consegui dobrar.

— Levanta.

E levantava.

— Mais.

Estava conseguindo, mas, quando ele ficava de pé, desabava bem na minha cara. Não tinha forças para mantê-lo esticado.

— Abre.

Abria um pouco, mas sem deixá-lo pra fora da cama. Só um pouco.

— Agora, força pra fora.

Ele pedia segurando meu antebraço. Força pra fora significava, em termos fisioterapêuticos, *supinação*, segundo me ensinara Helô. Era girar o antebraço mantendo o cotovelo na cama.

— Levante o punho.

Nada. Minha mão ficava solta, desmunhecava como as bichas da Major Sertório.

— Tente dobrar as pernas.

Força, Marcelo, força! Nada, nem um milímetro. Era estranho fazer uma bruta força e não dar nenhum resultado. Se fechasse os olhos, juraria que ela dobrava, pois assim tinha acontecido nos meus vinte anos de vida. Sabia perfeitamente como fazê-lo, mas era a perna que não ajudava. Muito estranho.

— Agora, vamos girar a manivela da cama. Claro que não vai ser hoje que você ficará noventa graus. Hoje é só um pouquinho.

Ele mesmo foi girar a manivela. Silêncio na geral, ia se bater o pênalti, decisão do campeonato. Ao meu lado ficou um cara que, pelo que li no crachá, era fisioterapeuta, o Osório. Disse que, se me sentisse tonto, era normal, depois me acostumaria.

Deu a primeira manivelada. Tchan-tchan-tchan-tchan. Nada. Só uns barulhos de ferro. Deu outra. Nada ainda, a cama parecia estar se encaixando, como um bicho se espreguiçando antes de levantar. Terceira manivelada. Sinto uma coisa dura nas costas. Esticou o colchão, é agora... Mais uma, e sinto um tranco doido no corpo. Mais outras, agora sim, dou uma erguida. Fico tenso, com medo, posso ver a junção do teto com a parede. Estou deitado ainda e o Mangueira dá um tempinho, pergunta se está tudo bem e dá mais outra. Ergue mais, sinto a água do colchão se movimentar. Muda tudo. As costas ficam mais duras. Estou me levantando, já vejo o topo da porta. O Osório me manda respirar fundo e soltar o ar pela boca. Mais uma manivelada, incrível, fico excitado, sinto os braços caídos e mais fáceis de mover, já posso olhar algumas pessoas na minha frente. Mais uma, minha boca seca, a garganta engasga, tenho vontade de chorar, como é bom, como é bom. Vai, levanta mais, eu tô conseguindo. Na minha euforia, as vozes começam a sumir, surge um zumbido e fico surdo. No corpo, uma sensação deliciosa de formigamento, de moleza, quando apaga a visão, fecho os olhos e desmaio.

— É normal, é normal!
Acordo com o tal de Osório batendo na minha cara. Pude sentir que desmaiara por pouquíssimos segundos, pois ainda ouvia o barulho da manivela abaixando a cama. Nunca tinha desmaiado e achei delicioso. A explicação veio rápida e lógica:
— Você está há tanto tempo na posição horizontal que seu coração já se acostumou a bombear o sangue pra cabeça com menos força do que o normal.
— Mas por que fiquei surdo e cego por instantes?
— É que tinha pouco sangue no cérebro. Pouco sangue significa pouco oxigênio. O sangue não conseguia subir direito, paralisando as atividades por uns momentos. Daí, é só abaixar a cama que o sangue volta a circular normalmente na tua cabeça.
— E se me deixassem naquela posição?
— Você ficaria desmaiado e, depois de uns quinze minutos, provavelmente seu cérebro pararia.
— E depois?
— Depois você morreria.
Morreria? Que incrível! Uma banalidade dessas acabar com tudo. Já pensou se me esquecessem, fossem todos tomar um cafezinho? Emocionante: minha vida se resumiria a uns quinze minutos sentado.
— Mas aos poucos seu corpo se readaptará de novo, e você poderá ficar sentado quanto tempo quiser. Por isso que a gente tem que te levantar umas três vezes por dia, e cada vez inclinando mais a cama.

Bom esse Osório, manja das coisas.

— Mais uma etapa vencida — disse minha mãe, cada vez mais aliviada. Não gostava quando ela dizia isso. Só vou vencer quando sair daqui andando. Esse papo de etapa parece uma coisa conformista: se contentar com pouca coisa. Nada disso, a luta está começando, até agora não venci nada, quem está vencendo é essa porra desse meu destino. Mas foi bom ter sentado um pouco, não vamos desprezar as mudanças.

Acabei o livro do Gabeira. Um tesão de livro. Fiquei fã do cara. Foi dado o alarme e logo chegou o Caio, amigão, dono de uma editora, com uma pilha de livros na mão. Estava entusiasmado por fazer alguma coisa realmente boa pra alguém: dar livros. A gente já tinha conversado antes e ele sabia que eu gostava tanto de ler, que, às vezes, me pedia pra escrever umas resenhas pro jornal da editora dele (*Leia Livros*). Mas eu, como conheço a minha ignorância literária, e sabendo que escrevo mal (uma vez pichei num muro campineiro: *Pela liberdade de "Expreção" e Organização*), nem pensava em mandar qualquer coisa. Aliás, é uma sorte minha gostar de ler. Devo isso um pouco à minha mãe, que contava uma história de que varava noites lendo às escondidas, pois seu pai não gostava que ela ficasse sem dormir e censurava livros pornô, "como esse tal de Jorge Amado, que só escreve sobre putas da Bahia". Eu fiz um colegial (Santa Cruz) que transava muito o lado intelectual dos alunos. Era uma elite que podia ter aulas de literatura, educação artística, filosofia. E todas essas matérias eram basicamente em cima de grandes obras. Não sei se foi bom pra mim, aos catorze anos de idade, ler *Os irmãos Karamazov*, do Dostoiévski, ou

A náusea, do Sartre. Era uma fase em que eu estava mais preocupado com sexo, drogas e rock. Mas não desprezo esse curriculum pra adolescente. Aliás, é bem interessante o modo como iam sendo dados os livros. No primeiro ano, só literatura brasileira, de preferência a moderna: Mário de Andrade, Oswald de Andrade, Jorge Amado, Graciliano, Mário Palmério...

No segundo ano, vieram os clássicos da filosofia moderna. Começamos por Sartre e suas náuseas existencialíssimas. Terrível, capaz de desestruturar qualquer adolescente frágil como eu. Percorremos Kafka e seus processos absurdos de vida. Da desestruturação, passamos a ser adolescentes surpresos com a vida sem lógica. Daí fomos para Tolstói e seus dramalhões de coletividade (países e famílias). Bem, não é a vida que não tem lógica, mas as suas instituições. Para terminar, uma cartilha cristã de um tal de Munie sei lá do quê, ridícula, exaltando o cristianismo como resposta pras nossas dúvidas.

Só aí entendi aonde os padres (em especial o padre Charboneau) queriam chegar. Uma tremenda doutrinação para ganhar novos adeptos do cristianismo. Primeiro, destrói com Sartre. Depois, vai montando os pedacinhos com doses divinas do Senhor. Alguns otários caíram nessa e, já no terceiro ano, fizeram acampamentos religiosos, encontros, missas. Não sei se algum virou padre ou freira, mas acho que não. Burguesia não entra nessa. A maioria ficou indiferente, como toda "maioria". Eu e alguns colegas entramos em parafuso. Piramos. Crises existenciais típicas. Fazíamos laboratórios experimentais (transar o corpo). Comecei a compor músicas altamente introspectivas, que falavam da podridão e do falso sentir de cada um. Da farsa, da vida inútil. Mais tarde, desencanei disso tudo e virei surfista.

* * *

Estava ficando cada vez mais convencido de que, realmente, teria que levar a sério esse papo de fisioterapia. Logo após ter sentado um pouco, deu um clique no meu corpo e as coisas começaram a reagir melhor. Não sei se foi um fator psicológico qualquer, ou então aquela desmaiada, o coração tentando vencer a força que o sangue precisava pra subir à cabeça, tudo isso me deu mais disposição.

No dia seguinte, após a "pseudossentada", fazendo os exercícios de praxe com a Helô, descobrimos que o pulso estava dando sinal de vida. Ela mandava erguer, eu estava ajudando um pouco.

Formidável.

Sensacional. O braço estava muito fraco ainda, dependia dos exercícios, mas as mãos, quem sabe já não poderia estar tocando a *Bachiana nº 4* do Villa-Lobos, ou, pelo menos, "Asa branca" do Luiz Gonzaga. Foi meu primeiro movimento novo, de fato. A lesão estava descendo, e aí logo eu estaria dançando um rock com a Nana (minha parceira preferida).

"Unidos do Paraíso pedem passagem para apresentar o seu samba-enredo de 1980:

> *Paralisia vai-se embora, ô ô*
> *Minhas pernas vêm chegando, ê ê*
> *E vou sair daqui sambando*
> *Vestido de senhora, ô ô*
> *Mexe um pouco aqui, rebola ali*
> *Dentro em breve, dentro em breve*
> *Vou a pé até Jundiaí."*

É isso aí, moçada. O punho já é meu, agora é só esperar e fazer muita fisioterapia. Eu estava em êxtase, não tinha havido secção da medula. Era a prova mais precisa. Ela estava inteira, agora era esperar e saber se a lesão tinha sido profunda ou superficial.

Imediatamente após a notícia, dei uma sentada com o colete de ferro. Já estava atingindo uns trinta graus, o suficiente pra ler o jornal sem os óculos-prisma. Enxergava a porta, a televisão e minha avó sentada numa poltrona de madeira. Tudo parecia longe, o quarto uma imensidão. Fiquei o tempo todo mexendo o pulso, fazendo força.

Eu tinha a possibilidade de examinar direito meu corpo. Erguia o lençol com o braço fraco, e via como estava branco e magro. Nunca estivera assim tão esquelético, sempre fui meio fortinho (fofinho, pra não dizer gordinho), as banhas do Rubens Paiva agora tinham me abandonado. Dava pra ver os ossos por trás de uma carne azulada. Forçando um pouco o olho, pude ver as perebas que tinham se formado no meu peito. Espinhas com pelotinhas brancas de pus.

Levantando a calça do pijama, via também a tal sonda no meu pobre pênis. Era maior do que eu imaginava. Uma borracha alaranjada, grossa, que rasgava minha uretra de encontro à bexiga. Coitado do meu pinto. Fiquei acariciando, mas logo parei, vendo que ele endurecia. Parei porque fiquei preocupado, pois, endurecendo, a sonda apertaria mais ainda a uretra. Porém, fiquei orgulhoso de vê-lo firme, vivo.

Quem diria, hein, Marcelo, você, que se orgulhava tanto do seu corpo! Agora eu tinha um corpo feio, paralisado. Não causaria tesão nem a um pernilongo.

Eu era um cara supervaidoso, me olhava no espelho e tinha a certeza de que era lindo. Besteira minha, pelo que as minhas amigas falavam, não era lindo nem bonito, digamos que bonitinho. Frustrante, queria ser lindo, maravilhoso, mas era apenas bonitinho. Em compensação, tinha uma qualidade que poucos homens têm: um sorriso bonito e um olhar profundo. O olhar, eu já tinha sacado. Sou o tipo de pessoa que adora olhar bem no fundo, inclusive inibindo muita gente. Presto muita atenção nas coisas e nas histórias de cada pessoa, por isso olho bem no olho, pra sacar as reações e sentir as emoções. Odeio aquelas pessoas que falam olhando pros lados, parece-me um desprezo bobo, uma falta de atenção egoísta. E esse tal sorriso? Sei lá o que é ter um sorriso bonito! Meus dentes são hiperamarelados de nicotina, e tenho uma boca pequena, mas depois que a Ana me disse que foi meu sorriso que a ganhou, não entendi mais nada. Beleza, eu não entendo de beleza. Fico atraído por algumas mulheres, mas, se são belas, eu não sei. Pensava que eu era belo, mas era apenas belinho. Bundudo e barrigudo, me chamavam de gostosinho (engraçado isso, a mulher não fala gostoso, mas fala *gostosinho*).

    Agora, todo esse meu orgulho de belinho, olhinho e sorriso foi por água abaixo. Fiquei feio, estupidamente feio. Esquelético, espinhudo, paralisado, branquela, olheiras, caspas, careca e com uma porra no meu pinto do tamanho de uma mangueira. É, Marcelo, que tal ser um feioso agora? Você que teve tanta sorte com mulheres na vida, agora está perdido no mundo. Sorte nas mulheres, azar na vida. Quem sabe, a partir de agora, eu, feioso o bastante para ter azar com as mulheres, não terei sorte na vida... porque mais azar do que esse...

* * *

Azar ou não, tenho que concordar que as coisas estão melhorando. Estou quase sentando, ganhei pulso e fiquei mais forte.

Um dia, sentado a uns quarenta graus, um monte de gente no quarto, a Nana escovava meus dentes com todos os apetrechos exagerados. Enquanto ela estava distraída, eu puxei com toda força meu braço, fiz com que caísse da cama, dei a volta, impulsionei pra trás dela e *pimba*! Coloquei minha mão na bunda dela. Assustada, ela olhou em volta, não viu ninguém próximo, olhou pra mim e deu uma gargalhada deliciosa. Antes do acidente, eu tinha mania de colocar minha mão na bunda dela e dar um tapinha. Agora, recuperando minhas forças, recuperara também minhas vontades. Fiquei com a mãozinha naquela coisa fofa. Não sentia direito a mão, nem mexia os dedos, mas dava pra curtir aquela carninha macia.

Sempre fui um bundomaníaco, não só pelas dos outros como pela minha. Tenho um certo orgulho da minha bundona branca. Uma vez, voltando de Ubatuba com o Cabeção, topamos com um desses neuróticos de estrada que encanou com a gente e ficou dando farol alto. Já estava enchendo o saco e eu não tive dúvidas: pulei pro banco de trás e mostrei a bunda. O cara sossegou. Tá vendo que bunda útil? Não só útil, mas conhecida pela Unicamp inteira. O Guilherme estava fazendo um filme sobre a Unicamp e, um dia, me pegou de cueca, colocando uma faixa para a chapa Mutirão no monumento do laguinho do básico (uma construção ridícula feita pelo Zeferino Vaz que a gente chamava de Pintão do Zeferino Vaz Toma no...). Quando eu vi que ele filmava, abaixei a cueca e mostrei o bumbum. Não é que a câmera tinha um tremendo zoom e focalizou direitinho a minha danada? O filme foi visto por toda a Unicamp, e meu bumbum também.

Na rua em que eu morava, em Campinas, tinha uma turminha em torno dos catorze anos que era apaixonada pela Nana. Um dia, eu estava passando com ela, e os moleques começaram a assobiar e mexer com ela. Como eu acho besteira esse negócio de tirar satisfação tipo "mulher minha, ninguém põe a mão", deixei barato e abaixei a calça mostrando a já falada pros caras. Foi uma tremenda vaia. Nos outros dias, sempre que passava pelos moleques, eles ficavam gritando:

— Mostra! Mostra!

Aí, não só na Unicamp, mas naquela rua também todos conheciam o meu bumbum.

O barato é que eu não sabia que as mulheres (nem todas) também curtem uma bundinha de homem. Estava andando eu, o Cassy, a Mariúsa e a Helô. Pela intimidade que eu tinha com as meninas com quem eu morava, nunca escondia o tesão que sentia por algumas transeuntes. E eu e o Cassy sempre mexíamos com as mulheres e falávamos:

— Elas são nossas irmãs, não é namorada não — referindo-se às duas que passeavam com a gente.

Mas, de repente, passou um garotão pop no sentido oposto e imediatamente as duas, como num gesto de rotina, olharam para a sua bunda. Foi aquela gozação.

Daí que eu comecei a sacar que mulher também olha pra bunda de homem.

Mas bunda é algo altamente bonito. Bonito e simpático. Tirando o lado sensual, bunda sempre soa como algo pejorativo, engraçado. Até a palavra é gostosa de falar: BUNDA. Tem que inchar bem a bochecha no B, e no U, fazer um biquinho: BUNDA. Uma vez eu tava vendo pela televisão uma passeata na França. Era um grupo protestando contra as instalações de usinas atômicas e, de repente, todos em fila, de costas pra câmera, abaixaram as calças e mostraram o bumbum. Não tem nada a ver com usinas atômicas, mas dá um toque engraçado na passeata.

Falando tanto em bumbum, o Amaral trouxe uma revista de mulher pelada. No pôster, tinha uma loira deitada numa cama com o bumbum pra fora. Não tivemos dúvidas, o cara colou o pôster bem em cima da porta. Não foi pra me excitar, muito menos pra chocar. Simplesmente era uma maneira de deixar aquele quarto de hospital mais leve.

Os médicos olhavam e achavam graça. As minhas tias não falavam nada, mas quem gostou mesmo foram os meus enfermeiros, o Chico e o Santista.

— Mas que bundinha gostosa.

A mulher estava de barriga pra baixo, com a bundinha arrebitada, olhando pra cima, tentando fazer uma cara de tesão, mas dava pra notar que era falsa.

Nunca me excitei com esse tipo de revista. Às vezes compro uma só pela curiosidade de ver uma cara famosa, uma artista da Globo sem roupa: Sônia Braga, Vera Fischer.

No meu tempo de moleque é que seria bom essas revistas, mas não tinha. Era a época da censura brava. Vez ou outra saía uma foto de um seio naquela revista *Pais e Filhos*, mas geralmente em matérias referentes a câncer no seio ou amamentação infantil. Mas erotismo mesmo, nada. Então era aquele mistério, como será que é um corpo de mulher? A vagina? Será que é um buraquinho? Lembro-me até hoje da surpresa que eu tive quando descobri que a mulher tinha três buracos.

Você vê que essa moralidade, esse pudor é altamente prejudicial pra qualquer pessoa. Seria melhor se, quando moleque, descobrindo os prazeres do sexo, eu tivesse uma educação sexual pra não ter que aprender com as prostitutas da vida que a mulher — minha mãe, minhas irmãs, minha futura companheira — tem um buraco que é a vagina e outro que é a uretra. Chocante.

 Falando tanto em sexo, lembrei-me que já fazia três meses que não tinha nenhuma relação. Uns dez dias antes do acidente, foi a última vez que estive com uma mulher. Era uma estudante de arquitetura de Mogi que estava em Campinas num encontro de estudantes. Foi numa época agitadíssima na Unicamp. Os estudantes, em protesto contra a omissão da universidade com relação às moradias estudantis, resolveram acampar bem em frente ao restaurante. A adesão foi maciça. De um dia pro outro, todos de barracas instaladas, o que acabou tornando o protesto uma verdadeira festa. Era divertidíssimo, todos começaram a assistir aulas de pijama, escovando os dentes, com travesseiros. Fizemos inclusive uma passeata até a reitoria, e, com a recusa do reitor em nos receber, deitamos todos no corredor em frente à sua sala e simulamos uma soneca, roncando, assobiando, espreguiçando.

 Foi tamanho o sucesso da manifestação que, uma semana depois, os alunos da USP fizeram uma também. E como ia ter um congresso de estudantes de arquitetura promovido pela PUC de Campinas, convidamos esses estudantes para participarem de nosso acampamento. Adesão total. Foi aí que conheci essa menina. Eu e o Cassy fomos dar um show, à noite, para os acampantes, e reparei nas olhadas que ela dava pra mim. Aí, não tive dúvidas, usei a minha tática mais suja. Fiquei cantando "se você quer ser minha namorada...", olhando pra ela. Quando já não tinha quase ninguém, e o show virara uma rodinha no gramado, ela ficou bem ao meu lado. Daí passei o violão pra outra pessoa e deitei com a cabeça na perna dela (outra tática infalível). Pronto, depois de uma conversa, nos deitamos numa rede e ficamos à vontade. Mais tarde, fomos pra barraca da Mariúsa, que eu sabia que não tinha ninguém. Quando acordei na manhã seguinte, ela não estava. Procurei pela PUC, mas não achei. Incrível, às vezes eu não entendo o que se passa na cabeça das mulheres, e eu que nem soube o seu nome.

Já faz três meses, e posso dizer que não estou na menor ansiedade. Aliás, acho que é normal, na situação louca em que me encontro. Não tenho tempo de pensar em sexo. Nem tempo, nem cabeça.

A noite passada foi a Ana quem dormiu na cama do lado. Já tinha dormido a Nana, a Gureti, a Laurinha, a Gorda. Só faltava ela, a danada. Desde quando nossa transa acabou, não tinha ficado a sós com ela. Nos encontrávamos esporadicamente, e eu, com meu orgulho infantil, sempre procurava evitá-la. Mas, a partir do acidente, ela tava sendo hiperjoia. Vinha me ver quase todos os dias e me transmitia um tremendo carinho. Só vendo como sou infantil: só porque ela não queria mais transar comigo, eu ficava surpreso em vê-la preocupada com meu estado.

Ela que insistiu em ser minha acompanhante naquela noite. Achei ótimo, mesmo temeroso. Um detalhe curioso é que nesse dia em especial todo mundo saiu um pouco mais cedo. Eram umas oito horas, eu estava ainda sentado de aparelho (minha sentada noturna), quando aos poucos todo mundo foi saindo. Isso pra mim cheirou a coisa da Veroca. Com seu dom psicologuês, deve ter falado:

— Vamos deixar os dois a sós.

Como todos tinham conhecimento da minha paixão pela Ana e de nosso final de namoro esquisito, acataram a ordem da Veroca.

Ela fechou a porta, caminhando pra minha cama, sentou na beirada e ficamos, a princípio, sem graça. Mas logo ela iniciou um papo qualquer (a Ana é boa de papo, sempre consegue enfrentar situações embaraçosas com uma conversa fiada).

Eu falava uma ou duas coisas, mas sempre com a bochecha dura (não por causa do colete, mas por estar sem graça mesmo). Pior: quando percebi isso, fiquei mais falso ainda. Não era aquilo que queria falar, era sobre nós. Uma coisa importantíssima pra mim era saber se ela tinha gostado de mim. Sabe que, quando você gosta de uma pessoa que você acha maravilhosa, você transa com ela e depois ela não quer mais, você acaba se achando um tremendo bosta e faz uma grande confusão na cabeça. Você elege uma mulher como modelo de perfeição e, se for incapaz de seduzi-la eternamente, você não é perfeito. E se a transa acaba de um dia pro outro, sem mais nenhuma explicação, nenhum dado, você se sente não só um imperfeito, como um fracassado.

Não falamos de amor. Falamos de sexo. Rimos de nossas transadas em banheiros de amigos, em redes de capim, no hall da casa dela, na praia. Falamos da gravidez, dos orgasmos que tínhamos (nunca tive tão intensos com outra mulher).

Não falamos de amor. É porque é difícil acreditar que eu tenha realmente amado aos dezenove anos de idade. Mas não sei, pra mim amor é aquela relação doida que se vê em filme americano da década de 50. Ou não: pode ser a sensação gostosa que eu sentia quando estava com ela.

É uma palavra vaga na minha cabeça. Por isso, não falamos de amor. E acho que nunca falaremos.

Frustrante não conseguir falar de amor. É o motor básico das relações humanas. É a vida, é a paz.

Mais à noite, depois de uma conversa muito carinhosa, chamamos os enfermeiros e tiramos o meu colete. Estava deitado agora e ela tirou a roupa na minha frente e vestiu uma camisola azul. Tinha saudade daquele corpo bonito, mas não estava com a menor ansiedade sexual. Sabia que era uma questão de tempo.

Tomei o remédio pra dormir, ela me deu um beijinho bem gostoso na boca e cochichou no meu ouvido:

— Você não imagina como é difícil pra mim dormir no mesmo quarto que você e não poder transar.

Apagou a luz e foi se deitar na cama ao lado. Imediatamente ficou quieta, provavelmente dormindo pesado, deixando-me ali, com aquela frase na cabeça.

Incrível essa menina. Minha cabeça ingênua não entende essa mentalidade. Ela deu um tremendo pé na minha bunda e agora veio me falar de não poder transar. Eu sou muito bobo mesmo. Racionalizo demais o sentimento humano. Por que pensar que ela me odeia? Por que a odiar? Nós nos gostamos, e até nos sentimos atraídos. Foi boa aquela época. Sofri por problemas meus, mas não que ela tenha me feito sofrer propositadamente. Foi o meu orgulho, meu ciúme, minha insegurança.

Ainda gosto dessa menina, e me frustra não ter conseguido falar de amor. O moral dela subiu mais ainda no meu conceito. Ela conseguia falar, ela se sentia atraída por mim. Eu só mantinha a bochecha dura, a palavra presa na garganta.

Ela dormia pesadamente. Demorei pra dormir. Aquela frase não saía da minha cabeça. O silêncio do quarto parecia me deixar só. Ao longe, ouvia o barulho do caminhão de lixo. Sacos caindo, o motor, latas batendo em latas, lixeiros falando alto. Comida velha misturada em sacos plásticos. E o caminhão foi-se embora, o barulho sumiu, o silêncio me deu sono e eu não consegui falar de amor. Frustrante.

Fisioterapeuta novo, vida nova. Helô entrara de férias e designou o Osório, aquele que entendia de tudo. Era um cara casado, de uns trinta anos, cabelo pastinha, bem amassado, repartido pro lado. Devia usar Gumex. Entrou todo de branco (não entendo o porquê do branco), e começamos a trabalhar. Eram os mesmos exercícios da Helô, só que ele pegava mais duro, com mais firmeza. Fazia os movimentos com um ritmo incrível. A Helô fazia dez de cada um, e contando em voz alta. Ele fazia quinze, sem contar. Parece que já sabia quando terminava. Era mais rápido e mais animado. Tinha uns óculos grossos, desses bem caretas. Mineiro, tinha feito estágio de um ano em Luxemburgo (Uau! Chique, né?).
Mas, de repente, perdeu o ritmo. Deu uma engasgada e parou. Foi aí que percebi que estava olhando pro pôster em cima da porta. Fez uma tremenda cara de tarado, e me falou, sem graça:
— Mas que peitinho, né?
— É, pois é...
— Essa posição é uma delícia... Pega por trás assim e ó... Que cortada, hein, mineirão? E a seriedade?
Mas daí voltou a fazer os movimentos, como se fosse outra pessoa que tivesse feito aquele comentário idiota.
Pareceu até que eu estava bem mais forte, tamanho o ânimo do cara. Em seguida, começou a falar do tratamento, e que faltava pouco para sentar numa cadeira de rodas, e até usaríamos a prancha.
— Que é prancha?

— É uma tábua reclinável onde a gente te amarra e você fica de pé.

Que doido, mal tô sentando e o outro já quer me pôr de pé. Eta homem corajoso!

Quando ele estava saindo, entrou a Nana pela porta, dando um esbarrão. Daí o Osório se transformou de novo no monstro tarado. Olhou bem pro corpo dela, com o queixo pra frente, respirando fundo, e arregalou os olhos balançando a cabeça. Depois, caiu na real e foi embora profissionalmente.

Só então reparei que estava pregado, devido ao esforço. O cara era tão mecânico e eficiente que na hora nem reparei que já passara do tempo e estava com os músculos doendo. Ele apertava bem meu braço, mas não doía, simplesmente me ajudava a fazer mais força. Parabéns, Osório, entraste no hall das pessoas conceituadas...

Visitinhas políticas.

Chegou um telegrama do Leonel Brizola dizendo que iria me visitar. Que coisa. Nunca vira o Brizola na minha vida. Ele tinha acabado de chegar no país, beneficiado pela anistia, e devia estar fazendo contatos políticos. Mas quem sou eu para ser um contato político? Ah, sim, me lembrei, sou o filho do Rubens Paiva, e meu pai tinha sido deputado pelo PTB, partido do Brizola (obs.: PTB antes de 64...). "Digamos que é um gesto simpático, mas acho que ele não sabe que eu apoio o PT; e a família inteira também. Se quiser gente para seu partido (que acabou culminando no PDT), aqui ele não vai encontrar ninguém. Somos todos petistas roxos."

Não veio o Brizola, mas sim sua mulher. Uma simpática e bonita senhora: loira (não sabia que existiam gaúchos loiros). Tinha um monte de gente e ninguém conseguia disfarçar a situação sem graça. Mulher do Brizola, que abobrinha... Quando ela entrou no quarto, logo fui dizendo:

— Não adianta não, que aqui todo mundo é do PT.

Que idiota eu fui, só piorou o constrangimento geral. Mas não falei por maldade, só queria deixá-la mais à vontade. Imediatamente ela falou:

— Eu vim aqui só pra fazer uma visitinha, não vim falar de política.

Saiu-se maravilhosamente bem. Gostei da mulher. Além do mais, ela trouxera um quindim sensacional (não sabia que quindim era gaúcho).

Ficou por pouco tempo. Pena, devia ser uma pessoa legal. Um dia ainda reencontro a senhora abobrinha Brizola, que é uma simpática e bonita senhora.

Véspera de Carnaval. Os dias estão um pouco mais introvertidos. Diminuiu a frequência de visitas e pude dar uma sossegada maior na cabeça. Nana e Big foram pra Recife passar uns dez dias. Mereciam, coitadas, não desgrudaram de mim nesses dois meses de hospitais. Pela felicidade delas, eu tava querendo que viajassem, mas tinha medo de me sentir sozinho, tamanha a dependência de afeto que tinha com essas duas. A Gorda foi pro sítio dela em Amparo, me dando o mesmo medo. Cassy, Ana, Matheus, Milu e Richard foram pra Eldorado. Laurinha, pra Itanhaém. Veroca e Bunds, pra Ubatuba. Eliana e Nalu também se foram. Não havia mais aquela turminha. Só a minha avó, *vècchia stùpida*, passava agora as tardes comigo. Mais à noite, uma ou duas visitinhas.

Isso fez com que eu arrumasse um programa joíssimo para as tardes. Após o almoço, tirava a sonequinha de praxe, de mais ou menos uma hora, lia o jornal com os óculos doidos e chamava os enfermeiros.

Punha o colete e ia inclinando a cama. Estava já em uns cinquenta graus. Não era sentado, mas já dava uma visão ampla.

Pedia pra Vècchia abrir a porta do quarto e ficava admirando. O banheiro ao lado e os hóspedes daquele corredor me proporcionavam uma bela visão. Não dava pra ver nada além do corredor e da porta fechada do quarto em frente. Uma perfeita tela de televisão, com um enquadramento um pouco maior e um plano de fundo monótono.

"Desfilando pela passarela, velho que sofreu uma cirurgia no intestino. Altura, 1 e 65 metro, peso, setenta e dois quilos, busto, não tem, intestino, podre, situação de vida, péssima, estado emocional, tedioso, que nem eu."

Ele passava lentamente, com cara de sofrido. Corcunda, arrastando os pés e um pijama bem velho. Passava e me olhava com a mesma cara de curioso que eu deveria estar. Não nos falamos, nem nos acenamos. Mas guardamos aquela visão, sabendo que era raro o momento em que víamos coisas e pessoas.

Como é bom ver, muito melhor que o livro do Gabeira. Estava assistindo a cenas de um filme sádico, e por isso divertido.

"Desfilando pela passarela, menino que amputou a perna por algum motivo desconhecido. Altura 1 e 12 metro, peso, cinquenta e sete quilos, busto, não tem (era uma ala masculina), perna, no lixo, situação de vida, preta (era preto), estado emocional, infantil. Sorridente e simpático."

Cumprimentou-me. Não me olhou tão intensamente, mas fez cara de quem queria ser meu amigo. Ele carregava nas mãos um saquinho cheio de urina. Achei meio nojento aquele líquido amarelado e espumante. Só então me lembrei que estava pendurado na minha cama um idêntico.

Na volta, simulou uma entrada, mas, apesar dos meus olhares convidativos e da atenção da minha avó, preferiu ficar na porta.

— Você vai ficar bom?
— Claro que vou — respondi.
— Legal, eu também. Daqui a uma semana eu vou pra casa. E você?
— Não sei, os médicos ainda não me disseram.
— Você tá doente?
— É, eu me machuquei e não posso mexer as pernas. Por isso tenho que ficar deitado — não ia começar a explicar que tivera uma lesão medular na quinta cervical, com fratura na vértebra, que o moleque não ia entender nada.
— Ah, mas se deus quiser, você fica bom logo. Quer que eu reze por você?
— Eu quero.
— Então vou rezar. Tchau.

Eta povinho brasileiro, católico pacas.

Eu adoro crianças. Tudo simples, sem muitas perguntas, e sacando um montão de coisas que nós, adultos, nem reparamos (ou temos vergonha de reparar). Criança não tem vergonha de mostrar que é carente, que precisa de carinhos, se preocupa mais com os outros, principalmente se for doente. Numa boa, sem fazer cara de drama, sem sentimentalismo barato.

"Desfilando pela passarela..."

CORTA

Engano, era a moça da copa trazendo o carrinho com o lanche da tarde. Pão com manteiga (às vezes, bolo) e café com leite. Colocou meu prato no criado-mudo e foi abrir a porta do outro quarto. Foi então que pude ver meu vizinho. Um cara de uns trinta anos, magérrimo, cabelo todo despenteado. Ele estava de pé, não parecia ser do time dos estropiados. Nada de saquinhos de urina, nada de soro, nenhum gesso. Estava com uma cara horrível, como se tivesse visto um fantasma. Olhou assustadíssimo o prato e pulou na cama cobrindo a cabeça com um travesseiro. A moça deixou o prato e fechou a porta. Perguntei o que é que ele tinha. Ela girou o dedo ao redor da cabeça como quem diz que o cara é doente da cabeça.
"Desfilando na passarela, mulato, uns trinta anos, aspecto imundo..."
Que barato o cara com um caninho de soro no braço, e andava carregando o pedestal onde ficava a garrafinha. Lembrei-me de que usara esse soro num pedestal parecido, mas não dava pra sair por aí carregando. Realmente, se o cara tem que ir ao banheiro e não pode tirar aquilo da veia, por que não sair carregando? Parecia um cachorrinho de estimação sendo levado por seu dono por uma coleira.
Na minha porta, ele descansou o pedestal no chão, olhou-me curiosamente. Nenhum cumprimento, nenhum aceno. Pegou o treco de novo e saiu.
Na volta, fez o mesmo (todo mundo que ia, tinha que voltar, óbvio). Mas dessa vez deu um sorriso e mandou um tchauzinho. Pronto. Estava fazendo novas amizades neste mundinho cão que se chama hospital, cenário das podridões de uma sociedade que se diz civilizada. Está presente aí a marginália, que de jeito nenhum

pode pôr a cara na rua. Cure-se, meu filho, depois volte, é pro seu bem, estamos tentando prolongar um pouco mais a sua vida. Tentamos substituir sua perna, que foi pro esgoto, curar seu intestino pra você cagar melhor, isolar você, se sua cabeça for meio doidinha.

    O hospital é a droga da sociedade, o carro-chefe da segurança, das ilusões. Pode pôr sua vida em risco, que ele garante. Estropie-se, que não estará sozinho. Com o pouco que você sofre em nossas mãos, e alguma paciência, estará pronto para viver novamente entre os filhos do senhor, compartilhar com eles o sofrimento de uma vida cheia de buscas e riscos.

    É, meu caro, você me fará companhia um dia. Seu corpo se compõe das mesmas substâncias que o meu. Somos filhos de um mesmo tipo de célula. Mas não seja tão imbecil a ponto de mergulhar num lago, bêbado e chapado, sem antes conhecer a sua fundura.

> *Confetes, batucadas, serpentinas*
> *ÊÊÊÊÊÊ, Carnaval no país do futebol*
> *Samba, mulher pelada*
> *Bum bum paticumbum*
> *A moda esse ano é topless*
> *ÊÊÊÊÊÊ, todo mundo de peitinho de fora*
> *Abertura chegou pro Carnaval*
> *A estrela-d'alva, no céu desponta...*
> *Amélia que era mulher de verdade (era uma trouxa)*
> *Amélia não tinha a menor vaidade (pros machistas)*
> *Mamãe, eu quero*
> *Mamãe, eu quero... SAIR DAQUI!!!*

— Mais um tempinho ainda, o Mangueira me disse que em menos de um mês você vai pra casa.

— Mas o problema não é ir pra casa. Eu quero andar, pular, sair correndo, ficar sozinho, viajar.

— Mas eu não posso fazer nada, filhinho...

Coitada da minha mãe, sempre quando vinha com esse "não posso fazer nada", fazia uma cara de sentimento de culpa. Mãe, não foi sua culpa. Estou assim por cagada própria.

Recordar é viver, eu ontem sonhei com você

Quantas vezes eu penso em voltar no tempo para segundos antes de me atirar naquele lago. Mas tudo bem. Paciência é a prova dos nove. Procure pensar em daqui a um ano. Estarei fora dessa, numa boa.

Ô lê lê, ô lá lá, pega no ganzê, pega no ganzá

Nunca fui muito de Carnaval, apesar de ser flamenguista e batucar muito bem. Não curto muito essa euforia de quatro dias. Sair agarrando todo mundo, jogar água em carros, ficar procurando mulher no salão, beber até vomitar. Tirar a roupa, suar, cantar essas músicas da década passada.

Olha a cabeleira do Zezé, será que ele é, será que ele é...

Nada a ver. O Carca tava me contando que passou o último Carnaval em São Paulo, a fim de um sossego. Foi dar uma volta no Pico do Jaraguá. Sentado numa pedra, olhando pra vista, enquanto, por trás, passavam corsos e mais corsos de carros jogando ovo podre, água, tomate, xingando, gemendo. Velhas, crianças, pais e filhos. Ele se encheu e foi andando pela estrada pra voltar pra casa, quando voa uma garrafa de cerveja e se espedaça nos seus pés. Aí, pensou em revidar, e passa outro carro e atira um monte de pedras.

Chocante.

Neurose no País do Carnaval.

Claro que tem gente que leva o Carnaval numa boa, principalmente quem é batuqueiro, passista de escola de samba, neguinho com ginga nos pés, turista americano, dono de hotel carioca, políticos da situação.

Samba, praia e futebol dão charme pra esse país com fome, doença e repressão.

Meus carnavais sempre foram longe dos carnavais. Acampar em praias desertas, pegar onda, ir pra Mauá, Búzios. Mas no último Carnaval assumi minha brasilidade: fui pra São João da Boa Vista e desfilei na avenida. Os caras que eu conhecia de lá fizeram um bloco (*Um Dois Feijão com Arroz*) e me convidaram pra participar.

Era o Bloco da Abertura. Na frente, iam dois sacos enormes levados por alguns burgueses, e, atrás de uns guardas, ia mais gente tipo estudante, dona de casa, operário. Eu não tinha muito a ver com a história, mas saí mesmo assim, realizando um grande desejo da minha vida: saí de prostituta.

Coloquei uma minissaia vermelha e um *collant* preto. Nas pernas, uma meia preta. Bem maquiado, cabelo comprido, garanto que deixei muita gente na dúvida.

Saímos atrás de uma escola de samba da cidade. Sentia-me a própria vedete. Todo mundo assobiava pra mim. Aproveitei e entrei na dança. Ficava mandando beijinhos, cantava os guardinhas que protegiam a avenida. Levei até uma lata de cerveja na cabeça, provavelmente de alguma senhora com ciúme de mim, pois mandava beijinhos pra todos os homens da avenida.

Ainda na volta pra São Paulo, ouvi pelo rádio do carro a proclamação do bloco vencedor: em primeiro lugar, o bloco *Um Dois Feijão com Arroz*.

Era óbvio o resultado, a prefeitura de São João era do MDB, sendo que o prefeito (Nelsinho) era amigo nosso. Ganhamos um troféu que nunca vi e a glória de, mais uma vez, a classe média passar por cima dos sambistas, pela virtude intelectual (que porra!).

Carnaval em hospital significa outra coisa: ausência de médicos e fisioterapeutas, enfermeiros irritados por terem que fazer plantão, silêncio no corredor.

A pressão não subiu, a temperatura ficou nos 36,5, urina clara, evacuação normal, pernas sem dar sinal de vida e, pela porta do meu quarto, entrou uma visita especial.

Um encanto de menina. Maíta, que estudou comigo no Santa Cruz e agora fazia psicologia na USP. Uma graça. Foi a primeira amiga mulher que tive na minha volta a São Paulo, em 74. Lembrei-me que tanto eu quanto ela não conhecíamos muita gente na escola, e ficávamos juntos no recreio, até que descobri que o caminho que ela fazia de volta pra casa era o mesmo que o meu, com uma diferença: eu ia de ônibus, e a mãe dela a buscava. Comecei a pegar carona no velho e simpático Aero Willys da família Maíta.

Lembro-me bem da solidão no colégio, e nós brincávamos que íamos roubar aquele Aero Willys e fugir juntos.

Agora, tinha vindo passar o Carnaval comigo (não é uma graça?) e me trouxera até um livro de contos com o nome dela e a seguinte dedicatória:

"Marcelo, de nós todos pra você, com um beijo especial de cada um."

Logo depois veio a filha do meu dentista, também passando o Carnaval em São Paulo. Trouxe dezenas de revistinhas da *Mafalda* e do *Snoopy* pra mim. Veio também o Carca, outro amigão do Santa Cruz (aquele do Carnaval neurótico).

Estava formado o bloco carnavalesco dos que não gostavam de Carnaval. Foram quatro dias de muito papo. Cada um chegava mais ou menos às duas da tarde e saía lá pelas 11 da noite. Um tremendo coleguismo ao meu redor, de gente que me curtia e tava a fim de ficar ali abobrinhando.

Com cada um eu tinha uma relação especial, mas, juntos, éramos um só. Uma quadra de ases rindo dos palhaços, confetes e serpentinas.

O Carca, em especial, eu curto muito. Nesse colégio burguês onde estudamos, existia por parte dos alunos uma tremenda discriminação em relação aos caras que não tinham feito o ginásio ali ou que não usavam tênis All Star (como eu e o Carca). Era uma panelinha que me chocava, pois, em todos os colégios por onde passara, sempre me dera hiperbem com todos, desde a diretora até a gangue da marginália (aquela que põe bombinha de São João no banheiro, fazendo a privada voar longe).

De repente, morava em São Paulo, de onde saíra quando tinha seis anos, sem conhecer muita gente e me sentindo só no colégio, discriminado por uma panelinha de burgueses. Passei um ano e meio triste e com uma puta raiva dos caras.

Comecei a ensinar violão pro Carca. Eu já estava tocando bem, tinha passado pra Villa-Lobos. E a técnica e conhecimento teórico adquiridos no conservatório haviam me dado a capacidade de tirar um monte de músicas da moda na época. Músicas que pra mim eram fáceis, tipo Pink Floyd (sou o maior fã desses caras, tudo que tinha deles, para violão, eu tocava), Led Zeppelin, Yes.

Tirava tudo isso de ouvido, e corrigia tocando junto do disco. Saía legal e meu fã-clube começou a querer tocar também. Achava graça do Carca tocando o tempo inteiro lá na salinha do centro. Ele tocava meio debochado, sempre inventando as letras, fazendo versões.

Quando fui pra Campinas, conheci o Cassy através do Carca (estudava também no Santa Cruz, mas não éramos tão amigos). E comecei também a dar uns toques de violão pra ele. Ficávamos horas e horas tocando. Geralmente eu fazia a base, e ele, uns solinhos tipo guitarra (tinha preguiça de decorar as posições). Montamos uma república de muita inspiração musical. Eu, o Cassy, o Matheus, que tocava flauta e atabaque, o Bira, que nos inspirava com sua cabeça maluca e suas poesias, e o Otaviano, com seu conhecimento de uma coisa que até então eu não conhecia direito: a contracultura. Foi aí que comecei a ficar fã do Gil, do Caetano, Luiz Melodia, Jorge Mautner, caras que eu nunca ouvia nas rádios ou na televisão.

E começou a bater em mim a vontade de mexer com música mesmo. Até então, achava minhas músicas muito Milton Nascimento pra cabeça. Comecei a fazer roquinhos, blues, versões de músicas, e nasceu uma tremenda dupla musical: Cassy e Paiva.

Comecei, com a ajuda do Zequinha, a tirar as músicas do Gil (melhor violonista que já ouvi até hoje) e do Caetano. A dificuldade é que na época não existiam essas revistinhas de música que hoje em dia qualquer pessoa compra nas bancas, e os discos deles eram uma tremenda raridade. Tiramos *Rouxinol, Oriente, Retiros Espirituais, London London*.

O Cassy era bom em Caetano. Aliás, ele canta pra burro. Eu sacava mais o Gil. Começamos a dar shows pela Unicamp, tocando as músicas desses caras. Fizemos sucesso e fomos convidados pra mais shows. Tocávamos em bares, em salas de aula, no pátio da escola. Até sermos convidados, com o Jorginho Matheus, pra fazer um show em Limeira. Fomos sem ensaiar, já convencidos de que éramos os bons, e só fizemos cagada. Erramos tudo, e, no meio de uma música, o Cassy de repente parou de cantar a letra, apesar de ter um papelzinho no chão. Eu me perdi, e paramos no meio de trezentas pessoas. Fomos vaiadíssimos.

Perdemos o rebolado e decidimos fazer música mais seriamente, ensaiando, discutindo cada acorde e o que falaríamos nos shows. Antes, porém, tive coragem de tocar minhas composições em público, devido ao sucesso das músicas que tinha feito para a peça *A farsa do advogado Pathelan*.

Mais tarde, demos um show em Campinas, com o Lumumba, só tocando composições nossas. (Você não imagina o medo que dá ficar em público e tocar sua própria música.) Eram quatro músicas, duas minhas e outras duas do Cassy. O resto, do Lumumba.

Gostaram. Lembro-me de que os caras até pediram bis. Era um rock que eu tinha feito depois de ver um filme de ficção científica sobre um computador que domina uma mulher e tem um filho com ela (ridículo).

*O Proteu teve um filho
Com a mulher do Zé Bedeu
Uma menina de borracha
Mais inteligente do que eu*

*Nessa Kubrick não pensou
Que tamanha fantasia
Uma máquina IBM
Tendo orgasmo de borracha na vagina da mulher
do Zé Bedeu*

*Quando nasceu a criança
Que tamanha confusão
Não sabiam se a amamentavam
De leite ou de óleo diesel*

*Que religião dariam
Seria ateia ou proteia*

*Coitada da criança
Não havia gente igual
A quem ela iria amar
Ou seria um patrimônio nacional*

*Aos quinze anos de idade
Veio a crise existencial
Se jogou da Rio-Niterói
Hoje é pneu nacional
         Good Year*

Assumimos a dupla e já marcávamos o show só com nossas composições. O Cassy me mostrava umas músicas geniais que ele havia feito com o Carca. Só tiração de sarro. Típicos roquinhos de três posições, que começaram a ficar conhecidos em Campinas. Todo show que nós dávamos, sempre vinha da plateia, no final, o "toca aquela". A que mais gostavam era um blues japonês...

No Japão também tem pão
No Japão também tem chão
No Japão também tem cão
E no Japão tem macarrão

Mas no Japão, terra da amargura,
Em vez de Pereira, em vez de Oliveira
Tem Nakamura.

Eu queria saber por que raios
Eu queria saber por que diacho
Se no globo estou de cabeça pra baixo
Então por que é que não caio?

No Japão também tem cão
No Japão também tem chão
No Japão também tem bem
Mas na China é que tem Mao

Na China é que tem Mao
E eles invadiram o Vietnã

Ou, então, a obra-prima do Carca:

Li na Enciclopédia Barsa
E fui procurar um médico
O meu comportamento era uma farsa
Talvez tivesse complexo de Édipo

Sou esquizofrênico, descobri
Fiz o teste do doutor Kildare

Dizem que isto é muito perigoso
Talvez fosse até hereditário
Pode ser também contagioso
Se for, peguei num vaso sanitário

Sou esquizofrênico, descobri
Fiz o teste do doutor Kildare

Eu não tinha muito esse espírito debochado, e me enchia um pouco da plateia, que começava a nos confundir com meros humoristas. Mas fiz um rock cristão que pegou. Foi logo após a morte do papa João Paulo I.

João Paulo viveu menos que um mês
(Coro) Menos que um mês
E morreu misteriosamente

Tinha um bolero, em homenagem aos incêndios paulistas:

O teu beijo é tão bom
Que pode me queimar os lábios
Por isso eu digo: pegou fogo no meu coração

Minha mãe mandou-me
Falar com um psiquiatra
Pois eu não parava
De pensar só naquela ingrata

Ao que ele me disse
Que o caso não era só dele

Era dos bombeiros
Mas dos bombeiros do amor

Passe-me o extintor
Para acabar com essa fornalha
Com esse amor
Que me aliena e me atrapalha

Depois eu vi
Que era só caso de palha
E hoje sou feliz
Sem você

Joelma

Eu e Cassy começamos a elaborar melhor as músicas. Foi aí que pintou uma oportunidade de fugir de Campinas e aparecer um pouco mais. A TV Cultura bolou um festival que apareceria na televisão e teria até disco gravado pros vencedores. Naquela época, não existia essa onda de disco independente e de tocar em barzinhos. Os espaços pra quem fazia música se restringiam a shows universitários. Então, fomos com duas fitas cassetes nos inscrever. Eu com o "Bamba novo" e o Cassy com "Cemitério blues".

Chegamos lá no último dia, uma tremenda fila na porta. Incrível, não sabia que tinha tanto compositor escondido por São Paulo. Nada menos que setecentos inscritos. E, pelo tipo das pessoas, nunca aceitariam nossas músicas. O anúncio fora bem claro: MPB. O "Bamba" era um blues, e o "Cemitério", um rock.

Na fila já sacamos que éramos dois peixinhos fora d'água, exceto por um cabeludo que estava atrás. Era um cara meio tímido, que por coincidência tinha uma música que também falava em cemitério, "Amor no cemitério". Tinha um nome meio esquisito: Arrigo Barnabé. Ficamos conversando sobre nossas chances de chegar entre as vinte classificadas, falando de cemitério, de Bamba.

Dois meses depois, veio uma carta timbrada. O "Bamba" fora classificado. Incrível. Eu não achava a música tão boa assim, mas o jurado gostou. Puxa vida, tocar na televisão. Enfim, as portas estavam se abrindo pra dois caras que nem tinham dinheiro pra comprar instrumentos. Eu, com meu velho violão, e o Cassy, com um Del Vecchio quebrado. Como faríamos? Teríamos um mês pra ensaiar...

Uma semana antes do festival, não tínhamos nada ensaiado, apenas eu, no violão, tocando a base, e o Cassy cantando e fazendo um solinho meio gozado (uma mistura de som árabe com blues). Foi aí que resolvi pedir ajuda para o Lumumba. Ele tinha montado um conjunto de música negra que tinha um baixista (TC, um cara parecidíssimo com o Luiz Melodia), mais uns percussionistas.

Mostrei a música pra eles e eles gostaram. Toparam. Teríamos uns três dias pra ensaiar, só que eu não poderia tocar violão. Sairia muito abafado pela potência do baixo elétrico. O jeito seria tocar guitarra, mas minha formação clássica não sabia tocar de palheta, só dedilhando. Então, soube de um primo da Gorda que tinha um Ovation. É um violão americano sensacional, que o Gil usou em Montreux e, depois, todo mundo começou a usar. Tem um captador já embutido, e dá um som metálico, mais pro violão do que pra guitarra.

Corri pra São Paulo, conheci o cara na hora, pedi clemência e logo fui atendido. Voltei pra Campinas e fizemos o primeiro ensaio. Ficou decidido: TC no baixo, eu no Ovation e na voz, Cassy só cantando na frente, Lumumba na tumbadora e Chico no atabaque. O ensaio foi ótimo. Nos entendemos hiperbem. O Lumumba até mudou uma parte da música que acabou virando uma mistura de blues com rumba.

Teríamos mais dois dias de ensaio, só que recebi um telegrama da minha mãe dizendo que precisava vir imediatamente na TV Cultura.

Voltei pra São Paulo, perdendo um dia de ensaio. Queriam uma entrevista.

— Comigo?

— Você não é Marcelo Paiva?

— Sou.

— Então, antes da sua música, vai uma entrevista, que já gravamos com todos, só falta você.

— Mas o que é que eu digo?

— Só responda o que a repórter perguntar.

E agora? Cassy tava comigo e foi testemunha do meu desespero. Não tinha nada pra dizer, ou melhor, tinha um monte de coisas, mas não sabia nem por onde começar. Depois, é negócio de televisão, e essa minha mania de falar palavrão ia atrapalhar.

Mas tudo bem, veio uma repórter, bateu um papinho comigo, sentamos num gramado e, olhando, pra câmera, começou:

Repórter: Marcelo Paiva vai defender agora a música de sua autoria "Bamba novo". Jovem estudante de engenharia agrícola, é o compositor mais novo do festival. Inclusive, hoje ele comemora vinte anos (era verdade, no dia do festival, era meu aniversário). Marcelo, no que você se inspirou?

Falei exatamente no que tinha me inspirado: "Um dia eu fui comprar um tênis e achei incrível a quantidade de marcas e tipos que tinha pra escolher. Tênis perfumados, de náilon, anatômicos, só faltava um que tivesse luzinhas. Daí me lembrei que, na minha infância, só havia uma marca de tênis: Bamba. E era hiperimportante o Bamba na minha vida. Ele tinha uma magia de ser meu companheiro, estar comigo em todos os momentos, e acho que agora não existe mais isso, com essa industrialização e consumismo que cresceu no Brasil nos últimos tempos. Então, decidi comprar um Bamba preto e fazer uma música em sua homenagem".

Depois veio a pergunta sobre o que eu achava da iniciativa da Cultura na volta dos festivais, e como era o espaço pros novos compositores.

Juntando meu nervosismo, uma música quase não ensaiada e a chatice daquela entrevista, não me contive. Desandei a falar, metendo o pau no festival, dizendo achar ridículo ter que competir com outros estilos de música totalmente diferentes, que não se pode dizer que uma música é melhor que a outra. Isso era reflexo de uma sociedade competitiva, e que a TV Cultura estava mais disposta a entrar num jogo de modismo, tentando reviver a década passada, do que promover novos valores, e que eu tava ali simplesmente porque não tinha onde tocar.

Falei da importância em tocar na televisão, mas que achava um saco o clima de tensão que se criava ao redor. O tempo controlado, a autocensura, agradar os jurados e a plateia com uma música convencional, que eu estava encarando aquilo mais como um show do que como uma competição. Disse ainda que preferia tocar em volta de uma fogueira do que na frente das câmeras.

Só sei que as pessoas da TV, que estavam atrás das câmeras, pararam de falar e ficaram ouvindo, tensas, o que eu dizia. Mas fiquei seguro depois de ver o Cassy escondidinho, rindo e fazendo um sinal de positivo com as mãos.

Parei de falar, a repórter olhou pras câmeras e disse: — Vejam agora a música do jovem compositor Marcelo. Acabou a entrevista, e, respirando aliviado, ainda ouvi da repórter:

— Puxa, que legal o que você falou. Acho que não vai sair na TV, mas foi a entrevista que mais gostei.

Me deu um beijo e se foi.

Eu só procurei ser sincero. Não podia falar outra coisa, não tava preparado, mas juro que fiquei com medo de alguma represália. Já pensou se, de repente, eles me desclassificassem antes de tocar?

Voei pra Campinas. Teríamos só mais um dia de ensaio. Passamos a música umas cinquenta vezes, e não estava pronta. Eu e o TC, que dávamos a base melódica, acabamos inventando um monte de passagens que só sairia com muito ensaio. Mas não tinha jeito. Íamos tocar aquilo mesmo. Combinamos de todos ficarem olhando pra mim, que eu iria gritar na hora de mudar.

Na última hora, surgiu um problema. Como levar os instrumentos pra São Paulo? Meu deus do céu, só faltava essa. Tive que ir pra Sampa de ônibus, roubei o Fiat da Nalu, voltei pra Campinas, apertei os instrumentos no carro e fui direto pro Teatro Pixinguinha. Os outros foram de ônibus. Tínhamos que estar lá às duas da tarde pra ensaiar no palco (coisa deles).

Chegamos meio atrasados, mas tudo bem. Seríamos a décima apresentação (eram doze), e, como não tínhamos arranjo pra orquestra, ficaríamos pro fim.

Nove horas. Ouvimos a música de introdução do festival. Plateia cheia, inclusive uma grande torcida de amigos pra dar uma força. Nos bastidores, o clima de tensão era imenso. Estávamos bem. Ficamos juntos e decidimos, com garra, mostrar a música ensaiada, e, já que não seríamos classificados mesmo, fazer o que viesse na cabeça.

De lá, ouvíamos as músicas sendo executadas. Todas acompanhadas de orquestra, aquelas canções melódicas, tipo dramalhões existencialistas. Músicas de fossa, geralmente com finais apoteóticos. Um festival que não fugia à regra.

Nona música, seríamos os próximos. Descemos pra trás do palco e tivemos que esperar um pouco (pra técnica passar o VT da minha trágica entrevista) e entramos.

A tal de Aizita Nascimento me anunciou, dizendo que eu era um compositor irreverente à moda antiga (vejam só, nem sabia o que significava *irreverente*, e por que *à moda antiga?*).

Entramos eu, o TC, o Lumumba e o Chico. Pelo menos era organizado, já estava tudo pronto. Um microfone pra mim, e meu Ovation no amplificador. TC, bem ao meu lado direito, com o baixo já ligado. Do lado esquerdo os dois percussionistas. O Cassy escondido lá atrás com um microfone na mão.

— Tudo pronto? — cochichei pro conjunto.

Afirmativo com a cabeça.

Dei um sinal pro Cassy tocando o lá (sinal de entrada e o tom da música).

Ele entra assobiando a melodia da música, e nós, parados como estátuas. Fica na frente do palco, para de assobiar, olha bem pra plateia e, de repente, dá um salto. No momento exato em que ele pisa no chão, entra o conjunto:

Comprei um Bamba novo
Agora vou poder fugir da bomba H
Subir arranha-céus, quando a luz se apagar

Comprei um Bamba novo
Agora vou correr quando a nuvem chegar
Bater o recorde de quantos metros cuspir
        (breque pra cuspida)
Fui correndo até a Lua, para a ela impressionar
Mas, quando cheguei lá
Que bronca que eu levei
Mandou voltar aqui
E avisar que tudo tem que parar
Senão ela pede
Pro moço lá de cima aqui desligar
        (entra a rumba)
Breque:
(Cassy falando)
Tentei avisar a ela que era sua TV que não devia estar
funcionando direito
(Coro)
Mas a Lua, a Lua sabe
A Lua sabe que tudo tem que mudar
Mas a Lua
A Lua sabe que um dia a Terra vai se acabar

 O nosso final apoteótico era todos se aproximando devagarinho do Cassy e, no "a Terra vai se acabar", ele deitado no chão, a gente em volta dele metralhava com os instrumentos até que ele morresse. Aí, a gente saía do palco.
 Aplausos, muitos aplausos, assobios. Minha turminha, cumprindo a função, levou toda a plateia também

ao delírio. Antes mesmo da música terminar, no meio do final apoteótico, já via gente pulando na cadeira.

Que ótimo, incrível, fomos classificados. Tinha sido a música mais aplaudida. Nos bastidores fomos cumprimentados com os rotineiros tapinhas nas costas e um "já ganhou". Seriam classificadas quatro músicas, que, somadas com outras quatro da próxima eliminatória, fariam a final na outra semana, inclusive gravando um disco pela Continental.

Ganhar, não fazia a menor questão, mas gravar esse disco era uma ótima.

Eu, que não acreditava muito na música, comecei a botar fé. Depois da nossa, houve mais duas músicas e uma pausa pro julgamento. Acabamos nos tornando estrelas do show e vinha todo mundo falar com a gente. O cabeludo de nome esquisito (Arrigo) e mais um carinha de um conjunto de samba de breque (Premeditando o Breque, que eu já conhecia de um show no bosque do Morumbi) vieram dar uma força e pedir pra gente levar a nossa torcida pra eles, que iam tocar na eliminatória do dia seguinte. O cara do Premê até me disse que, apesar de a música dele ser um samba de breque, eles também faziam um teatrinho como nós.

Legal, gostei do cara, ficamos um tempo falando. Ele e o cabeludo tímido eram da ECA (Escola de Comunicações e Artes da USP), e prometi que levaria a torcida pra influenciar o público.

Ainda estava gozando os sabores de ser estrela, quando veio um cara e me chamou pra conversar. Não era possível, Tom Zé em pessoa. Ele era jurado e eu nem sabia.

Sou um dos maiores fãs desse cara. Tom Zé é baiano e, junto do Gil, Caetano, Rogério Duprat, Torquato Neto, Gal Costa e Mutantes, gravou o disco que seria a maior revolução da música popular brasileira: *Tropicália*. Mas o Tom foi o que ficou menos conhecido deles, e veio morar em São Paulo, onde gravou um disco que me inspirou a fazer música abobrinhesca. Por exemplo:

> *A Brigitte Bardot está ficando velha e com a cara enrugada*
> *Será que algum rapaz de vinte anos vai telefonar*
> *Alguns momentos antes de ela se suicidar?*

Nos fechamos numa sala e ele disse que tinha acabado de sair da sala da comissão julgadora e que minha música não fora classificada. Achara um absurdo, pois, apesar de ser um festival destinado a descobrir novos valores, eles tinham escolhido duas imitações do Chico Buarque e duas do Milton Nascimento.

Fiquei triste, mas conhecer o Tom Zé me tirou da órbita, nem me lembrava mais do festival. Eu estava ali pra aparecer e consegui mais que isso. Acabei aparecendo prum gênio. Ele me falou que havia votado na minha música e gostado muito do jeito daquele garoto cantar (o Cassy), e que eu não devia desistir só porque um bando de idiotas não tinha escolhido minha música.

Ficamos conversando um bom tempo, e lhe falei da dificuldade de morar em Campinas e do tipo de som que a gente fazia. Cantarolei umas duas músicas pra ele. Ele até me aconselhou a explorar mais esse jeito falado do Cassy cantar, muito parecido com um compositor *underground* americano: Lou Reed.

Final do papo, ele me deu o endereço e me mandou procurá-lo, pois poderia organizar um trabalho mais profissional pra gente. Me abraçou e saiu xingando os jurados, dizendo que, na próxima eliminatória, ele quebraria o pau se continuassem a escolher tanta besteira.

Saí do teatro realizado e contando pro Cassy que nosso futuro estava garantido nas mãos do Tom Zé.

De volta pra vidinha de sempre, em Campinas, era parado na rua:

— Você não é o cara que tocou naquele festival?

— Sou eu mesmo.

— Poxa, achei um barato sua música...

Minha vaidade subia pro céu. Mas as coisas não parariam aí, estávamos apenas no começo. Decidimos continuar com o grupo, apenas ensaiando outras músicas, sem, por enquanto, nenhuma jogada marcada. Passei a tocar baixo. Eu tinha um ritmo bom e impus mais balanço ao som do Lumumba. O TC foi pra guitarra (o cara, além de tocar baixo bem pacas, esmerilhava na guitarra). O Lumumba ficava num violão. Tinha o Ding Dong e o Chico na percussão. Cassy se ligou mais em São Paulo, inclusive com um projeto de montarmos lá um conjunto com o Carca, o Mafalda (outro compositor de primeira), o Fabião na flauta (um dos flautistas mais técnicos que conheci) e mais um baterista que eu não conhecia.

Vi pela TV a segunda eliminatória. Tinha esquecido de levar a torcida pra dar uma força (nem queria mais ouvir falar em TV Cultura), e, para minha surpresa, tanto o Premê como o cabeludo com nome esquisito foram para a final. Achei legal, um som ótimo na praça, e novo. Imaginei o Tom Zé dando bronca nos jurados. Tinha uma coisa meio comum que ligava o nosso som, apesar de que o som do Premê era outro papo, muito mais profissional que a gente. E esse som doido e ao mesmo tempo fascinante do cabeludo Arrigo, um conjunto afinadíssimo, altos instrumentos, um corinho de três meninas lindíssimas e um balanço incrível.

Era a nova música pintando, de uma nova geração paulista que curte as mesmas coisas: fliperama, chacretes, perversão. Um tom de deboche com a vida, sem confundir com alienação. Apenas tiração de sarro (palavra bem paulista). Fiquei muito a fim de conhecê-los, até — por que não? — juntar todos os músicos paulistas que fazem esse tipo de teatro-música num grande show. Brinquei com o Cassy pra ele se preparar, pois estava surgindo um novo movimento musical chamado *Paulistália* (uma mistura de tropicália com paulista canalha).

Não vi a final do festival, mas soube que o cabeludo ganhou e o Premê tirou segundo (o terceiro foi uma melosa que tocou no mesmo dia que eu). Formidável, mais que justa a premiação. Abaixo a caretice, ainda existe esperança pra Música Popular Brasileira.

O Cassy veio de Sampa com dois convites pra show. Na FAU, um show em homenagem aos sandinistas da Nicarágua; outro, no pátio da ECA.

Fui imediatamente para São Paulo, deixando pra trás os exames finais do semestre. Precisava de um contrabaixo pra mim e arrumei emprestado com o namorado da Big. O Carca arrumou um piano elétrico e o Mafalda comprou uma guitarra. O baterista tinha bateria e nós tínhamos amplificadores, microfones, até mesa de som, tudo emprestado. Ensaiamos todos os dias no centro da física, lá na USP. Eu e o Carca cuidávamos mais do arranjo, das entradas, das passagens e dos finais de cada música.

Montamos o show com sete músicas. Em cinco delas eu tocaria o baixo, numa eu tocaria guitarra e, noutra, só eu e o Cassy com dois violões. O som tava afiadíssimo, tudo sobre a voz do *crooner* e meu cantor preferido, Cassy Bill-Bill Cassy.

Não tínhamos nome pro conjunto e, minutos antes do show, ficamos entre: Conjunto Conjuntinho, De Bitols, Os Bostas. Acabou ficando o último.

Plateia cheia, um ótimo lugar pra show (anfiteatro da FAU). Só que, antes, tocaram uns caras péssimos. Aquele violão misturando bossa nova com Milton. Depois, veio um conjunto de música latina chatíssimo, uma dupla de meninas chorosas, uma dupla caipira. Cada mudança de gente demorava uma hora, o som quebrou, concertaram pela metade, a plateia foi saindo. Tocou um conjuntinho de rock (tipo heavy metal) que acabou de estourar o som. Uma hora de concerto e nós entramos com uns cinquenta gatos-pingados resistindo bravamente na plateia. Subindo no palco, caiu o baixo das minhas mãos e rachou o braço. Lá em cima, tive que fazer o apelo:

— Será que não tem ninguém aí embaixo que possa me emprestar um baixo elétrico?

Um cara de outro conjunto me emprestou um Giannini melhor que o meu.

Na primeira música, o piano elétrico do Carca pifou. Na segunda, meu amplificador. Não se entendia nada do que o Cassy cantava. Final da história: dez pessoas na plateia aplaudindo pateticamente um show que não ouviram, minha mão em carne viva de tanto puxar as cordas do baixo quase mudo, o Carca lambendo os dedos, e um conjunto fracassado, pedindo pelo amor de alguém que anulassem aquele dia da nossa história.

Ninguém se falou, e ainda tínhamos o show mais importante, que seria o da ECA. Jurando que lá seria melhor, tentei convencer a não desistirem, mas sem sucesso. Fazer show em universidade não dá pé, concluía o conjunto, não mais um conjuntinho.

Mesmo assim, insisti e falei que eu e o Cassy iríamos pra ECA, que, se eles quisessem, aparecessem por lá, senão iríamos fazer o show de improviso, com dois violões.

No dia seguinte, encontrei o Cassy perambulando pela ECA com a Milu. Eu estava só e ele me deu a notícia de que o conjunto não viera.

Filhos da puta, mas tudo bem, dominaríamos perfeitamente a situação. Entraríamos com dois violões e faríamos o mesmo tipo de show a que estávamos acostumados em Campinas. Só que, dessa vez, com o "Bamba", já que era uma música conhecida ali. Seria bom entrar com uma carta de apresentação. Bolamos o repertório, e fui falar com os organizadores. Precisaríamos de quatro microfones, nada de amplificadores.

Fiquei contente, pois tinha um monte de gente em cima do cara pedindo para tocar, e, quando eu apareci, o chefão me viu e veio falar comigo:

— Você é o Paiva, do "Bamba"? Vocês estão na lista, vão tocar depois do Arrigo.

Meu orgulho flutuava nos ares da escola. Tinha sido reconhecido e nem precisava bajular o chefão. Sentia-me o próprio artista.

Cruzei com o cabeludo de nome esquisito.

— Você não tá me reconhecendo?

— Não — eu não estava mesmo, não foi frescura.

— Eu sou o cara que se inscreveu junto de você com a música que também falava de cemitério.

— Ah é, parabéns por ter ganhado aquele festival. — Achei legal, em vez de o cara dizer "fui o que ganhou", ele se lembrou do dia da inscrição. Trocamos três ou quatro palavras, mas estava impossível, tava todo mundo em cima dele.

— Deixa pra lá, depois a gente se vê — disse o cabeludo. Fiquei perambulando e descobri uma barraca de pinga onde a vendedora era ninguém mais ninguém menos que a minha irmã Eliana (ela estudava na ECA). Comecei a beber. O show foi demorando e a bebida foi entrando. A ansiedade, nervosismo com a felicidade de ser reconhecido, me fez beber mais e mais...

A Milu, menina que estava com o Cassy, que eu conhecia, mas nunca tinha conversado, estava ao meu lado e ficamos papeando. Uma menina linda de morrer, com um papo ótimo. Vendo que eu estava bebendo muito, ela me convenceu a dar uma volta, enquanto não chegava minha vez de tocar. Coloquei meu braço sobre o pescoço dela e fomos passear.

Ela tinha um jeito engraçado de rir, meio histérico. Fiquei imitando-a e dizendo que ela tinha a boca torta. Ela, simpaticíssima, ria mais ainda, e, num desses encontrões, nos beijamos. Que menina, ela grudava no meu corpo me excitando horrores, respirava fundo, gemia (fico doido com gemido de prazer). Não teve jeito, não voltei pra ECA, perdi a chance de tocar prum público joia e quase perdi meu melhor amigo.

Acalmei um pouco os ânimos quanto a abandonar a escola e partir pra música, apesar de nunca ter parado de tocar. Mas ser duro e morar em Campinas me tirava qualquer possibilidade de ser músico. Tinha que tomar uma decisão: ou largar tudo e voltar a morar em São Paulo, vivendo só de música, ou fazer engenharia agrícola.

Resolvi dar um tempo, conhecer melhor o curso e minhas perspectivas profissionais.

Continuei compondo, tocando no conjunto do Lumumba e com o Cassy. O DCE tinha comprado um equipamento de som ótimo, e fomos convocados a inaugurar.

Bolamos um show sério. Estávamos maduros musicalmente, nossas composições estavam ficando harmonicamente mais trabalhadas. Fizemos arranjos para cada violão e, como eu estava cantando bem, transamos músicas a duas vozes. Passávamos por um momento mais romântico e solitário. Cassy compôs a bela:

> *Um dia de frio, quantos agasalhos são necessários*
> *Um dia vazio, quantos momentos desnecessários*
> *Um olho na janela, amores*

Tinha acabado meu romance com a Ana e compus um hino às mulheres, que foi a música mais bonita que já fiz (na minha opinião):

> *Eu passei tanto tempo*
> *Pensando, sozinho,*
> *Fantasiando uma linda garota*
> *Só minha, só linda,*
> *Sem nome, profissão, sem roupa,*
> *Uma louca*
> *Já tenho a bebida preferida*
> *Rum*
> *O cigarro do charme irresistível*
> *Min*
> *A marca registrada de desodorante*
> *Pode ser até bilíngue*
> *Smack*
> *E adorar milk-shake do Jack*
> *Mas quero ter seu* body *expiatório*
> *Num tapete peludo*
> *E ser aliado de seu corpo, peitudo,*
> *Ingenuamente.*

Estávamos em outra, não nos importávamos com agradar. Estávamos fazendo da música um meio de nos relacionarmos com o mundo, um jeito de entender melhor as coisas e passar adiante aquilo que a gente sentia.

Resolvi também fazer uma conciliação com as três correntes existentes na universidade — por que não? O caretismo, o desbunde e a revolução. Juntamos numa música só: "Namoradinha de um amigo meu" (com aquela frase absurda: "O que é dos outros não se deve ter"), mais "Olorum", do Gil & Jorge (uma chamada pros santos de umbanda protegerem os filhos de Gandhi) e mais "Caminhando".

Começava a música com um solinho só de harmônicos dos filhos de Gandhi. Passava prum ritmo hindu. Depois, o "Caminhando" num ritmo doido. Juntamos com "Namoradinha de um amigo meu" e, depois da frase "o que é dos outros não se deve ter", Cassy declamava com imposição de voz, e eu, desafinando:

Vem, vamos embora, que esperar não é fazer,
Quem sabe faz agora, não espera acontecer

Voltava pros filhos de Gandhi e terminava em ritmo do Saara, falando de quibe, camelo, Khomeini.

Na Unicamp, todos os cursos são em período integral, e, como a universidade fica a treze quilômetros de Campinas, a estudantada come lá mesmo. Param as aulas das onze às duas da tarde, e os shows ficam no centro, exatamente à uma. Juntam quase duas mil pessoas.

Uma hora da tarde, plateia lotada. Muito sol e calor. Início de verão. Quatro microfones instalados na moderna mesa de som do DCE. Quatro alto-falantes. Subimos eu e o Cassy, sem camisa, sentamos e afinamos os instrumentos. Já tínhamos tamanha intimidade com aquele palco e plateia que parecia que íamos fazer mais um ensaio no nosso quarto. O som estava perfeito, ouviam-se bem a voz e os violões.

Primeiro o "Bamba", nossa marca registrada. Conhecíamos tanto a música que tocávamos como se fosse um disco. Depois do "corpo peitudo", Cassy atacou com "Um dia de frio". Lindo.

Começamos a ouvir: "Toca a do *Japão!*" "*Esquizofrênico!*" Mas era impressionante a nossa indiferença com a plateia. Aquele show era para nós mesmos. Marcelo homenageando Cassy e vice-versa. Cantávamos olhando um pro outro a maioria do tempo. Ríamos dos improvisos, dávamos dicas pra mudar de ritmo, contávamos a passagem, tudo ali, ao vivo.

Finalmente, a música da conciliação. Saiu magnífica. Tudo ensaiadinho, mas inventamos a maioria ali, na hora. Dois amigos que se falam por música. Depois de três anos morando juntos e tocando todos os dias, saiu uma dupla musical perfeita. Eu tocava hiperbem e conhecia teoria musical. Ele cantava lindamente e tinha um tremendo ritmo. Ambos compunham bolando o que o outro ia tocar ou cantar. Conversávamos numa linguagem sem delongas, direta e poética. Um entendimento espiritual baseado nas sensações das notas musicais e das palavras. A intuição sobre a razão, na pureza da alma, do amor, do entendimento entre seres humanos que pensam, mas estão de saco cheio de dever obrigações com a sociedade. Estão de saco cheio de representar um papel, um estereótipo, de serem classificados, de serem cobrados.

Cassy e Marcelo conseguindo viver através da música, e não do racional. Não estou querendo dizer que proponho agora que todos abandonem a fala e comecem a se entender por música (nem acho que a gente deva se alienar de um papel político na sociedade), mas sim que se mantenham relações espirituais com determinadas pessoas em determinados momentos.

    Fazer um som com o Cassy
Dançar com a Nana
Fazer amor com a Ana
Fofocar com a Gorda
Rir com a Laurinha
Discutir política com a Veroca
Dar uma bola com o Tucum
Jogar futebol com o Maurão
Ir ao cinema com o Richard
Pegar onda com o Bino
Ficar olhando a cara da Virgínia
Descobrir Campinas com o Rubão
Ver televisão com a Biguinha
Ir a uma festa com a Quitinha
Conhecer os amigos da Li
Dar amendoim pros pombos com a Gureti
Escrever cartas pra Cris

São as relações espirituais que mais gosto, e, se meu corpo reagir a essa paralisia, não quero perdê-las por nada nesse mundo malucão.

Acabou meu Carnaval, sem samba nem serpentina. Mas foi menos ruim do que pensava. A turminha, Maíta, Maira e Carca, não me abandonou um dia sequer. Sempre ali, fazendo o tempo passar mais depressa, com a mesma eficiência que Nana & companhia. Afinal, carinho e pressa eram o que eu mais precisava.

Logo de manhã, na quinta-feira, a alegria dos ex-foliões Santista e Chico. Contaram os casos dos salões e do samba na avenida. Muito pileque, mulheres, aquele papo de foliões.

Depois veio o Osório, monstro tarado, que passou o Carnaval comportadamente com sua esposa e filhos. Com um tempinho sem fisioterapia, sentia-me um pouco cansado dos exercícios, mas logo me reanimei com a sugestão do Osório de me inclinar na tal prancha.

Logicamente aceitei. Faria qualquer coisa que me reanimasse, não só por ser um programinha diferente, mas também por acelerar minha recuperação. Se ele quisesse me amarrar num dos braços do Cristo Redentor, eu toparia. Ou então me jogar nu no fedorento rio Tietê.

A máquina consistia em uma tábua reforçada com estofamento e uma armação apoiada sobre quatro rodinhas. Ao girar uma manivela, a tábua inclinava gradativamente.

Colocou-me o colete, encostou a prancha ao lado da minha cama e chamou os enfermeiros. Me colocaram na danada.

Que gostosura, bem mais dura que meu colchão, porém uma volta pro mundo da dureza. Sentir as costas pressionadas pela madeira, nada dessa sensação de navio que o colchão d'água tava me dando.

Eles amarraram meus joelhos na tábua, passaram uma fita no meu peito.

— Tudo pronto. Checar os instrumentos.
— Instrumentos checados.
— Ligar os motores.
— Motores ligados.
— Preparar para a partida.
— Dez, nove, oito, sete, seis, cinco, quatro, três, dois, um, decolar...

Primeira manivelada, reação imediata. Meu corpo estava em delírio e minha mente inclinando. Uma mudança de visual brusca. O mesmo visual de quando começava a sentar, mas com o corpo todo formigando, sendo prensado. No fundo da minha imaginação, enxergava os ossos estalando, as juntas se comprimindo umas contra as outras. Imaginação ou realidade? Será que realmente estava sentindo?

Mais maniveladas. Tudo esticadinho, meu corpo se apoiando nos calcanhares, os ossos em rígida tensão. As veias jorrando sangue através das pernas paralisadas. O coração batendo firme, respiração ampla, músculos, nervos, ossos, a pele, os pelos.

Devia estar a uns quarenta graus, quase em pé. Mas o sangue foi faltando na cabeça. "Falta de oxigênio", lembrando da aula do Osório sobre desmaios. Era inevitável, tudo formigava com intensidade. A audição foi faltando e me veio aquela viagem doida, prenúncio de desmaio. Tudo mole, a língua já desmaiara. Não conseguia parar de sorrir. Estava indo pro espaço, quando providencialmente abaixaram uns graus. Voltei a mim.

— Isso, vamos ficar nos trinta graus, por enquanto. Daqui a meia hora vocês o tiram — falava o Osório pros enfermeiros.

Antes deles me deixarem a sós com a Vècchia, tive a brilhante ideia de pedir pra me virarem de frente pra janela.

Forçando um pouco a vista, conseguia ver, sob o brilho do sol, aquela paisagem surrealista em São Paulo: árvores. Meu quarto dava pra um tremendo bosque esquecido nas ruas do centro paulista. Sem dúvida, um engano das competentes firmas de construção civil não terem descoberto essa maravilha.

Cores, como é bom ver o azul do céu, o verde do mato. Você pode pensar "ó, que bucólico você é, cara de tatu". Mas você há de convir que o verde e azul que eu via pela televisão é diferente dessa coisa que se vê todo dia na rua. Por enquanto, as cores predominantes nessa minha vidinha idiota estavam sendo o marrom-claro e o branco.

Pude ver alguns pássaros.

Esse bosque do Paraíso deve ser o Morumbi dos pássaros. Árvores grandes, com muitos galhos e folhas, num bairro sossegado e ao mesmo tempo perto do centro. Eram mais saudáveis, voavam rápido. Alguns arriscavam um canto alto e bonito (vejam só que pretensão: pássaros em São Paulo, cantando).

Acabou o tempo. Meia hora só, dissera o Osório. Adeus verde e azul. Adeus passarada. "Vou voltar pro meu gancho, que tá na hora, e minha cabeça já tá doendo."

Deitado de novo na mole cama, fiquei mais uma vez defronte de um teto sem graça, mas com a sensação de estar começando a viver novamente.

Vira o mundo lá fora. Nada que lembrasse hospital e doenças. Animais que continuariam vivendo, dependendo ou não do meu estado. Árvores que não se importavam com minhas mãos e pernas. Era assim que tinha de ser, estavam na deles. Por mais que queira negar, estou sozinho nessa, e vou ter que sair por minhas próprias forças.

Uma coisa, porém, me intriga: existem pássaros em cadeiras de rodas?

Três horas da tarde. Depois de longas e delongas, estava, como de hábito, sentado na cama com o colete no pescoço e a porta do quarto aberta, vendo a selva passar. A Vècchia roncava na poltrona de madeira com um jornal no colo. Eu, quieto, curtindo estar sozinho e vendo os pobres passarem.

Como sempre, alguns nem me cumprimentavam, apenas olhavam curiosamente, se perguntando:

"O que será que esse tem?"

"E esse troço esquisito no pescoço dele?"

Outros acenavam alegremente, dentro do espírito de solidariedade doentia e amizade hospitalar.

— Oi, tudo bem?

— Vai-se indo.

— Tá melhorando?

— Aos poucos.

— Paciência, deus está nos olhando.

— Tá certo, tá certo... (certo?).

Alguns melhoravam, aliás, a maioria. Afinal de contas, hospital é pra isso mesmo. Eu não me considerava nessa qualificação. Pra mim, melhorar significava estar dando os primeiros passos. Porém, tinha consciência de que estava me recuperando.

Sentar, mexer melhor os braços e os punhos, era importantíssimo pra mim. Não tinha uma paralisia definitiva. Do zero, eu estava avançando aos poucos prum número que acreditava não ser dez, mas uns oito ou nove eu tinha fé.

A porta do quarto da frente (o do louco) estava fechada, como sempre. E, de repente, começou a sair fumaça pelo vão da porta. Achei estranho: "O que será que esse doido está fazendo?" A fumaça aumentava, e um cheiro de coisa queimando dominava o ambiente.

A princípio, achei excitante estar ali sozinho, defronte de um perigoso malucão. Mas meu senso de responsabilidade foi mais forte. Chamei a Vècchia, que, assustada, foi ver o que estava acontecendo. Provavelmente o cara tinha posto fogo no quarto. Ela chamou os enfermeiros, mas foi inútil. Era troca de plantão, e, naquele exato momento, só estava a enfermeira-padrão (essas que fazem faculdade de enfermagem e são chefes do andar).

Ficaram as duas tentando abrir a porta e acalmar o pirado. Mas o cara tinha se trancado por dentro.

Corre-corre. Alguns pacientes tentavam arrombar a porta, quando veio um cara correndo dizendo que o malucão estava no parapeito da janela ameaçando se atirar.

— Chame alguém pra arrombar essa merda — gritava a enfermeira, desesperada, enquanto a fumaça aumentava.

— O cara vai se atirar — lembrava alguém.

Imediatamente foram chegando alguns médicos, enquanto a enfermeira correu à janela vizinha pra convencer o doidão.

Arrombaram a porta e pude ver a cara de horror do louco, atrás do colchão em chamas. Ao abrirem a porta, ele saiu correndo e, bem na frente da minha porta, foi agarrado pelos médicos, enfermeiros, pacientes. Ele esbravejava, gritava, mordeu o braço de um médico, até que uma seringa salvadora voou em sua bunda e, aos poucos, ele foi se acalmando, até relaxar feito um animal domado.

Só então a paz voltou ao corredor. Puseram-no numa maca e levaram o incendiário embora. O fogo do quarto apagou sozinho, e pude ver o cenário do pseudo-Joelma.

Chocante. Só então me toquei do perigo que esse doido representava. Já imaginou se ele sai correndo com uma faca e faz minha avó de refém?

— Ninguém se aproxime, senão eu meto a faca.

— Tá bom, tá bom... solte ela que nós te deixamos em paz.

— Não se aproximem.

— Calma, calma, o que você quer?

— Um milhão de dólares e um helicóptero para fugir.

— Mas você sabe guiar helicóptero?

— Não!

— Então não vale.

— Tá bom, eu solto a velha se me derem um picolé da Kibon e uma entrada pro Playcenter.

Ou, então, se esse pirado entra no meu quarto e se tranca comigo? E se ele me mandar levantar ou então me obrigar a beijá-lo?

Eu, hein? Que perigo passei. Pelo menos serviu de assunto para mais uns dias e fez o diretor do hospital mandar tirar as trancas dos quartos. No mais, tudo azul na América do Sul...

Anistia, pacotões, partidos extintos. O povo brasileiro (povo?) em busca de uma identidade partidária.

XYZ para os alienados.

PT saudações para os interessados.

Na faculdade, em 78, a gente ouvia falar num tal de Lula, líder sindical em São Bernardo do Campo, que saía quase todos os dias no *Jornal Nacional*. O governo e seu porta-voz, a Globo, usavam o tal de Lula pra mostrar os novos caminhos de um sindicalismo moderado e não nas mãos comunistas de antes de 64.

O barbudo soava como fruto da redemocratização do Geisel, que a sociedade estava se organizando livremente e que já, já, o país virava uma democracia. A Libelu chamava o Lula de pelego, mas a verdade é que, pra mim e pra maioria dos estudantes, ele era uma grande incógnita.

Em 79, o Figueiredo assume o poder, e a metade do país estava em greve, com destaque para o ABC paulista, área de influência do tal barbudo. Não era um protesto generalizado do operariado brasileiro contra a dominação dos generais da ditadura: era uma greve sobretudo de reivindicação salarial, apesar de ocorrer na época da troca de "presidentes".

"Não é uma greve política", diziam os jornais em letras garrafais. Mas os olhos dos estudantes brilhavam: "Será que está chegando a hora?".

Eu já estava me preparando pra agir. Como membro do Centro da Agrícola, conheci o comando da AP de Campinas (Ação Popular). Mas reinava a indefinição política no movimento estudantil e nas organizações clandestinas. Reflexo da indefinição do próprio país. O MDB fora extinto e novos partidos já estavam em organização. Um deles, um tal de PT (Partido dos Trabalhadores), organizado por alguns recentes líderes sindicais e pelo tal de Lula. No meio estudantil, a tese era "ficar com as oposições unidas no velho MDB", futuro PMDB.

O meu grupo, que também era diretoria do DCE--Unicamp, UEE-USP e UNE, ficou em cima do muro. Eu arrisquei. Quebrei o pau em Campinas e, junto com o Percival (aliás, quem fez minha cabeça), me interessei pelo PT.

Era uma nova opção, sem os velhos chavões parlamentares. Um partido organizado por trabalhadores e não por políticos, raposas velhas, exilados que não estavam no Brasil havia quinze anos. Uma oportunidade utópica de se construir um partido da classe trabalhadora, e não um partido de personalistas que se dizem defensores dos interesses do povo brasileiro (advogados, engenheiros etc. que saem da classe média e vão fazer política).

É a minha mentalidade ingênua e ignorante das teorias revolucionárias da esquerda (Lênin, Trótski, Marx...).

O Airton Soares, deputado federal por São Paulo, se filia ao PT. Nas eleições de 78, havia feito campanha pra ele, apesar de votar no Darci Passos (um amigo íntimo da família). O Airton fazia dobradinha com o Geraldinho, amigão nosso, ex-companheiro de diretoria do DCE da USP da minha irmã Veroca, que se candidatou a deputado estadual e, por incrível que pareça, foi eleito.

O PT começou a aumentar a influência no meio estudantil e até rachou com a diretoria da UNE. Na Unicamp, todo o nosso grupo estava agora decidido pelo PT. As coisas melhoraram quando o Geraldinho também mudou para o PT. Ótimo, tínhamos o nosso primeiro deputado estadual.

O movimento operário estava explodindo. A greve de 79 foi vitoriosa, até fez com que o governo fizesse um decreto de aumento salarial de vinte por cento para todo o país. Mas a maior vitória mesmo foi a reorganização dos sindicatos, principalmente no ABC, e, de uma certa maneira, a politização dos operários.

Sofri o acidente, e, ao lado do Hospital Paraíso, no Colégio Sion, foi feito o encontro de fundação do Partido dos Trabalhadores. E o meu quarto estava se tornando ponto de encontro dos amigos do Marcelo que participavam do encontro do partido. Foi quando a Veroca me falou que o grupo autêntico do MDB (um grupo de uns dez deputados da Assembleia Legislativa de São Paulo) estava consultando as bases para saber se iriam ou não para o PT.

E entraram pela porta do meu quarto o Eduardo Suplicy, o João Breda e a Irma Passone, para saber minha opinião.

Visitinhas políticas.

O Suplicy eu já conhecia de longa data, e foi o primeiro que perguntou:

— O que você acha de mudarmos do MDB para o PT?

Quem diria, eu, que nunca trabalhara na vida, convencendo um deputado a ir pro Partido dos Trabalhadores. Ele me ouvia atento (o Suplicy é desses que conversam com uma criança no mesmo tom que com o presidente da República).

Final da história. Os três, mais um tal de Marco Aurélio, acabaram mudando pro PT, que, somando o Geraldinho, tinha uma bancada de cinco deputados na Assembleia. Era uma tendência natural. O MDB, por mais glorioso que tenha sido no passado, era um saco de gatos. Muitos membros estavam interessados em realizações pessoais, e outros só usavam a legenda por saberem que, em São Paulo, vota-se na oposição. Prova disso foi que, logo depois da extinção dos partidos, a metade dos deputados foi pro partido do governo, o PDS (uma vergonha).

Até hoje o Suplicy, sempre que me encontra, diz que eu fui muito importante pra decisão dele. Venhamos e convenhamos, quem sou eu pra influenciar um deputado a mudar de partido? Mas fico emocionado com a atenção dele, e, principalmente, por ter gente como ele no PT.

Minhas sentadas estavam mais ousadas. Uns setenta graus. O único saco era o ritual que se fazia para uma bobeira dessas.

Mas, para minha surpresa, entra pela porta do meu quarto uma cadeira de rodas preta seguida de um batalhão de gente.

Mangueira decidira que já estava na hora de sair daquele colchão d'água.

Imediatamente o Osório me pegou pelas costas, o Chico e o Santista em cada perna, o Bunds no quadril. Primeiro me sentaram na cama com as pernas pra fora.

— Tudo bem?
— Tudo.
— Está tonto?
— Não.
— Podemos continuar?
— Vai em frente.

E foram.

Num voo espacial, as dimensões mudaram. A vida mudara de forma, nada me prendia àquela cama. Estava no ar, sendo carregado por alguns braços machos e peludos e aterrizara confortavelmente na cadeira. Não me soltaram. Um burburinho danado no quarto. Mistura de êxtase com suspense. Osório, agarrado às minhas costas, dava as ordens.

— Primeiro as pernas. Soltem!

"Pernas soltas, no encosto da cadeira."

— Agora, o quadril!

"Tudo bem, bunda fixa."

— Agora, Marcelo, vou soltando devagarzinho as costas. Não se espante, que você não tem o menor equilíbrio no tronco, mas cair você não vai. Ficará encostadinho como se estivesse numa grande poltrona.

E foi soltando. Meus braços se apoiavam no encosto e minhas costas estavam soltas. Estava sentado normalmente. O braço caía se eu soltasse; o tronco parecia um boneco. O pescoço estava tenso pelo colete, mas balançava com qualquer forcinha que fizesse. Era verdade, estava sentado. O Bunds, na minha frente, estava rindo assustado. Todos prenderam a respiração. Mangueira abraçou minha mãe, e a audição foi acabando. Bochecha formigando, os olhos pesando uma tonelada e tudo preto.

— Desmaiei.

Uma barreira vencida.

Ana foi minha acompanhante-amante essa noite. E, com sua camisola azul debaixo do braço, foi-se embora, substituída pela Vècchia. Banho com Chico e com Santista, fisioterapia com Osório. Prancha e almoço. Tirava uma sonequinha de meia hora e estava na hora de sentar. Nana, Big e Gorda foram inclinando a cama e, aos setenta, pararam. Era a inclinação máxima. Chegaram o Osório e os enfermeiros, e, com a ajuda da Gorda, me puseram sentado, só que foi diferente da outra vez. Com as pernas na horizontal, pois, segundo a teoria, assim não ficaria tonto, muito menos desmaiaria. A própria cadeira de rodas tinha o pé regulável. Realmente, não desmaiei. Me senti um pouquinho tonto, mas, respirando fundo, passou. Agora sim, estava sentado como se estivesse esperando o dentista.

Fascinante. Com uma tábua à minha frente, pude ler o jornal como gente grande. Estava com força nos braços pra levantá-los, mas desabavam sobre minha cabeça. Se eu respirasse profundamente, a barriga me empurrava pra trás, podendo até ver o velho e amigo teto (esse desgraçado).

Mal conseguia pensar direito. Ficava descobrindo tudo o que eu poderia fazer fisicamente. Com os cotovelos fixos no encosto da cadeira e movimentando um pouquinho os ombros, eu podia ir pra direita e pra esquerda.

Que incrível, eu me mexia novamente. É óbvio que a gravidade fazia a maior parte do esforço, mas aqueles pedaços de carne balançavam, mudavam de forma. As pessoas iam falando e eu estava absolutamente desligado.

Viajava e curtia minha nova posição. Não poderia ficar mais de três horas, mas é mais tempo que uma sessão de cinema.

A minha irmã Eliana chegou e constatou uma coisa que todos sabiam, mas ninguém tinha prestado muita atenção. A cadeira tinha rodas. Oras, óbvio que tinha rodas. A roda gira, claro que gira.

— Então, por que não damos uma volta por aí? Fantástico, que puta ideia.

— Mas será que não vai fazer mal, dar tontura?

— Claro que não...

Realmente. Eu estava em cima de um carrinho, e aquelas rodas eram pra isso mesmo. Pelo amor de deus, vamos dar uma volta, quero ver finalmente onde estou, como anda o mundo lá fora, o céu, os carros, gente vivendo.

A dona da ideia genial ganhou o direito de guiar. Atenção. Largaram.

Um ventinho gelado bateu no meu rosto. As paredes começaram a andar, tudo mudava de forma, e saí pela porta.

ALELUIA, ALELUIA!

A vida, enfim. Acordei de um sonho entre quatro paredes.

— Quer ir pra esse lado ou pro outro?

— Quero ir pro tal de terraço.

Virou à esquerda. Um corredor não muito grande, todo escuro, da mesma cor do quarto, só que com o pé-direito mais alto. Fomos passando pelas portas de outros quartos. A maioria fechada, mas nas que estavam abertas ou tinha gente vendo TV ou dormindo. O chão, de madeira, dava uma boa aderência. O trânsito absolutamente desengarrafado. Nenhuma cadeira de rodas pra querer apostar um racha.

Chegamos ao terraço, no fundo do corredor. Que beleza, tinha uma visão melhor da floresta em volta do hospital. Árvores e mais árvores. Os pássaros, o céu, que beleza, nublado, mas enorme.

Fiquei meio tonto. Minha visão nunca ia além de uns metros de quarto de hospital ou algumas olhadelas pela janela, mas agora estava vendo um céu infinito. Um mundão esbranquiçado, nuvens empelotadas com milhares de formas. Poderia ficar cinco dias olhando pra esse céu, e cada minuto seria uma sensação nova.

Podia-se ver ao longe um minhocão com os carros passando em cima. Devia ser o minhocão da Lapa. Pelas frestas das árvores, viam-se alguns edifícios, mas o que mais me animava era o barulho. Buzinas, motocicletas roncando, carros acelerando. Crianças, portas batendo, tudo abafado pelas árvores, misturando o zum-zum de cidade grande com o vento que soprava entre as folhas. A megalópole existindo, num complexo de cores, formas e sons.

Ninguém me conhecia, muito menos no estado em que estava. Sentia-me meio cheio de ser o centro das atenções. Queria um pouco do anonimato da cidade grande, passar despercebido naquela janela, naquele terraço, naquele hospital daquele bairro, daquela cidade, país, planeta.

Era gostoso ver que não era só pela televisão que as coisas aconteciam. As pessoas existiam mesmo, andavam de carro, iam ao trabalho. Eu sou meio São Tomé: "Ver para crer".

Dia seguinte, sentei na cadeira novamente.

Magnífico, nem um pouco tonto. O Mangueira veio me ver sentado, examinou, tateou o pescoço e deu a ordem:

— Quando sua mãe chegar, mande-a vir falar comigo.

Tchan-tchan-tchan-tchan.

Tinha coisa por trás disso. Os fatos medicinais mais importantes eram sempre comunicados primeiro à *mother*. Fui dar meu segundo passeio, só que pelo outro lado. Passei pelo banheiro que ficava ao lado do meu quarto e pelo bebedouro. Numa salinha, que parecia ser da enfermagem, estavam o Divino e a enfermeira-padrão. Me convidaram prum cafezinho.

Que joia, pude ver a tal papelada da qual Chico e Santista sempre reclamavam. Havia um quadro para cada paciente. No meu estava escrito: "1/2 Diempax antes de dormir".

Minha deliciosa pílula para dormir. Ficamos falando abobrinhas, quando vi um telefone. Que coisa, quase dois meses sem falar num. Até tinha esquecido o barulhinho de ocupado, ou de quando tem linha. Resolvi fazer uma surpresa pra minha mãe.

Liguei pro seu escritório...

Que barato que é a voz, que se ouve quase todos os dias, sendo transmitida eletricamente por fios e atingindo nossa mente. Visualizamos a pessoa com quem falamos. Aquilo acaba se tornando verdade. Já imaginou o que deve pensar um índio falando pelo telefone com outro índio? Nunca que ele vai associar aquele barulho estridente como sendo seu amigo.

Dei o recado do Mangueira pra minha mãe. Ela ficou contente, sabia que tinha algo bom para ser falado, quem sabe não estava na hora de ir pra casa.

— Pra casa? — perguntei assustado.

— É, por que não? — me disse aquela voz eletrificada.

— Mas como?

— É, não lembra que ele disse que era só sentar na cadeira de rodas que você continuaria o tratamento em casa?

Não me lembrava que ele tivesse dito isso. Nem me lembrava que eu tinha uma casa, estava tão habituado com aquela vidinha de hospital. Mas como será em casa, sem os enfermeiros, sem os médicos? Porra, eu queria sair já curado, andando, e não transferir essa agonia prum apartamento no Jardim Paulista. É, mas pensando melhor, é mais agradável um clima caseiro do que um hospital. Mas como vai ser, e pra sentar, quem vai ajudar? Banho, quem vai me dar?

— Calma, filhinho — continuava a voz eletrizada. — Eu já pensei nisso tudo. Vai ter uma enfermeira forte pra te ajudar, e todos nós, suas irmãs, seus amigos. Sua avó e a Nana vão ficar em casa.

— E cama? Não tem nenhuma cama em casa que inclina, que caiba um colchão d'água.

— A gente aluga, não se preocupe.

Meu deus, eu tanto desejava sair daquele lugar e, de repente, estava morrendo de medo. De certa maneira, um hospital dá uma tremenda segurança. Qualquer infecção, ou noite de insônia, havia médicos e remédios para curar (mas eu não tinha nenhuma infecção e com o 1/2 Diempax dormia feito pedra).

Na realidade, o que me deu mais medo foi perceber que, em termos médicos, meu caso estava definido. Agora, era só esperar o tempo e a recuperação. Que merda essa porra da medicina, não serve pra nada. Será que nenhum veado vai me curar? Será que a ciência não inventou uma porra de uma injeção que me cure? Nenhum tipo de operação, nada? Só eu e meu corpo?

Não dá, sou muito imaturo pra lutar sozinho. Preciso da ciência, das drogas, dos bisturis. Por favor, não me deixem só. Alguém aí tem um remédio? Acupuntura? Macumba? Reza? Deus?

Puta que o pariu: o homem foi à Lua e ninguém descobriu a cura para uma lesão de medula. Ora bolas, vão todos tomar no cu.

Realmente, a alta era um fato. Não restava outra coisa senão me despedir desses incríveis amigos enfermeiros. Estava tudo engatilhado. Uma cadeira de rodas e uma cama de hospital alugadas. Um colchão d'água montado no apartamento, e uma enfermeira contratada pra ficar o dia todo. Medicamentos estocados (principalmente o genial Diempax), equipamentos urinários no armário (sonda, garrafinhas de xixi pra pendurar na cama, seringas pra desentupir a sonda).

Três meses de hospitais na minha vida (um desperdício). Três meses de paralisia nas mãos e pernas. Natal, Réveillon, Carnaval. Ilma, Elma, Ding Dong, Divino, dr. Alex, Chico, Santista, Neneca, Edmílson, dr. Mangueira, dr. Nirvan. Tubinhos na veia, caninhos no pinto. Cabeça coçando, cuca esquentando. Pacientes passando. A selva, a merda.

É bom mudar um pouco de vida, me apartamentar um pouco. Chega de tetos grandes, de luzes brancas de mercúrio.

Tchau, tchau.

Saí do quarto, do corredor, finalmente conheci a parte externa do hospital. Incrível, mas era todo branco com janelas azuis. Meio estilo colonial.

Tchau, tchau.

Outra ambulância na minha vida. Essa, bem mais chique. Era uma Caravan toda modernosa. Duas tremendas sirenes com luzes no teto. O Neneca ia comigo, junto da minha mãe.

Tchau, tchau.

O motorista, impaciente e chato, nos apressou. Deitaram-me na traseira e, finalmente, partimos. A porra era baixinha e tremia horrores. Pelo vão da janela pude sentir a avenida Pacaembu, a Dr. Arnaldo e a alameda Santos. Pertíssimo de casa. Estávamos na frente do Astor quando parou a ambulância e vi uma menina olhar pelo vãozinho. Olhou-me bem nos olhos e fez uma cara de piedade chocante. "Sua putinha, vai olhar por outra janela, que essa é minha." Mas logo desculpei a boba, pois eu mesmo sempre tinha vontade de olhar o que se passava dentro de uma ambulância.

Eugênio de Lima, senti pela inclinação da descida da minha rua. Chegamos. Opa, um problema, a merda da porta da garagem é muito baixa e o carro não entra por causa das sirenes.

Não teve outro jeito, abriram a porta de trás da Caravan e me tiraram ali mesmo, na calçada. "Bochicho" generalizado na Eugênio de Lima. Que vergonha, até o trânsito parou para ver aquele bicho saindo da ambulância, com um monte de ferros no pescoço. Sentaram o animal numa cadeira de rodas e o levaram para dentro de uma garagem.

Eu estava gostando daquele show e, em especial, da novidade que estava sendo aquele passeio. Neneca empurrou a cadeira até o elevador (Atlas, pra quem estiver muito curioso). Minha mãe abriu a porta e, de repente, ficou tudo preto. Não acabou a luz não, eu desmaiara pela centésima vez.

Acordei deitado numa maca, ainda na garagem, sob os olhares assustados do Neneca.

— Tudo bem?
— É, mais ou menos.

Foi aí que vi o síndico do prédio. Um velhinho com quem eu, quando morara ali, tinha quebrado altos paus.

Não é que o síndico era médico e estava agora medindo meu pulso?

— É, a pressão está baixa.
— Será que não dá pra ele ir deitado na maca pelo elevador?

Não dava, de jeito nenhum. Incrível, só agora percebi a dificuldade de um doente para entrar no elevador. E, quando um cara morre no décimo quinto andar de um edifício, será que o caixão desce em pé no elevador? Ridículo.

— Tudo bem, acho que aguento até o nono andar.

Entramos no elevador, a porta fechou. Nós três naquela caixa de aço. Agora, mesmo se desmaiasse, não poderia fazer nada a não ser esperar chegar no nono andar. Mas deu tudo certo. A porta abriu e entrei pela cozinha.

Vum, vum, vum, não deu nem tempo pra sentir a casa direito. Levaram-me direto pro meu antigo quarto, que tinha virado sala de televisão quando morava em Campinas. Deitaram-me numa cama de hospital bem grande, e dormi, exausto.

Apartamento

No começo de 1974, morando em Santos, a família Rubens Paiva já não tinha qualquer esperança de que o homem da casa estivesse vivo. Os boinas-verdes desse país continuavam afirmando que ele fugira.

E como diz a música: "Começar de novo...".

Santos não afunda porque merda boia. Então viemos morar em São Paulo definitivamente (de onde nunca devíamos ter saído). Minha mãe conseguiu transferência pra Faculdade de Direito do Mackenzie. Eu fiz um vestibulinho pro colégio da burguesia paulista e passei (muito mais pela influência do meu tio, que era advogado do colégio, do que por meus dotes). Veroca já estava na USP. Nalu e Big foram pro Colégio Bandeirantes, e a Eliana fazia cursinho.

Era a época da febre imobiliária no Brasil, e a melhor maneira de investir dinheiro era comprar imóveis. O que meu pai deixara deu para comprarmos um "Gomes Almeida Fernandes", no Jardim Paulista. Só que, devido à falta de grana, compramos o apartamento na planta, isto é, o prédio ia começar a ser construído.

Alugamos um apartamento a duas quadras do "Gomes" e esperamos a eficiência dos trabalhadores, pedindo pelo amor de deus que não atrasassem as obras.

Lembro-me de ficar horas e horas em frente à construção, vigiando, orgulhoso por ter a primeira casa própria da minha vida (até então, pagávamos aluguel).

— Prega bem essa tábua aí, ô meu — ficava alertando, imaginariamente. Um dia, quando tudo estava pronto, subi os nove andares a pé, pra curtir a nova toca.

O prazo foi cumprido, e, antes mesmo de mudarmos, ia lá todos os dias com um livro debaixo do braço e ficava lendo no meu futuro quarto (é uma delícia apartamento sem móvel nenhum).

Era um prédio típico da época em que vivíamos, a ascensão da classe média no Brasil (para nós, a decadência da burguesia). Fachada em estilo colonial, como outros quinhentos em São Paulo. Tinha até uma piscina no térreo (de meio metro, mas tinha). Salão de festas, salão de jogos (com uma mesa minúscula de snooker). O apartamento era grande: quatro quartos, uma sala espaçosa que tinha até terraço (só cabiam duas pessoas, mas era terraço). Enfim, tinha todos os elementos de um edifício chique, pra gente com uma renda não muito chique.

Morei três anos nesse apê, depois fui pra Campinas e passava alguns fins de semana nele. Agora, estava de volta, meio contra a minha vontade, mas o que poderia fazer? Morar em república campineira, do jeito que estava, nem por pensamento.

Acordei antes do anoitecer. A porta do quarto estava aberta. Percebi que tinha uma multidão na sala, mas não chamei ninguém. Precisava de um tempinho só, para raciocinar direito sobre minha nova condição.

Incrível a diferença do meu novo mundinho. O teto parecia encostar no meu nariz, de tão baixo que era. Erro meu, o teto estava na altura normal. É que três meses de hospital, onde o pé-direito era altíssimo, tinham me acostumado mal. A impressão que tinha é que estava dentro duma caixa de sapato. Tudo branco, pequeno, bem aconchegante. O som abafadíssimo (chão acarpetado). Dava pra ouvir o barulho do trânsito da rua, apesar de estar no nono andar. Lembrei-me de que, bem em frente ao prédio, tinha um sinal. Fazia barulho de carros parados com motor ligado.

Gostei da sensação de normalidade que dava aquele barulho de trânsito. Realmente eu estava em casa, apesar da altíssima cama de hospital. Minha mãe fazia jus à sua fama de caprichosa. Colocou uma cortininha cheia de flores, comprou um abajur bonitão (desses que parecem de ficção científica). Havia uma poltrona forrada com o mesmo tecido da cortina (estava começando a me sentir numa floricultura).

As paredes, limpíssimas, mais brancas que dente bem-escovado. A televisãozinha da Teté estava em cima de uma típica mesa de doente. Meu potente e supersônico gravador, ao lado da cama. Levantei o lençol e pude ver que estava tudo em ordem com a borracha que entrava dentro do meu pinto (a terrível sonda). Acompanhei o caninho até a borda da cama. Não conseguia ver onde aquele xixi desaguava (ou melhor, xixiaguava). Devia ter uma garrafinha pendurada na cama, como no hospital.

A cabeceira da cama dava pra porta do quarto, deixando-me a visão da janela livre. Ficava de costas pro armário embutido. O ruim é que não via a porta, não podia controlar a entrada das pessoas no meu quarto. Tinha até um vaso de samambaias numa mesinha redonda. Que bonito...

— Filhinho, está acordado? — era minha mãe cochichando no meu ouvido.

— Ah, mais ou menos.

— Está aí a tua nova enfermeira. Ela quer te ver.
— Ah!
— É uma alemãzona bonita, loira de olhos azuis.
— HUUUUMMMM!
— Posso deixar entrar?
— Não!
— Por que não?
— Hoje não estou "afins".
— Tá bom, então amanhã ela começa a trabalhar bem cedo. Se prepara, que ela é pontual.
— Tá.

Loira de olhos azuis, uau! Será que arrumei uma Farrah Fawcett? Que tesão, hein? Já imaginou se for uma tremenda gatona quem vai me dar banho?

— Hora de papá — entrou a Nana com um prato saindo fumaça.
— Gracinha.
— Chuchuzinho.
— Gostosinha.
— Tico-tico (a Nana sempre me chamou assim, tico-tico, não sei por quê).

Ah, comida caseira... que saudade. Temperada, salgada, acebolada, já não aguentava mais o rango do hospital. AAAHHH feijão, a grande curtição nacional. Há três meses não via feijão. Sobremesa, podia escolher. Vejam só, escolher a comida que quisesse. Que luxo, que liberdade. Tinha até cafezinho.

Havia umas visitinhas na sala, mas, em respeito ao meu dia agitado, deixaram-me descansar. Nana, Gorda e Big já eram suficientes pro meu sossego. Iam todas dormir comigo. Portanto, vimos TV até mais tarde e tchan-tchan-tchan-tchan...

Chegou a hora. Que será, será? Marcelo vai ou não vai conseguir dormir?

VAAAI!

Vai ou não vai?

VAAAI!

Por precaução, tomei um Diempax inteiro. A casa em silêncio, minha mãe deixara minha porta aberta. Qualquer problema, era só gritar. Consegui convencer a Nana a dormir com a Big.

— Tudo bem, eu tô louco pra dormir sozinho, não vou passar o resto da minha vida com uma babá ao meu lado.

Veroca fez o relaxamento e se despediu. Todos saíram, as portas do quarto se fecharam, as luzes apagadas. Silêncio absoluto. Rua sem trânsito.

"E agora..."

"Que quarto abafado."

Da rua, ouvia o barulho do sinal. "Deve ter mudado agora pra vermelho."

Plec, plec: verde agora.

O teto fazia "cosquinha" no meu nariz.

Chuááá, barulho do colchão d'água.

Ouvia com nitidez o som da minha respiração.

Inspira, expira, inspira, expira...

Dormi feito um cocô.

— Bom dia, João Grandão.

Era a Nana me acordando com uma bandeja na mão (sempre que me acordava, ela cantava esse "bom dia, João Grandão", vai saber por quê).

Suquinho de laranja, café com leite, pão com queijo de Minas e um pedaço de mamão. Chocante, nunca tivera tanta mordomia na vida. Atrás dela entrou uma loirinha toda de branco. Sem dúvida era a Stella, minha enfermeira: minha mãe não tinha exagerado quando se referira à alemãzona. Era a própria. Um brutamontes com ombros de nadadora russa. Braços brancos e fortes. Usava uma calça justa, dando pra perceber a largura das coxas musculosas. Um cabelinho boboca, desses oxigenados, com um cortezinho redondo saltitante. Os peitos pequenos, duros, arrebitados, aliás tudo nela era duro. Os olhos azuis e bem fundos. Era feia, muito feia, e com um corpo de macho. Mas era exótica e, afinal de contas, loira de olhos azuis (não sei quem inventou essa de que loira de olhos azuis é bonita por definição).

Sorridente, quis me dar o café da manhã, mas, olhando pra minha pernambucaninha loira de olhos verdes, pele queimada, seios grandes, magra, mas bunduda e muito fofinha, dispensei a atleta.

— Tudo bem, deixa a Nana me dar, que ela já está acostumada.

— É, mas eu tenho que me acostumar.

Iiiih, não aguento essa intimidade comigo. Muito menos esse sorrisinho forçado de quem está querendo ser minha babá.

A Nana me deu o rango sob os olhares invejosos da outra.

Hora do banho. Aceitei a tese de que a outra precisava se acostumar e deixei a coitada me banhar. Ela não sabia direito as técnicas, mas fomos lhe ensinando.

Tiraram minha roupa.

Peladão, molhou um paninho com água quente misturada com sabonete e, primeiro, passou no meu rosto.

Enxugou o rosto e foi pro peito. Molhou, enxugou. Depois os braços. Molhou e enxugou. Depois, é lá mesmo... Vamos, mulher, sem acanhamento, afinal eu sou um pobre doente. Vamos, coragem...

Ela respirou fundo, contou até três e pimpa, passou a toalha no meu pinto.

Esfregou bem, passou entre as pernas e, de repente, fez uma cara assustada, perdendo imediatamente todo risinho cínico. Percebi que meu pinto ficara duríssimo. Era normal, afinal, esfregando uma toalha, mesmo que eu quisesse, não dava pra deixar de endurecer.

— Vamos, mulher, tudo bem.

Voltou a me limpar. Molhou bem as pernas, os pés e enxugou.

— A frente está pronta, agora vamos passar pras costas.

Ensinamos como me virar, tomando o máximo de cuidado com o pescoço. Virado, ela passou água nas costas. Imediatamente, o quarto ficou com um odor inconfundível. Seja rico, seja pobre, preto ou branco, terráqueo ou marciano, cocô em qualquer lugar do universo tem o mesmo cheiro.

A loira boboca me limpou e me enxugou. Pronto. Tudo em ordem.

Ao meio-dia chegou o Osório. Estava tudo combinado: segundas, quartas e sextas ele me faria uma hora de fisioterapia. Claro que não era o suficiente, mas é que o cara cobrava caro à beça. Nos outros dias, deveria ser feita pelas minhas assistentes, inclusive pela Stella, não deixando de fazer à noite também.

Ele veio todo de branco. Nos cumprimentou com um "bom-dia, dormiu bem? Ótimo", e, depois de lavar as mãos, veio me tratar, sob os olhares curiosos da loirosa.

Fez uma série de recomendações: mudar sempre de posição, pra evitar as abomináveis escaras, sentar no mínimo quatro horas por dia na cadeira de rodas, só que com uma espuma por baixo. Duas horas, à tarde, descansar na cama, e duas horas, à noite. Tomar cuidado pra não entupir a sonda.

Fez os mesmos exercícios de antes, só que dessa vez finalizou com um exercício de respiração. Inspirar bem forte e soltar devagar pela boca. Enquanto soltava, ele vibrava meu tórax, simulando uma respiração torácica (eu só respirava pela barriga, respiração diafragmática, em virtude da falta de movimentação também do tórax).

Acabou a fisio, ele olhou pra Stella e... Pronto! Bateu os dentes, pôs o queixo pra frente, fechou os olhos, respirou ofegantemente (ressuscitou o monstro tarado) e falou, quase gemendo:

— Boa tarde...

Voltou a si, balançando a cabeça, e se foi, deixando a loirosa assustada.

— Não liga não, vez em quando dá isso — acalmou a Nana, como quem já fora olhada desse jeito.

Hora do almoço. Decidi pôr o colete e almoçar sentado na cama. Com a ajuda da Nana, ensinamos à Stella a difícil tarefa de encaixar os ferros no pescoço. Agora quem queria dar o almoço era a Vècchia. A outra ficou enciumada, mas, coitada, não tinha o menor poder de decisão sobre mim. Restava ficar com a cara emburrada sentada no sofá, vendo minha avó dar a comida.

Decidi sentar. Encosta a cadeira e, com a forte da Stella pegando atrás, mais a Gorda e a Nana, pimba! Estava sentado.

Antes de ir pra sala, porém, fui dar um passeio pelos quartos. O da minha mãe, igualzinho ao de antes. Pedi pra Stella abrir a porta do banheiro dela e pude ver que não dava pra entrar com a cadeira de rodas. Tudo bem, pra que vou precisar do banheiro, se não posso tomar banho? No banheiro dos filhos, no final do corredor, também não entrava a cadeira. As portas dos banheiros são bem menores que as outras.

    Só então entrei na sala e pude ver que estava tudo igual. E que saudade desses móveis. De um lado, uma bruta estante com livros (minha mãe sempre gostou de mostrar quão culta é sua família). É uma sala carregada de móveis. Pra quem tinha morado numa casa enorme no Rio, era difícil colocar tudo num apartamento, e mais difícil ainda desfazer-se de alguns móveis caros (tinha um avô, o milionário, que ia quase todo ano pra China, Índia, e sempre trazia vasos, tapetes caríssimos). A parede, forrada de quadros. Sempre achei o maior barato encher a parede de quadros, um em cima do outro.

    Meu pai tinha uma fazenda que vendera pro seu irmão colecionador em troca de quadros. Não é que tínhamos na parede três gravuras do Portinari, um Bonadei, um Lazarinne? Mas a maioria era da Renina Katz, amicíssima dos meus pais e uma artista genial.

    Na sala tinha uma poltrona grande, bem confortável. Imediatamente, chegando lá, pedi para a Stella me sentar nela. Era mais gostosa que a cadeira, e, com a altura do encosto, minhas costas não ficavam tão pendentes como na cadeira de rodas.

    Colocaram uma mesinha com tampa na minha frente de tal maneira que desse pra ler o jornal.

    Nana ligou o rádio, na Bandeirantes FM. Chato, porque de cada cinco músicas que tocam nessas FMs, uma eu gosto, outra, mais ou menos, e três eu odeio. Mas uma coisa me chamou a atenção, já tinha reparado nisso no meu supersônico rádio: o novo disco do Caetano, *Cinema Transcendental*, estava tocando bastante nas rádios. Finalmente descobriram esse cara, coitado, já era o décimo disco dele e só agora estavam dando o devido valor. Abertura no país da Transamazônica. Não que o Caetano fosse um subversivo revolucionário que não tocasse antes nas rádios. Mas tudo o que é novo e diferente como o som de Caetano deixa paranoicos os meios de comunicação de massa. Não é só autocensura, mas também uma mentalidade conservadora da cultura (nossa, estou falando bonito). É muito mais cômodo pras rádios, isso é, cria muito menos problemas prum país repressivo tocar coisas tipo Benito de Paula ("Meu amigo Charlie Brown"), ou aquela duplinha reacionária, Dom e Ravel ("Eu te amo, meu Brasil, eu te amo, meu coração é verde, amarelo, branco e azul anil...").

Li o jornal, ouvi músicas bundas e me cansei. Fui de novo pra cama tirar a minha saudável sonequinha.

Acordei antes do entardecer e, aproveitando a força da Stella, sentei novamente na cadeira de rodas e, na sala, passei pra poltrona. Estavam chegando as primeiras visitinhas. Por vaidade minha, pedi pra Stella colocar a garrafinha de xixi que sempre me acompanhava debaixo da poltrona, e pus o jornal no caninho. É que só agora percebia que devia ser meio chato pras pessoas conversarem comigo e, ao mesmo tempo, verem aquela garrafinha cheia de xixi do meu lado. Era fedorento e feio, por isso escondi.

Quase noite, a casa já estava cheia. Muito melhor receber gente num apartamento que num quarto de hospital. Aqui não incomodava ninguém, tinha som na vitrola, fumo no terraço, cafezinho, telefone. Só na hora do rango que o pessoal, sacando que tinha muita gente, desceu pra padaria em frente e depois voltou.

Mas, à noite, caminha pra ver a novela e, depois do Diempax, bau, bau.

* * *

    Primeiro fim de semana. Livre da Stella, mas, em compensação, casa cheia. Era o último fim de semana das férias. Toda a turminha campineira, inclusive a Nana, só viria pra São Paulo pros fins de semana próximos. Os amiguinhos paulistas, com aula e trabalho, me veriam com menos frequência. Big iria pra PUC à tarde. A Nalu trabalhava de dia, e à noite, USP.
    Fiquei com medo de ficar só, mas, pra comemorar a despedida, nada como um passeio de carro.
    Genial, descemos pra garagem. O Bunds e a Gorda me puseram no Corcel azul da minha mãe.
    — Tudo bem?
    — É, mais ou menos. Eu fico menos firme, mas se alguém for me segurando atrás, dá pra ir numa boa.
    Tchan-tchan-tchan-tchan. Abre-se a porta da garagem. Bunds guiando. Nana atrás e a Gorda me segurando as costas.
    Pé na tábua. Finalmente estava vendo a rua. Era um sábado lindo, céu azul. Pouco movimento nas ruas.
    A ladeira da Eugênio de Lima foi suave. Cada esquina, cada poste era uma curtição. Entramos na Estados Unidos. Tomamos a direção de Pinheiros, onde a maioria dos meus amigos morava. As pessoas se assustavam um pouco com aqueles ferros no meu pescoço, e em cada sinal vermelho era aquele festival de curiosos (imaginem se eles soubessem como eu estava).
    Fomos até a casa da Laurinha (a risada mais gostosa do mundo). Emocionada, entrou no carro. Pegamos o Cassy e fomos pra casa do Carca, no Alto da Lapa. Todos queriam passear comigo, não teve jeito. Nana no

meu colo, Bunds guiando, e quatro atrás. Conheci a nova avenida Sumaré. Esplêndida.

Uma coisa que me chamava a atenção era a quantidade de pichações de muro. Havia umas engraçadíssimas como: *Rendam-se, terráqueos.* O Cassy nos mostrou a que ele tinha feito, na Vila Madalena, bairro da intelectualidade-pop-esquerdizante-uspiana de São Paulo: *Liberte o Ivan Lins que há dentro de você.*

Achei um barato essa conquista do espaço urbano. Na realidade, os muros não são de ninguém. A propriedade é uma forma de capitalizar a natureza que o imbecil do ser humano inventou. Os muros, então, pra que servem os muros? Pra impedir ladrões? Sim. Pra garantir a privacidade? Sim. Mas servem também pra acabar com o direito natural do ser humano animal de ir e vir (um direito inclusive constitucional).

Já imaginou se a onda de construir muros pega também na zona rural? Nós acabaremos por conhecer somente as ruas e as estradas. Que direito tem um cidadão de tapar a visão e o usufruto da natureza? É, Marcelo, você é um bobo sonhador. Está mais que óbvio para a humanidade que a natureza se compra e passa a ser particular. Os marcianos rirão de nós um dia, ao saberem que nosso planeta é um grande quebra-cabeça de proprietários. Restam-nos os parques e praças públicas.

Em Campinas tem uma cachoeira linda na qual o dono colocou cercas pra ninguém ver. Legal, né?

Por isso, pichem. Invadam o espaço, xinguem a mãe do presidente, declarem amor à sua prostituta preferida. É a imprensa popular e democrática.

Lucy in the sky with diamonds
Não adianta, dona Lucy, você pinta, nós picha

Beatles 4 Ever
Esse muro tava tão branquinho...

Atenção, atenção. Entramos na avenida Paulista. Ah... não esqueci da minha promessa. Pedi pra Nana abrir a janela e recebi o ventinho na cara. Não era um CMTC, mas era ventinho da Paulista, dois terços do meu sonho. Que delícia essa gente toda aí, andando, bundando, amando, esperando o ônibus, indo prum cinema. Ah, que inveja de vocês todos. Adoraria estar trocando uns passos nessa calçada, dançando com esses postes, correndo pela contramão no meio da avenida.

Um dia eu venho, querida Paulista, e te amarei sozinho, te farei gozar como a mais mulher das mulheres, porque você é minha, só minha. Ninguém te curte mais do que eu, gatona.

Chegando em casa, emocionado, fui direto pra cama tirar o colete, que já estava doendo. Estava em êxtase. Fiquei com vontade de compor uma música, mas não dava. Eu tinha um monte de coisas pra falar, sei lá, uma poesia, uma carta de amor. Viva a vida.

— Nana, pega um lápis e papel que eu vou ditar um negócio aí.

Uma paulista chamada avenida

Ou é uma menina chamada Paulista? Isso, uma garota confusa, agitada, que brilha nas retinas dos paulistas, dos *ecolá* aos *arigatô*. Uma avenida tão dialética que, na hora do rush, as pessoas que vão a pé andam mais rápido do que as que vão de rodas. Homens, mulheres e minorias andam sobre seu ventre moreno, cospem em seus poros e excitam seu corpo exposto, faça chuva, faça sol. Na cabeça, a mentalidade dela: a Sears. Uma menina muito consumista, cheia de coisas, mas fraca de conteúdo. Nos pés, a decadência, o Ponto 4, mosquito e mosqueteiro. No centro, bem no centro, ali ó, a região pélvica. O Trianon plumoso, suas babás sensuais, velhos, bichas, meninos e meninas saindo do Dante, pipocas com cocotas, bobocas como eu, moços bons para dar uma bola, árvores tão densas que não dá pra jogar bola, cheirar cola, Coca-Cola, Kibon. Tá bom.

É o centro nervoso do capital Brazil (com z). A cidade e sua função. As células são impressas em Brasília, cheias de demagogia, pensando assim: ó, como somos importantes. Mas é aqui, mais especificamente na Paulista, que elas são devoradas, selecionadas e guardadas nos subarranha-céus bancários. Chegam cheias de panca, são trocadas por letras de câmbio, ações, juros e correção monetária. São Paulo empapela o país. Santos é diferente: traz e manda. Conhece Santos? Aquele mar marrom com manchas de petróleo brilhando, aquela areia cinzenta com ossos de galinha e garrafas de cuba-libre vazias. No horizonte, uma infinidade de navios cargueiros, lado a lado, esperando a oportunidade de desembarcar contrabandos, marinheiros e suas gonorreias. Ia ser ridículo se o mar fosse azul-claro com areias brancas, coqueiros e, no fundo, veleiros e jangadas em busca do sol.

Em cada cem habitantes paulistanos, quinze são viciados em fliperama. É a cidade da máquina, do digital, da tomada. Meninos e meninas, velhos impotentes, a Pauliceia delira apertando botõezinhos, fazendo a bolinha subir. E ela sobe, derruba um "extra" e sobe outra. Não deixa ela cair, ô cara, cuidado com o "tilt". Mostre pra máquina que você é mais máquina do que ela. Na avenida Paulista tem um fliperama gigantesco. É o Diversões Eletrônicas Curso Objetivo. Só que não tem bolinha, não. É gente, isso, gente que sobe, derruba um "extra" e desce. Esse "extra" é mais difícil. É a contradição do sistema, onde os felizardos serão os futuros infelizes desta mal-educada nação, pobre problema que não depende da magia da avenida. E é com má-educação que o paulistano não respeita os *black* postes da menina. Todos forrados de cartazes: vende-se, show, luta, eu quero ser alguém. Mas essa sujeira eu até acho uma boa, e a menina também gosta. O mundo precisa de manifestos, de letras, de apresentações. Pô, ele nos dá tanto de graça e de inspiração, por que nóis vai ficá parado, hein? Beijos para o mundo, beijos para Porto Seguro, para Arembepe, para a avenida Niemeyer, para o Maracanã. Beijos para a Ponte Preta, para o Comando Vermelho. Força aí, Comando, o povo brasileiro está na sua luta. Por melhores condições de assalto a banco, abaixo os alarmes, mais dinheiro, menos vigilantes. Encoste a arma no gerente e diga:

— Eu não quero te machucar, só quero a grana do teu patrão.

Depois, venha gastar conosco da classe média, num barzinho da Henrique Schaumann, compre um Passat, vista um belo jeans, paquere uma mina d'Augusta, sente-se e tome umas e outras conosco. Quem sabe até fumaremos um?

Hoje li no jornal que vão pôr uma antena de 270 metros na Paulista. Nada mau, se pensarmos que a Torre Eiffel tem trezentos e poucos metros. Já pensou como vai ser mais fácil se suicidar? A ponte Rio-Niterói vai fechar as portas. Vai ter fila para se atirar lá de cima e beijar o corpo da menina, se espatifando numa velocidade aproximada de 310 quilômetros por hora. Ufa, já imaginou que pau? A menina vai se deliciar com as cosquinhas que esses suicidas vão fazer na pele morena dela...

Minha mãe trabalha na avenida, no tal de World Trade Center. Bonito, né? Chique, até vou repetir, só que agora com a língua bem enrolada: WORLD TRADE CENTER. É o primeiro prédio, quase esquina com a Rebouças. O engraçado é que, em dia que faz calor, ninguém consegue trabalhar. Se abrir a janela, é por causa do barulho; se deixar fechada, morre-se sufocado. Não falei que é uma avenida dialética? Outra vantagem de trabalhar nesse prédio é que no décimo andar funciona o consulado americano. Assim, quando algum boy estiver com preguiça, é só ligar pra lá e avisar sobre uma suposta bomba que tenham colocado em protesto contra o imperialismo *yankee*. A polícia chega em poucos minutos e evacua o prédio. Fica todo mundo na calçada tomando picolé.

No mundo dos negócios isso se chama "que aperto". Dá-lhe menina, dá-lhe minha amante. Beijos na sua calçada deste cara que admira você.

Dia seguinte, domingão, seguimos a tradição italiana. Comemos todos juntos um *maccherone da mamma* e discutimos à beça (*tutti gente buona*).
Bunds fez um convite temeroso, mas difícil de recusar:
— Vamos pegar um cineminha?
Putzgrila, e agora? Um cinema, de cadeira de rodas, vai ficar todo mundo me olhando, sentindo pena de mim.
E daí? O que importa é o filme e não os espectadores. A escolha do filme era dura. Poderíamos ver *Apocalipse now*, filme do FF Copolla sobre a guerra do Vietnã, ou *Zabriskie point*, do Antonioni. Mas escolhemos o *Z* do Costa-Gavras, que depois de anos na censura foi liberado. Sempre fora louco pra ver esse filme, principalmente depois de uma entrevista do senador Marcos Freire, que eu tinha lido, falando da censura desse filme, que era muito parecido com o caso Rubens Paiva, só que se passava na Grécia.
Fomos eu, Bunds, Veroca e Nana. Era no Center Três, na Paulista (e, como o cinema tinha elevador e garagem, estava tudo limpo pruma cadeira de rodas). Chegando lá, o Bunds estacionou bem na frente do elevador. Foi aquela correria, abre o porta-malas, monta a cadeira. Tiram-me do carro tomando cuidado pra eu não sentar em cima do caninho de xixi. Põem uma almofada nas minhas costas e pegamos o elevador. Não preciso dizer o espetáculo teatral que acabou virando. Todos pararam e

ficaram assistindo àquela peça em um ato — um garoto comum paralisado do pescoço pra baixo.

Que tanto essas pessoas me olhavam? Ih, meu deus, já estava começando a ficar nervoso. Pensei em desistir, mas tentei pensar só no filme que iria ver.

Eu abria um sorriso sem graça de como quem tenta dizer: "Sou um cara legal, não me olhem com essa cara de piedade, que eu estou bem". Mas não adiantava. Do caminho do elevador até a bilheteria, fui olhando pro chão, sem levantar o rosto um minuto.

— Não liga não, eles só estão assustados com esses ferros no seu pescoço.

E daí que era pros ferros, eles estavam no meu pescoço, então era pra mim aquela secada geral.

Ainda bem que entramos no filme já começado. Luzes apagadas, ninguém estava muito interessado em quem entrava ou saía da sala. Encostaram a cadeira numa poltrona (era mais confortável que a cadeira) e, naquele bafafá, me passaram, com o cuidado de deixar o caninho do xixi livre.

— Tá tudo em ordem? — cochichava a Nana.

— Acho que sim, mas olhe a garrafinha, vê se não está vazando mijo.

— Não, tudo bem.

Aí que ficamos quietos para ver o filme. Focalizei minha visão naquela telona. Puxa vida, três meses sem ir ao cinema desacostuma. Não conseguia acompanhar aquelas letrinhas. Não sabia se olhava pra cara do personagem ou pra legenda. Depois, como eu tava no corredor, tinha uma luzinha vermelha bem na minha cara.

Bom, vamos prestar atenção no filme.

— Com licença.

— Ah.

— Dá pra tirar a perna pra eu passar?
— Ih, e agora — cochichei pra Nana.
— Ó moço, não dá — me acudia a pernambucaninha.
— Como não dá? O cinema tá cheio e eu paguei pra sentar. Não tá vendo que tem um lugar logo ali?
— É, tudo bem, acontece que eu sofri um acidente.
— E daí, já sofri vários acidentes. Por favor, tire a perna pra eu passar.
— Não posso mexer a perna.
— Por que não?
— Tente ir pelo outro lado.
— Mas como, vou ter que dar a volta toda? Não, assim não dá.

Ele foi forçando passagem e empurrando minhas pernas.

Fui caindo da cadeira, quando a Nana falou:
— Porra, ele é paralítico!
— Paralítico? Ó garoto, desculpe, mas por que é que vocês não avisaram antes?

Por que é que não avisamos antes? Acho que é falta de costume. Sei lá, como avisar? Dizer que sou aleijado? Paralítico? Acidentado? Pelo jeito vou ter que achar um outro termo. Esse de paralítico foi bom, mas é chocante.

Bom, agora ao filme.

Essa merda de ar-condicionado tá bem na minha orelha.

— Tá com frio?
— É, um pouco — respondi à Nana, tremendo de frio.
— Puxa, nós te sentamos no lugar mais frio do cinema.

— Tudo bem. (Tudo bem nada, eu estava já batendo os queixos.)

Enfim: THE END.

Nunca minha dupla personalidade fora tão exercitada como ali. Uma prestava atenção no filme, e a outra morria de frio, insegurança, chateada com a luzinha, com medo...

Na saída, mais show e mais sem-gracismo de minha parte. Sorrisinhos olhando pro chão. O filme, muito joia. Não lembrava nem um pouco o caso do meu pai, mas lembrava muito o que nós gostaríamos que acontecesse. Um julgamento dos milicos que fizeram isso com ele. Impressionante como militar tem a mesma cara em todo o mundo. No filme, um promotor resolve fazer uma investigação sobre o assassinato de um deputado e descobre uma trama de generais por trás. Chama pra depor um por um e acusa todos.

A última cena do filme é ótima. Entraram aqueles generais com cara de macho na sala do promotor e, depois de ouvirem as acusações, saíam todos pela porta dos fundos, morrendo de medo. A plateia entra em delírio com o que poderia acontecer neste país. No letreiro final, uma explicação. Logo após o julgamento (esse filme baseia-se num caso verídico), houve um golpe militar na Grécia. O promotor foi preso e os implicados no caso viraram ministros de Estado.

Nana, Gorda, Cassy, Gureti, meus irmãozinhos campineiros, foram à luta. Começaram as aulas, e me deixaram em São Paulo. Que inveja, poderia estar na minha casinha fazendo um som com o Cassy, enquanto Nana e Mariúsa faziam o jantar. Depois iríamos todos comer na copa, e quem não tinha cozinhado lavaria a louça. Tomaríamos um chá, acenderíamos um "basy".

Mas estava muito longe disso acontecer. Logo às nove horas chegou a Stella. Me deu um suco, pão com queijo, café com leite. Com os óculos-prisma e a tábua em cima de mim, li a *Folha de S.Paulo*. Quando chegou a Vècchia, deram-me o banho. Começou a haver uma certa disputa entre Vècchia e Stella. A minha avó não escondia a preocupação que sentia em me ver sob os cuidados daquela loirosa. Ficava dando palpites, geralmente rejeitados pela enfermeira.

Meio-dia, chega o Osório. Põe a chave em cima da TV e diz: — Bom dia, dormiu bem?

Sai o Osório, entra um prato de comida, feito pela Vècchia e pela nova empregada, uma menina de catorze anos que minha mãe insistia em dizer que trabalhava mais que uma empregada maior.

Depois do almoço, colete. Era a recomendação osorial: sentar na cadeira de rodas. Cheguei à conclusão de que agora, que estaria mais sozinho, deveria me preocupar eu mesmo com o cotidiano.

Então, num ato de coragem, chamei a Stella:
— Chame o elevador, que nós vamos dar uma volta.
— Mas nesse sol? Você tem que tomar cuidado, está muito branquinho.

É, realmente. Resolvi colocar um chapéu na cabeça, para me proteger e, mais importante, esconder a cara. Assim ninguém poderia me ver.

O único chapéu realmente capaz de esconder a minha cara era um mexicano enorme. Pra melhorar o disfarce, coloquei uns óculos escuros, e fomos.

Descemos pela garagem, e, ao sair à rua, pude ver pelos furinhos do chapéu os primeiros rostos assustados.

— Desce a ladeira pela calçada — disse à Stella.

O chão esburacado me balançava todo, fazendo com que meu corpo fosse caindo.

— Calma, me segura.

Stella não era muito esperta, mas, com um grito meu, ficava a pessoa mais inteligente do mundo.

Ela não sabia se me segurava ou segurava a cadeira. Minha bunda já tava quase fora do encosto quando ela me agarrou pelo colete.

— Aí não, sua imbecil.

O homem da banca de jornal da esquina veio ajudar. Algumas pessoas pararam e o trânsito engarrafou. Um pegou uma perna, outro puxava o braço. Meu chapéu voou com o vento, a calça ficou presa no encosto e, quando me levantaram, fiquei de bunda de fora. A bolsa da velha que segurava a outra perna abriu e jogou tudo que tinha dentro na calçada...

Voltei pra casa com uma certeza: nunca mais saio na rua com essa imbecil.

A partir das quatro horas não precisava me preocupar mais com a falta do que fazer. Geralmente chegava uma ou outra visitinha. Um ex-colega do Santa Cruz, algum amigo das minhas irmãs ou um unicampista perdido em São Paulo. Meus colegas de infância. Todos me dando uma força. Realmente o meu acidente abalou muitas pessoas, e elas precisavam comprovar na prática se eu estava bem, se isso tinha ocorrido mesmo, quanto tempo demoraria a recuperação, se eu já tinha sentido alguma melhora, o que poderiam fazer pra me ajudar...

O que mais me irritava é que a loirosa sempre fazia questão de estar presente nas conversas. Até que um dia me irritei e tive um papo sério com ela:

— Olha aqui, você só fica onde estou quando eu te chamar. Senão, fica longe de mim, tá?

Óbvio que não fui tão rude assim. Afinal de contas, sou impaciente, mas sou socialista. Expliquei pra ela que, apesar da minha total incapacidade física, minha cabeça estava perfeita, e não precisaria de alguém pra me ajudar intelectualmente. Só pra virar a página de um jornal, colocar um disco na vitrola, empurrar a cadeira pelo apartamento, me pôr e tirar da cama, me fazer as higienes. Às vezes eu queria ficar sozinho, ou com meus amigos. Ela não precisava ficar sempre onde eu estava.

Foi falando tudo isso que descobri, em palavras, a minha relação com a Stella.

— Você é o meu corpo. Meu cérebro está bom. Geralmente, pruma pessoa normal, quando ela quer um chá, o cérebro comanda os músculos para se locomoverem até a cozinha e fazer o pedido. Você é meus músculos, minhas pernas e mãos. Eu é que comando.

Essa visão me lembra um pouco os escravocratas que consideravam os negros como máquinas. Pode ser até que tenha ressuscitado um escravagista, mas não sou muito de ficar encanando com as coisas que penso. Descobri que a loirosa era meu corpo sem o cérebro, ponto-final.

Mais à noite, chegava minha família. A Big, a Nalu e *my mother*. Jantávamos, e, enquanto uma das meninas levava a Vècchia embora, eu fazia exercícios na cama com a outra, sempre com a TV ligada (já estava ficando viciadão).

Num desses exercícios, a Nalu mexendo nas minhas pernas, de repente o pedaço de carne deu um puxão.

— Mas como, ela mexeu?

— Mexeu, eu estava segurando e você dobrou a perna.

— Mas eu não fiz força alguma, eu não quis dobrá-la.

— Mas dobrou.

Um sorriso desconfiado surgiu na carinha da Nalu. Será... será...

Estavam enfim chegando os movimentos pernais? Chamamos a mamãe e contamos a novidade. Estávamos todos emocionados.

— Precisamos falar com o Mangueira.

— Mas eu não fiz força pra mexer.

— Tenta fazer agora.

Isso, boa ideia. Me concentrei, mandei todas as energias possíveis pra perna:

"Vamos, dobre, queridinha, dobre, só um pouquinho, mostre que você tá viva, prove que você gosta de mim, dá só um sinalzinho, só uma mexidinha de nada, vamos, força..."

Não dobrou. Nem um teco. Continuou estática, com aquela corzinha branca e seus pelinhos arrepiados.

Nalu continuou os exercícios na perna, e novamente a desgraçada dá sinal de vida. Chocante. Precisávamos falar com algum especialista. Dessa vez, minha mãe também era testemunha.

Na manhã seguinte, ao chegar o Osório, contei a novidade. Ele me olhou com uma cara sem expressão, não disse que era bom nem ruim. Com uma frieza profissional, pegou minhas pernas e fez um teste.

— Tenta dobrar um pouco.

Fiz força, mas não deu em nada.

— Tenta esticar agora.

Nada.

— Levantar.

Nada.

— É, vamos aguardar um pouco mais. Quando foi a última vez que você foi testado por um neurologista?

— Aqueles testes das agulhinhas?
— É.
— Foi quando saí do Paraíso, há umas duas semanas.
— E ele não notou nenhuma melhora na sensibilidade? — perguntou o Osório.
— Que eu saiba, não.
— Então deixa completar mais um mês, e volta lá pro hospital pra fazer um novo exame, mas continue prestando atenção nessas pernas.
— Você acha que minha movimentação está voltando?
— Pode ser, não sei.

Esse "não sei" já tinha me enchido o saco. Havia mais de três meses que me acontecera uma catástrofe e ninguém sabia me dizer como iria ficar. Eu entendia um pouco a medicina do meu problema, mas a única resposta que tinha era a da primeira vez que minha mãe havia estado com o Mangueira. Depois de ler o relatório do médico que me operara em Campinas, ele falou:

— Como não houve secção de medula, existe a possibilidade dele voltar a andar. Mas não se pode afirmar nada.

Eu sou um engenheiro, preciso saber dos números. Quanto de possibilidade? Cinquenta por cento? Dez por cento? Quanto tempo? Um ano?

Esse era meu quadro físico, mas meu quadro psicológico já estava declinando um pouco, começava a sentir falta de uma atividade mais concreta. Estava ficando cheio da Stella, já tinha lido uma porrada de livros e me sentia meio inútil, vendo o tempo passar. Não podia fazer fisioterapia numa clínica de reabilitação por causa do meu pescoço não consolidado. Antes de tudo tinha que resolver meu problema ortopédico pra agitar o resto. O prazo de consolidação de um osso depende muito da fratura. No meu caso, o Mangueira dera quatro meses. Depois disso, não precisaria mais usar esse colete infernal, só fazer exercícios por período integral.

Foi sacando tudo isso que a Veroca teve mais uma de suas ideias geniais. Transar uma psicóloga pra mim, e ela era a pessoa mais indicada pra me arrumar alguém legal, já que, além de me conhecer pra burro, era também psicóloga.

Mesmo antes de sofrer o acidente, eu já estava "afins" de fazer análise. Não que eu me considerasse perdidão, maluco, pirado, mas é que, depois que tinha visto a diferença que fizera com o Fabião, tinha me dado vontade. Ele me contava as sessões, os exercícios reichianos, os relaxamentos. Eu, com a mente racional, falava que, se quisesse me curar, seria muito mais válido fazer por conta própria, com a ajuda de amigos, nada de ficar dependendo de psicólogo. Mas o Fabião conseguira me convencer.

— Pô, cara, qual é? Que preconceito: você não sabe o que é e fica falando essas besteiras de se encontrar sozinho. Você não imagina quantos homens passaram a vida inteira estudando a cabeça humana, a quantidade de gente que mexe com isso. E depois você já leu Reich e gostou, então...

Realmente, era uma infantilidade minha ficar subestimando a capacidade da ciência em tratar da mente. É que eu sempre achei ridícula essa universalização do comportamento humano. Eu sacava que cada pessoa era muito diferente da outra. Como era que uns bacanas se propunham a entender minha mente com fórmulas científicas? Mas foi aí que eu soube que não era bem assim, e fiquei curioso em fazer análise. Também porque o Fabião me contava do tesão que era sua psicóloga. Logo já imaginamos quão excitante seria ficar deitado num divã com uma analista de minissaia. Daí, falaria dos meus problemas sexuais, contaria um caso excitante pra criar um clima e, por fim, falaria da minha atração por mulheres mais velhas. Se ela não quisesse transar comigo, eu me suicidaria. Então, ela, com pena de mim, tiraria sua roupa e nos amaríamos debaixo de um retrato do Freud.

Fiquei mais "afins" ainda quando Richard começou a fazer também. Mas era caro, e depois, em Campinas, não devia ter muitas psicólogas legais.

Agora, infelizmente por um acaso do destino, toda a família achou boa a ideia da Veroca de arrumar uma terapeuta pra mim. Só que quem?

— Pode deixar que eu vejo isso.
— Arruma uma mulher bem bonita — eu disse.

Arrumei um programa joia pra me tirar um pouco desse apartamento, e, ao mesmo tempo, sem muito xereta em volta: ir tomar sol na piscina do prédio, não propriamente dentro d'água. A Stella apertou o T do elevador de serviço, e lá fomos nós, em busca de um espaço mais amplo para minha pequena movimentação.

Pedi pra loirosa tirar minha camisa, pra arriscar até, quem sabe, um bronze. Que delícia, sou capaz de ficar um dia inteiro debaixo do sol sem me preocupar com a vida. É uma tremenda terapia. Voltar ao passado, lembrar das horas passadas no Leblon, ou então, até há pouco tempo, pegando onda e tomando sol em Itamambuca (Ubatuba).

É a grande desvantagem de morar em cidade grande. A altura dos prédios, a poluição, a pressa pro trabalho fazem a gente esquecer o contato dessa luz amarela na pele.

Ao voltar pro apartamento, encontrei um bilhete debaixo da porta que fez com que eu me arrependesse horrores da minha saída:

"Marcelinho, estive aqui pra te ver, mas não tinha ninguém. Volto pra Campinas hoje e outro dia eu venho. Quero muito te ver. Força aí,
MARINA"

Por instantes, minha empregada tinha saído e minha avó dormira, não tinha ninguém pra atender a porta, ou pelo menos dizer que eu estava na parte de trás do edifício: na piscina.

Azar, muito azar.

Marina, doce Marina.

Minha grande paixão.

No segundo semestre da Unicamp, eu já tinha me desiludido totalmente com a engenharia e estava tocando violão mais do que nunca. Morava com Cassy e mais três músicos na melhor república que já tive: a da Carolina Florence. Uma casa caindo aos pedaços, mas de uma magia que nos levava a passar noites em claro fazendo som.

Mesmo assim, matriculei-me em três matérias no segundo semestre. As três do básico (na Unicamp, todos os cursos de exatas têm o primeiro ano igual, onde as classes são misturadas, com nego que faz engenharia, matemática, física, química...).

Quando entrei, no primeiro dia de aula de cálculo integral, logo na primeira fileira estava uma menina que era uma gracinha. Tinha um cabelo castanho-claro, nem muito alta e nem muito baixa. Nem magra, nem gorda (sou péssimo para descrever as personagens da minha vida). Comecei a ficar bem interessado e passei a não perder mais nenhuma aula. De carteira em carteira, fui me aproximando, e cheguei a ponto de, antes da aula, ver onde ela tinha deixado o seu material, pra sentar perto.

Foi nessas que um dia ela me pediu cigarro. Abrindo um sorriso de quem já a conhecia havia muito tempo, dei-lhe um Minister e falei que quando quisesse era só pedir (boa essa, não?). No final da aula, passei a mão delicadamente no cabelo dela e soltei um "até a próxima" (posso ser tímido, mas sei jogar um charminho).

Foi assim que ficamos amigos. Começamos a sentar um ao lado do outro e, um dia, um colega em comum veio nos convidar pruma festa. Ela topou no ato, mas eu tinha uma outra festa em São Paulo e falei que não sabia direito se ia ou não.

Mais tarde, estava no barzinho da Química quando ela apareceu e veio me perguntar:

— Como é que é? Já decidiu se vai na festa?

— Não sei.

Foi então que ouvi daquela boquinha, suavemente:

— Ah, vai sim, eu queria muito que você fosse...

Que loucura, minhas pernas tremeram. "Será possível que ela tá 'afins' de mim?" Merda de timidez, ela fora muito mais direta do que eu. "Diz que vai, diz logo antes que ela retruque algo."

— Tá legal, então eu vou — falei engasgado.

— Que joia, você tem como ir?

— Eu pego um ônibus.

— Não, pode deixar que eu te pego.

Dei-lhe o endereço, combinamos um horário. Voltei pra casa animadíssimo. Tinha certeza de que um novo amor estava nascendo na minha vida. Tomei um belo banho, raspei a barba, passei um Três Brut debaixo do braço e até arrisquei na colônia do Otaviano. Vesti-me e fiquei contando os minutos até que o pessoal da república resolveu acender um (e agora, vou ou não vou chapado pressa festa?). Mas a buzinada já antes combinada pela Marina me fez mudar de ideia. Ouvi os cinco toques, uma pausa, outro toque mais longo, e tirei o "basy" da boca.

— Tchau, pessoal, até mais tarde.

Na porta da casa estava um Galaxy com a menina bem-arrumada.

— Nossa, que carrão...

— É do meu pai.

Fomos pra festa. Lá, soube um pouco mais da vida dela. Vinte e dois anos, morava com os pais, ia se formar em física. Percebi que, de uma certa maneira, estava me envolvendo com uma menina da burguesia tradicional campineira. Mas não estava nem aí.

Contei um pouco da minha vida: dezessete anos, paulista, já tinha morado no Rio e em Santos, "afins" de me formar em engenharia, mas não muito animado pra continuar. Filho de ex-deputado desaparecido nos aparelhos de repressão (pelo menos é assim que diz um cartaz da Anistia).

Bom, chega de papo furado. Passamos a falar amenidades, quando, num gesto de tremendo esforço físico e emocional, coloquei minha mão em seu ombro. Opa, ela aceitou. Até deu um risinho meio cúmplice. Mais amenidades e, finalmente, o gesto de confirmação de que éramos feitos um pro outro: peguei em sua mão e ela retribuiu, apertando delicadamente a minha.

Não nos beijamos até ela me levar de volta pra casa. Naquela lenga-lenga de "gostou-da-festa-é-estava-legal-
-mas-nem-prestei-muita-atenção-estava-preocupado-
-com-outra-coisa" (essa foi boa).

— Com quê? — ela perguntou.

Vixe, e agora? — dei de falar aquilo, então tinha que assumir.

— Com você — respondi totalmente sem graça. Foi aí que nos beijamos. Finalmente estávamos namorando, esse era o código, o beijo. Segunda-feira nos encontramos na sala de aula e sentamos juntinhos. No meio daquela chatice, eu peguei o caderno dela e escrevi convidando-a pra dar uma volta. Pegamos o seu Fusca e fomos pra Barão Geraldo. Que delícia, ficamos passeando a tarde inteira por essa bucólica cidadezinha, não faltando nem os beijos, abraços e carinhos. Ofereci-lhe flores, tal qual num anúncio de cigarros. Corremos, rolamos pela grama (que original) e nos beijamos. Ela me excitava horrores, abraçava-me bem forte. Fui mais ousado, passando as mãos em seus peitos, e ela aceitou numa ótima. Uma menina rara de encontrar, dessas que demonstram sentir muito prazer nas carícias de seu homem, não ficando naquelas de que parece uma coisa forçada.

Foi então que surgiu o papo de sexo. Falei das minhas experiências com prostitutas e algumas meninas, que nunca tinha namorado alguém que transasse (na minha geração, a maioria das garotas só transava depois dos dezoito). Ela era virgem e, o que era pior, tinha um namorado.

— Como?

— É, eu tenho um namorado que estuda a mesma coisa que você, só que ele está no último ano.

— Que saco, quer dizer que estou envolvido num triângulo amoroso?

— Mas e daí? Você não gosta de mim?

Realmente, eu estava gostando dela. Mas não pude deixar de ficar desanimado e bem enciumado, principalmente porque o cara era mais velho, ia se formar em breve. Provavelmente tinha carro, se sustentava sozinho. Eu estava no primeiro ano, ganhava uma mesadinha bem mixa da mamãe e nem tinha carta.

Perguntei se ela gostava de mim.

— Claro que sim, senão nem estaria com você agora.

— Mas de quem você gosta mais?

— Ah, não dá pra dizer. É tão diferente. Ele eu já conheço há quatro meses, e você, conheci agora. Você me balança bastante.

Essa eu nunca tinha ouvido: *balança*. É uma boa maneira pra dizer que se sente atração por alguém.

Ela começou a me falar do cara, que inclusive já tinham dormido na mesma cama, pelados. Só não soube me dizer por que ele não tinha transado, já que ela estava "afins". Seria pudor, ou o cara era bichoso?

No outro dia nos encontramos à noite e fomos jantar juntos.

— Mas eu não tenho dinheiro.

— Tudo bem, eu pago — ela disse.

Não ligo pra esse papo de que homem tem que pagar. Ela era mais rica do que eu, por que ficar regulando? Foi aí que decidimos pôr um fim naquilo antes que começássemos a nos envolver mais. Ela iria ficar com o outro carinha, mas fez questão de dizer que eu tinha sido um cara legal. Eu disse que gostava dela pacas.

— Antes mesmo de sairmos juntos, eu já te namorava em pensamento (o que era verdade).

Fim da história. Fui pra casa num tremendo baixo-astral, me tranquei no quarto, olhei pro espelho e chorei. Esperei todos saírem, fui pra sala, abri uma lata de cerveja e curti uma tremenda fossa ouvindo James Taylor cantar "You've got a friend".

Fui pra São Paulo e mudei totalmente de visual (sempre faço isso quando levo um pé na bunda). Cortei meu cabelo, deixei crescer um pouco o bigode e roubei uns óculos fracos da minha mãe pra, quando a encontrasse de novo, dar a impressão de um cara mais velho e sério.

De novo na sala de aula, sentei-me ao seu lado, ela riu da minha cara.

— Você ficava mais bonito antes.

A cada frase que ela falava, eu gostava mais dela. Eta mulher danada. Pegou meu caderno e escreveu:

"Briguei com o meu namorado
nem precisava ter feito essa cara de sério
e esses óculos ridículos.

Te adoro"

Uau, uau, samba lê-lê.
Tá com tudo, ô-lê-lê.

Marina, doce Marina, estávamos namorando. Marcamos uma viagem pra Ubatuba no fim de semana seguinte, pra comemorar.

Ela transou pra ir um casal de namorados, amigos dela, e fomos num Chevete apertado, com uma barraca grande no porta-malas.

Ficamos no banco de trás deitados, começavam a pintar as primeiras carícias, aquele delicioso começo de namoro. Ela dormia no meu colo, outras vezes era eu (dormia porra nenhuma, imaginem dormir naquele clima delicioso).

Chegamos e acampamos. Uma barraca ótima, com dois quartos separados. Deixamos nossas coisas no "nosso quarto" (que romântico) e fomos jantar num restaurante fino (o amigo dela também era rico). Nem consegui digerir direito a comida, de tão ansioso que estava pra entrar naquela barraca.

 Finalmente chegou a hora. Entramos juntos no nosso quarto de pano, estendemos os dois *sleeping-bags* e deitamos. Ela era virgem e, o que era pior, estava no período fértil. Por isso já havíamos combinado não fazer nada.

 Ainda de roupa nos abraçamos, fomos nos encostando melhor. Estava escuro, qualquer barulho seria ouvido pelo casal ao lado. Conversávamos baixinho, fomos nos excitando. Primeiro, tirei a camisa, depois ela. Que delícia um peito nu de encontro ao outro. Eu lambia aqueles seios durinhos, apertava com os dentes bem devagarzinho e ouvia um gemido de prazer, sentindo seu braço me apertando. Estávamos com as pernas entrelaçadas, quando ela começou a me apertar bastante e a mexer com os quadris. Cada vez me apertava mais, e eu, agora por cima dela, encostando bem forte meu pinto contra ela. De repente senti todo o seu corpo tremendo e uma força grande que ela fazia pra me abraçar. Havia gozado. Achei incrível a facilidade com que gozara e perguntei baixinho.

 Só ouvi um "hum-hum" afirmativo e um sorrisinho doce. Aproveitei e tirei a calça. Ela também tirou.

 Que tesão, podia sentir todo o corpo agora, uma pele suave, uns pelinhos bem-formados. Nos abraçamos de novo, e delicadamente fui pressionando meu pinto contra o clitóris dela. Senti aquela coisinha melada e fiquei mais excitado ainda. Na mesma rapidez com que gozara, também tinha se recomposto. Começamos a nos mexer, simulando um coito.

 Tava escuro, mas conseguia ver seu corpo debaixo do meu. Sem roupa, ela era muito mais linda. Abríamos bem a boca e jogávamos uma língua contra a outra.

Ela, de pernas bem abertas, roçava toda a região da vagina no meu pinto e, quando encostava no clitóris, espremia-o bem apertado entre as coxas. Não tinha clima para um coito. Era um negócio importante que tinha que ser feito com muita delicadeza, amor e respeito. A primeira vez de uma mulher é muito importante. Tem a relação dor e prazer. Só com um cara que ela gosta pacas e no qual tenha uma tremenda confiança poderá ficar à vontade. É um momento forte de libertação, um rompimento com os dogmas ensinados pela sociedade, desvinculação com a família, com a Igreja, que nós homens nem imaginamos como é duro. Também nem daria pra imaginar. De nós, homens, ao contrário das mulheres, sempre foi exigida uma potência sexual. Tínhamos que transar com prostitutas pra provar pros nossos coleguinhas que éramos machos. Nossos pais (o que não foi o meu caso) nos incentivavam a ter uma conversa de "homem pra homem", na qual era oferecido um dinheirinho ou uma secretária.

A mulher sempre aprendeu, desde a infância, que ter prazer e fazer sexo eram atributos das prostitutas, e que homem que se preza gosta mesmo é de casar com uma virgenzinha limpa. Deixar penetrar ou não aquele negócio duro dentro de seu corpo passa a ser uma opção entre ser uma vagabunda ou uma menina.

A mulher tem o dom de ser bem mais sensível, pra perceber que ela não é simplesmente um buraco, mas gente, e que tem cabeça também. É duro pruma mulher estar sem roupa e ter em cima de si um corpo que sempre foi proibido, e tentar associar aquela dor com o tal prazer do qual suas colegas sempre lhe falavam.

Fora o papo que, por um descuido, ela fica grávida, o que pro homem não faz a menor diferença.

Não era simplesmente ali, naquela barraca escura, desconfortável, que a Marina passaria um dos dias mais importantes de sua vida. E ela concordava.

Ficamos na bolinação até eu gozar em sua mão. Nos abraçamos fingindo estar dormindo, com sua mão fazendo carinho no meu cabelo, e eu de tempo em tempo beijando o seu ombro. Que lindo, estava consumada a nossa paixão, por mim eu entrava numa igreja e casava com ela. Ela aceitava o meu jeito meio pop e eu aceitava o seu jeito burguês. Nós nos entendíamos porque éramos opostos, e isso dava uma certa liberdade de opções. Ela sabia que eu dava uma bola, que eu queria ser músico, e não interferia. Eu sabia que ela curtia um restaurante fino, ou varar a noite numa boate, e tudo bem. Eu já havia sido até mais burguês do que ela, e transava perfeitamente bem essas situações.

Ainda em Ubatuba, nós fomos sozinhos dar uma volta na praia sob o sol nascente. De mãos dadas, íamos pelo desenho que as ondas faziam na areia. Ela desenhava um *te adoro* bem grande, enquanto eu sentava num tronco. Fumamos e bateu. Ela ficou meio encanada e não gostou. Mas, comigo ali, sentia-se segura. Tiramos a roupa e fomos nadar. Eu estava vivendo então uma coisa inédita na vida: um filme de amor.

Nunca até então tinha desejado que o mundo se acabasse e que somente nós sobrevivêssemos. Criar um castelo de areia, coroar Marina rainha do meu reino. Colocar uma coroa de conchas na sua cabeça, um colar de algas no pescoço, fazer um juramento de fidelidade ajoelhado sob os seus pés.

— Te amo.

* * *

Voltamos pra Campinas, e ela foi pra casa dos pais. Nos encontrávamos todos os dias e começamos a invadir o mundo um do outro. Ela conheceu meus amigos pops e sujos e gostou apenas do Cassy. Ela achava que era muito careta pra ficar em minha casa (realmente, àquela época estava um desbunde total, eu mesmo me espantava, às vezes, quando o Otaviano me beijava na boca, ou quando o Bira subia pelado numa árvore pra contemplar os pássaros).

Conheci a sua família e, com toda a minha educação Eunice Paiva, logo os conquistei. Seus amigos não foram nem um pouco com a minha cara. Íamos pruma boate chique e, enquanto dançava um *disco* com ela, paravam uns caras ao meu lado me examinando. Um dia ouvi um boyzão falar no seu ouvido:

— Quem é esse bebê?

Mandei o cara ir tomar no cu e quase fui linchado. Eu já estava querendo me identificar com Shakespeare, em *Romeu e Julieta*, quando começaram as rixas. Ela era altamente possessiva e ciumenta. Quando via alguma das minhas amiguinhas pop me beijar na boca, sumia. Tinha que ir pra casa dela, gastar uma noite inteira de explicações e, quando falava: "Tá bom, já que você não me quer, tchau", ela me abraçava e fazíamos as pazes.

Finalmente surgiu a possibilidade de transarmos. Até então, ela não podia dormir fora, por causa dos pais, não queria ir prum motel porque era constrangedor. Na minha casa não dava, por causa da multidão que sempre tinha lá. Mas eu saquei que ela tava precisando de um tempo pra assimilar melhor a ideia e me conhecer mais.

Todos em casa viajaram e fomos pra lá. Era começo de verão, e tava um dia lindo. A casa era amarela, o que a deixava toda iluminada e limpa. Coloquei o "You've got a friend", abrimos uma garrafa de vinho e brindamos como sempre tínhamos visto nos filmes. O que seria de nós sem os filminhos românticos de Hollywood?

Dançamos com taças de vinho, nos beijávamos a todo momento. Carreguei-a no colo até o meu quarto (que originalidade...) e, depois de ter juntado todas as almofadas da casa sobre o meu colchão e o do Cassy, fechamos a porta, acendemos um abajur e nos abraçamos, sem roupa.

Ela iria ficar menstruada dentro de uns dias, então não tínhamos mais nenhum empecilho. Estávamos livres, enfim, pra fazer amor. Ela abriu bem as pernas, e pude ver com clareza aquela penugem aloirada e os lábios vaginais bem rosa. Primeiro, fui beijando-a de cima até embaixo, e, quando cheguei no clitóris, senti um gemido e, imediatamente, ela ficou tensa. Respirava fundo, enquanto eu lambia, beijava, mordia devagarzinho. Com a mão na minha cabeça, ela apertava minha cara sobre sua vagina até que ouvi, bem calmamente:

— Vem até aqui.

E fui, nos beijamos, e encostei a cabeça do meu pinto na vagina dela. Com as pernas bem abertas, ela ia empurrando meu quadril, me ajudando na penetração. Aos poucos, fui forçando, sempre seguido de um gemido incômodo, mas com um suspiro de prazer. A vontade de penetrar me fazia forçar mais e mais. Eu olhava bem a posição e via a cara de tesão dela.

Ela abriu os olhos e nos encontramos num olhar profundo, amigo, amante, cúmplice: "Vai fundo".

— Eu te amo — ela me disse. Primeira vez que uma mulher me disse "eu te amo". Aquilo me emocionou, agora sim eu iria fundo, eu iria possuir você, menina, colar meu corpo no seu, ser um só com você. Lágrimas escorreram por nossos olhos.

Agora sim, senti um repuxão nas suas pernas. Ela deu um pulo e me olhou assustada. Uma coisa quente escorria entre suas pernas e uma carne macia envolvia a cabeça do meu pinto. Ela me olhou e abriu um sorriso.
— Tudo bem? — perguntei.
— Pode ir.
— Se doer, avisa, tá?
— Tá — respondeu suspirando.

Comecei devagar a forçar os quadris, e, a cada entrada, ela dava um pulinho e uma relaxada, um pulinho e uma relaxada. Aos poucos, eu sentia que entrava mais, e o pulinho e a relaxada eram maiores. Senti que, se continuasse naquele ritmo, ia gozar. E eu queria gozar. Falei baixinho pra ela que estava começando a sentir que ia gozar, e ela disse que também ia. Aquilo me excitou mais ainda. Tinha necessidade de forçar o ritmo, e ela gemia mais forte. Não estava doendo, senão teria me dito. Agarrei bem forte seu quadril e, olhando pra cara dela, penetrei, entrei, colei, ela começou a tremer, as pernas grudavam nas minhas, apertou-me as costas, eu comecei a tremer, estava suando horrores, não prestava mais atenção na dor dela. Os dois tremamos. Estávamos tendo um orgasmo juntos.

Não tive força pra me desgrudar dela. Nossos corpos estavam melados. Não tirei o pinto de dentro dela. Aos poucos, amoleceu. Ela se desgrudou de mim, acendeu um Minister e deitou em cima de mim, felicíssima.
— Gostou? — perguntei.
— Um tesão — falou isso rindo. Fumamos o cigarro, curtindo um o corpo do outro, naquele quarto aromatizado por um orgasmo. Cheiro de esperma, de lubrificante e de amor.

Foi lindo. Ou melhor: foi maravilhoso. Nunca tinha me sentido assim em toda a minha vida, a metade de um compromisso. Eu estava nu com a pessoa que mais me conhecia naquele momento e com quem mais eu era sincero, verdadeiro.

Ela me protegia e ao mesmo tempo me dava forças pra eu ser mais eu. Minha cabeça cheia de dúvidas existencialistas tinha sido jogada no mar em Ubatuba. Era um novo Marcelo que estava nascendo, um Marcelo mais homem e mais seguro de si, por saber que foi capaz de ser amado por alguém e...

— Também te amo — consegui dizer a ela, sem engasgar. Sincero.

Seis meses depois acabou tudo. Não deu certo. Perdi meu lado racional, seguro e maduro (isso era o que ela significava pra mim). Marina perdeu seu lado louco, livre e inseguro. Ela queria no fundo um homem que a protegesse, um pai e amante, um machista, enfim. E isso eu não era, muito pelo contrário, sempre incentivava a independência das pessoas. Não a afetiva, mas a de tomar decisões, de construir um mundo sem relações de posse. Era fase minha, eu tava há um ano fora de casa, descobrindo um mundo novo no qual eu era dono da minha própria cabeça (exceto pela mesadinha da mamãe).

Um dia, bêbados, eu lhe disse que nunca me casaria com ela, tamanho o ciúme e posse que ela sentia por mim e que, às vezes, me castrava. Isso a chocou horrores e a fez tomar consciência de que eu era na realidade um criançāo desbundado.

Já estava estudando no prédio da engenharia e raramente cruzava com ela. Em Campinas, não fui mais pras suas boates e seus restaurantes finos. Não mais voltei a comer aquele cachorro-quente com purê de batatas no parque Taquaral. Por coincidência, tinha mudado de casa. No dia de seu aniversário, mandei-lhe flores e um cartão bonito. Ela nem respondeu. Fui algumas vezes visitar sua família, que estava amicíssima minha, mas ela me recebia friamente.

Na Unicamp, nos cumprimentávamos como dois desconhecidos. Quando eu dava show e via que ela estava assistindo, tinha vontade de me esconder. Ela tinha conseguido me fazer seu admirador, mas agora estava destruindo tudo isso. Ficava muito triste. Um dia ela me pegou pelo braço e falou assustada:

— Preciso falar urgentemente com você.

Nossa, o que será? Fomos pro barzinho da física, sentamos na última mesa, e ouvi de sua boca que tinha uns carinhas da engenharia (um amigo dela contou) que, quando ela passava, diziam entre eles: "Essa aí é a maior piranha". E ela me perguntava se, por acaso, eu tinha espalhado que nós havíamos transado.

Fiquei chocado e puto, ela conseguira me fazer achá-la uma babaca idiota. Respondi o seguinte:

— Todos os homens machistas e idiotas ficam falando isso das menininhas, que é uma piranha, já deu pra todos os alunos etc. O seu problema é que você se importa demais com o que os outros dizem. Por acaso você se arrependeu, por acaso você está se sentindo uma piranha? Por acaso você se preocupa com o fato de não ser mais virgem? Ora, então vai num médico e pede pra ele costurar você de novo.

Me levantei e fui embora. Não adianta, Marina, por mais que você queira, nunca vou te esquecer. Naqueles meses você foi linda, depois foi outra pessoa que não conheço, nem quero conhecer.

Muito tempo depois, escrevi-lhe uma linda carta e ela respondeu com outra mais bonita ainda, mas nunca mais nos falamos, exceto pelo bilhete que ela deixou debaixo da porta, enquanto eu e a Stella tomávamos sol na piscina de meio metro de fundura no edifício da Eugênio de Lima, em São Paulo. Nesse mundo fodido de coisas ótimas e de coisas péssimas, ela foi a única que disse "te amo".

As dúvidas continuavam, realmente eu estava precisando saber em detalhes o que significava essa perna mexendo. Não fazia força e só sentia um puxão por dentro, mas repentinamente ela dobrava. Será algum sintoma? É bom ou é ruim? Osório não dizia nada claramente, mas dava pra perceber, pela cara dele, que era uma coisa boa. A família estava entusiasmada. "Pode não ser um movimento proposital, mas ela mexe", diziam. Eu simplesmente ficava na dúvida.

Finalmente minha mãe tomou uma decisão sábia. Chamou um médico neurologista à parte da equipe do Mangueira. Era vizinho da amiga-do-cunhado-do-tio-da-prima-de-minha-avó, enfim, uma pessoa bem recomendada...

Oito horas da noite, com toda a família reunida, chega a peça. Um italianão de um metro e oitenta e um nariz de meter medo. A cara do Lando Buzzanca, e parlava, parlava, um bom papo.

Abriu a maletinha, fez os testes da agulha.

— Sente aqui?

— Sinto.

— De zero a dez, quanto você sente?

— Dez.

— E aqui?
— Dez.
— Aqui?
— Ummm... oito.
— Aqui?
— Cinco.

Mas, de repente, na altura dos meus mamilos, a sensibilidade ficava a zero. Era como se meu corpo acabasse ali. Daria perfeitamente pra desenhar uma linha limítrofe separando onde eu sentia de onde eu não sentia.

Veio o famoso teste do martelinho no joelho.

Pimba!

Plunque, a perna levantava. Bom, o reflexo do joelho estava em ordem.

— É bom isso, doutor?
— Não dá pra dizer muita coisa, mas é bom.

Veio a explicação do que tanto agoniava a gente. Estava tendo contrações involuntárias na perna. Assim como, batendo no joelho, a perna levantava. Essas contrações tinham o mesmo sentido.

— Mas isso é bom, doutor?
— Não se pode dizer muito.

Iiiihh, que saco, ninguém explica nada direito. É um tal de "quem sabe?" ou "não se pode dizer". Está na cara que esses médicos não queriam se arriscar a dar um prognóstico exato: vou andar ou não? Quando?

Será que realmente existem pessoas que tiveram o mesmo que eu e que andam de cadeira de rodas? O Bunds falou que encontrou um dia um cara na USP que andava com duas muletas. Ele mergulhara num rio e quebrara a mesma vértebra que eu. Em oito meses estava de pé.

Eu precisava encontrar esse cara, saber o que ele tinha feito, onde, como. Já soube por aí que existem dois centros de reabilitação bons em São Paulo. Um, na Santa Casa, e outro, na BBB, onde inclusive a Veroca tinha transado uma psicóloga pra mim.

Estava louco pra conhecer esses lugares, e, principalmente, os pacientes. Ver como e o que era o tratamento, e se eles me curariam ou não. Na minha vida inteira nunca conheci ninguém de cadeira de rodas ou de muletas. Aliás, sempre tive um certo receio, e fugia das pessoas deficientes. Ficava com pena e tinha vergonha de me aproximar. Em 78 passei o Réveillon no sítio do Otaviano, em São João da Boa Vista. Havia um cego com a gente. Eu não conseguia conversar com ele, ficava só de longe, imaginando o que ele poderia estar pensando, o que ele fazia da vida dele. Mas, no último dia, não resisti. Fiz uma poesia e li pra ele. Falava sobre a vista de São João da Boa Vista prum cara que não vê. Fiquei morrendo de medo que o carinha não gostasse, mas, diante do seu sorriso, aliviei e me senti um pouco útil.

Às vezes passava um filme sobre alguma bailarina que sofria um acidente e tinha que andar de cadeira de rodas. Outro filme, bem famoso, com a Jane Fonda e o Jon Voight, era sobre um americano que fica paralítico no Vietnã. Chamava-se *Amargo regresso* e tinha ganhado uma porrada de Oscars. Mas não o vira, exatamente para não sentir aquela coisa estranha que sentia quando via um deficiente físico.

Minhas irmãs falam muito desse filme, inclusive fazem questão de dizer que o carinha era um tesão, e que teve uma cena de trepada, linda, entre ele e a Jane Fonda. Mas eu sabia que elas falavam isso mais pra me confortar do que pela beleza do filme (ou não? Sei lá).

Deitado na cama, virava o rosto e ficava olhando praquela cadeira de rodas alugada. Será... Não, não pode ser, afinal eu não fui pro Vietnã, simplesmente mergulhei num laguinho de meio metro de fundura.

Finalmente chegara o dia em que começaria a terapia. Dez da manhã, estava ansioso pra chegar a hora. Ela viria às cinco da tarde. Chamava-se Eli e, além de trabalhar na BBB, era assistente direta de um psicólogo da PUC, chamado Sandor, que fez um monte de teorias de relaxamento pra deficientes do pós-guerra na Alemanha. Um cara quente que a Veroca descobriu por aí.
Pra passar o tempo, fui tomar sol lá embaixo, e, quando acabou, subi pra pegar o resto da minha bola de fogo. Já tinha completo domínio do que dizia respeito à minha fotossíntese. Até uma e meia, sol na piscina. Depois, abria a janela do quarto da Big e ia até as duas. No quarto da Nalu, até as quatro ainda tomava sol no rosto.
Tá-rá-tá-tá-tá-táa. Cinco horas. Blim blom.
— Como é que está, tudo bem? — disse-me a psicóloga.
— É, vai-se indo.
Nos apresentamos e ficamos papeando furadamente na sala. Disse-me que tratava de gente com casos de deficiência há um bom tempo, mas que as sessões precisavam ser num quarto, deitado.
— Tipo divã? — perguntei ironicamente.
— Não, é que a gente faz um relaxamento depois. Precisa ser num quarto escuro, e você tem que estar bem confortável.
— Tá legal.
A Stella nos levou pro quarto. Com a ajuda da Vècchia e da psicóloga, me puseram na cama. Tiraram

o colete, arrumaram direitinho a garrafinha de xixi e me deixaram a sós com aquela figura magra, bem alta, com dois olhos lindamente azuis. Era calma, segura. Sentou na poltrona e falou com muita simpatia.

— E aí, moço? Fala um pouco da sua vida pra mim.

Chocante, falei uma hora seguida. Meu passado, a molecagem carioca, o músico unicampista, sexo, drogas, emoção. Às vezes, fazia uma pausa, e ela só falava:

— Explique melhor isso aí.

Desandava a falar de novo. Um tremendo tagarela. Não quis fazer nenhum tipo e muito menos menti. Fui sincero, falei o que achava de mim mesmo, que me considerava um cara inseguro, mas cheio de vida. Encanado com algumas coisas, mas não sofria por isso.

— E agora, Marcelo, como é que você acha que vai ser?

— Ah, eu vou sair dessa fácil. Foi um acidente bobo e eu tenho uma cabeça boa. Pode ser que eu precise andar com uma bengala, mas tudo bem, é até charmoso, não é?

Ela não riu, nem retrucou, apenas continuou me olhando.

Uma hora passou rapidíssimo. Tinha mais um monte de coisa pra contar, mas respeitei a coitada da moça, que morava em Guarulhos e tinha que pegar uns trinta quilômetros congestionados da Dutra.

Gostei dessa mulher principalmente por ela não ser uma típica psicóloga pop de esquerda. Ela era neutra.

* * *

Tive um sonho tesudo essa noite. Tesudo mas encucante. Mais uma vez a personagem principal foi a Lídia Brondi (que fixação...). Estávamos numa casa cheia de corredores e portas, quando a convidei para sair de lá. Entramos numa Kombi e, enquanto eu guiava, ela ia fazendo carinho em mim, me abraçando, me beijando, até me excitar. Com uma mão no volante, ia dirigindo, com a outra, a acariciava. Ela subia sobre mim até encostar sua bunda no meu pinto. Quando tirei a sua camisa e fui beijar seus seios, os mamilos dela eram verde fosforescentes, uma delícia. De repente, outro carro começou a nos perseguir, sei lá por quê. Partimos em velocidade, nus, com ela no meu colo. O sonho tornou-se um filme de câmera rápida. Foi quando me dividi em dois, cada um guiando uma Kombi. Um era ágil e, com Lídia no colo, escapava facilmente dos perseguidores. O outro tinha dificuldade pra dirigir, e os caras estavam colados em mim. Aí, a única solução foi me atirar contra eles causando uma enorme explosão. O Marcelo da Lídia viu a explosão e ficou com dó do outro Marcelo.

Eu levo muito a sério esses sonhos que tenho. Principalmente se tem uma Lídia Brondi no pedaço. Estranho me dividir em dois. Um escapava com facilidade do perigo, enquanto o outro, com dificuldade, prefere se atirar e acabar com aquela agonia. Será que no fundo eu não estou fugindo de um problema sério? E essa cadeira de rodas aqui ao meu lado não representa nada? Todo dia, quando sento, vou pra sala e prefiro ficar na poltrona. Não é uma desculpa dizer que ela é mais confortável? Por que, no cinema, eu não vejo o filme sentado na cadeira de rodas, e, na festa do Mateus, a primeira coisa que fiz foi pedir pra me sentarem numa poltroninha?

Eu, hein? Alguma coisa está errada.

O ano seguinte iria ser o Ano Internacional do Deficiente Físico (1981), e, num domingo, o *Fantástico* mostrou uma grande reportagem sobre deficientes. Rapazes apostando corridas de cadeiras de rodas, moças cegas tricotando com agilidade, todos sempre com um sorriso esquisito no rosto. Do que esses caras estão rindo? Devem levar uma vida bem fodidinha pra ficar rindo à toa. Num certo momento, apareciam paraplégicos (que palavra horrorosa) trabalhando, andando pela cidade. É, realmente existe gente que usa cadeira de rodas, não sou o único.

Essa reportagem deu um gelo na minha até então certeza de que iria sair desta. Dizia que existem perto de dez milhões de deficientes só no Brasil. Uau, quanta gente. Será que não acabarei fazendo parte dessa estatística? É, Marcelo, o negócio é sério.

No dia seguinte, fui até o quarto da minha mãe procurar uns livros que ela tinha comprado sobre problemas de lesão de coluna. Ela não me mostrava, mas também não tinha escondido. Estavam bem à minha vista. Fiquei na mesa da sala com um livro americano na minha frente. Respirei fundo e tomei coragem, apesar de não entender muito bem inglês. O título era: *The Total Care of Spinal Cord Injuries*. Não se fala em medula, que em inglês deve ser *medulst* (nossa, que chute!). Mas esse *spinal cord* lembra uma corda da espinha, portanto é o meu caso.

Já no primeiro capítulo mostra-se uma estatística assustadora: nos Estados Unidos há 10 mil acidentados por ano que resultam em paralisia por lesão de medula. Calcula-se que há duzentos mil paraplégicos vivendo lá, dos quais setenta por cento por acidente de carro ou esporte. Os outros trinta por cento são mergulhos em piscinas sem profundidade.

Que chocante, então meu caso é muito comum nos Estados Unidos, ou no mundo inteiro. Mas como, se nunca ouvi falar disso? Nunca conheci nenhum outro rapaz que tivesse também feito um mergulho infeliz. Nunca ouvi de nenhum médico para tomar cuidado ao mergulhar de cabeça numa piscina. Que coisa... Na página seguinte havia um desenho mostrando a maneira certa de se transportar um acidentado. Devia deixar o cara na horizontal, de preferência em cima de uma tábua, fazendo o possível pra não levantar a cabeça: lembrei de que logo que saí do lago, pedi pras pessoas me porem em pé. Elas me puseram. Um a zero pro destino.

A coluna é basicamente dividida em três partes. A cervical (região do pescoço), a torácica e a lombar. Na cervical, existem oito vértebras, que são enumeradas de cima para baixo: C_1, C_2, ... C_8. Se o cara lesar da C_1 à C_3, pode-se considerá-lo morto. Se lesar a C_4, ele só mexerá o pescoço. Lesando a C_5, terá movimento do deltoide (ombro), bíceps e braquiorradial. A C_6 já faz com que o cara estenda o punho também. Daí já me fez perceber que, apesar de ter quebrado a quinta cervical, posso considerar-me no nível C_6. Engraçado que havia uns desenhos mostrando cada tipo de movimento, e eram iguaizinhos aos meus (minha mãe poderia ter comprado este desgraçado antes de eu mergulhar naquele lago).

Percebi que, se abaixasse o nível da minha movimentação para C_7, ganharia o tríceps (parte traseira do bíceps) e os extensores dos dedos. C_8 ligaria os flexores dos dedos.

As lesões de nível torácico para baixo (T_1, T_2... até L_1, L_2...) mantêm intactos os movimentos dos braços e das mãos. Foi aí que soube que minha nova classificação social era ainda mais feia do que a que os médicos me chamavam. Quem mexe os braços e tem lesão de medula que afeta as pernas é chamado de *paraplégico*. Se afetar também os braços e as mãos (lesão na cervical), é chamado (pasmem) *tetraplégico*. Que horror, sou um *tetraplégico*. Preferia que me chamassem de Drácula.

Nas páginas seguintes, saquei as limitações e o potencial de reabilitação dos "tetra" ... (recuso-me a dizer este nome):

Acima de C4 (dependência na respiração) — *guia cadeira de rodas elétrica equipada com respiradores portáteis com controle de sopro.*

C4 — *guia cadeira de rodas elétrica com controle de sopro. Manipula objetos pequenos com* mouth-stick.

C5 — *guia cadeira de rodas elétrica com controle manual. Manipula objetos pequenos.*

C6 — *empurra cadeira de rodas. Transfere-se da cadeira e para a cadeira. Guia carros adaptados e se veste sozinho.*

C7 — *vive independentemente.*

Em seguida, vinham algumas fotos dos casos. Na foto do C4, aparecia um neguinho numa cadeira de rodas, cheio de tubos de respiração na garganta (devia estar com traqueotomia), batendo à máquina com um pauzinho na boca. O C5 estava sendo ajudado a sair da cama por uma mulher, segurando um trapézio dependurado. O C6 saía da cama sozinho e o C7 saía do carro. O que me chocou mesmo é que nas fotos havia uma tarja preta nos olhos dos quatro, como em fotos de bandidos. Que é isso? Por que não se podem reconhecer esses caras? Quer dizer que eles são anormais pra taparem os olhos? Ora bolas...

Foi bom ter visto este livro, sinal de que a medicina realmente estuda problemas desse tipo. Se não arrumaram nenhuma injeção para me curar, pelo menos me classificaram. Porém, depois de ler esses trecos, mudou um pouco a forma de encarar o problema. Não deveria lutar apenas pra sair andando, mas me preocupar basicamente com minha independência. A reabilitação viria aos pouquinhos (as tais etapas de que minha mãe tanto fala): primeiro, preocupar-me em fortalecer o braço, pra empurrar a cadeira de rodas, sair da cama sozinho, vestir-me sozinho, guiar um carro adaptado, andar com aparelhos ortopédicos e, enfim, com muletas. É óbvio que só vou conseguir isso depois de consolidar a vértebra e ficar livre deste colete de ferros no pescoço. Como chegar até lá? Simples: fazendo muita fisioterapia num centro de reabilitação. Só isso?

Só isso?
Essa pergunta estava me perturbando.
Lembrei-me de que fazia terapia com uma psicóloga, então por que não chateá-la um pouco? Realmente, assim que aquela figura magra de olhos claros sentou-se na poltrona colorida, falou o simpático:

— E aí, moço, quais são as últimas?

E ouviu atenta meu desabafo. Incrível, não sei se Freud explica, mas esses sessenta minutos são os momentos mais lúcidos que tenho. Fico verdadeiro, disposto a me descobrir e a sacar o que realmente está acontecendo. Imaginava-me de muletas, andando com aqueles aparelhos ortopédicos, de certa maneira conformando-me com aquele estado. Tentava encarar com objetividade, pensar no futuro, descobrir o que fazer. Como bom neto de italianos, parlava, parlava, sempre olhando prum desenho que a Nana tinha feito pra mim (e pendurado estrategicamente em cima da cama). A magricela não falava. Às vezes, quando eu ficava quieto, ela dizia, interessada:

— Explique melhor isso aí.

— Ah, sua safada, me pegou no ponto fraco.

Eu tinha que fazer o maior esforço pra tentar explicar uma coisa de que nem tinha certeza. Era um esforço incrível. Cansava. Mas, quase no final da sessão, vinha a recompensa: um delicioso relaxamento reichiano, junguiano, sei lá o quê.

Apagava a luz, reclinava a cama. Silêncio total no quarto. A Eliana esfregava as mãos, tirava as minhas meias e cutucava meu pé. Uma espécie de do-in que ela chamava de *calotomia*. Pegar os pontos de tensão do corpo que refletem na planta do pé, massageá-los para relaxar ou sei lá o quê. Eu não sentia os dedos dela, mas vinham lá debaixo uns choques esquisitos e, realmente, sentia-me relaxado. Depois, ela sentava de novo na poltrona e ia me orientando:

— Respire fundo, tente relaxar ao máximo. Sinta agora o sangue fluindo pelo seu pé, finja que ele é a única parte do corpo. Sinta-o inchar e desinchar de acordo com sua respiração. Agora a perna...

Assim ia até a cabeça, só que, geralmente quando atingia o tórax, eu dormia. Era uma delícia, realmente um relaxamento que relaxava relaxicamente. Depois ela me acordava e perguntava se nessa dormidinha eu tinha sonhado ou pensado em algo. Geralmente eu tinha sonhado, mas sempre achava besteira dizer. Ela ia fundo:

— Explique melhor isso aí.

Sempre tinha a ver. O mais impressionante foi um sonho que tinha tudo a ver com a minha maneira de encarar a vida. Eu estava com alguns amigos andando de trem, quando, ao nos aproximarmos de São Paulo, descemos antes. Havia duas maneiras de ir até a cidade. A primeira, pelo próprio trilho do trem, onde estava escuro. A segunda, pelos esgotos, onde estava claro, mas tinha um monte de portas. Escolhi e convenci a minha turminha a ir pelo esgoto, por ser mais emocionante. Mas no meio do caminho tivemos que parar: havia uma porta emperrada, e não sabíamos se por trás dela tinha água.

Isso é típico em mim. Sempre escolho aquilo que possa trazer experiências novas, apesar do perigo. O trilho é o estereótipo da coisa correta, sempre reta, segura. Na minha vida, nunca andei no lado certo, infelizmente, e acho que é meio por isso que estou assim. Sempre me atirei de cabeça nas coisas, nunca achando que algo de mau fosse acontecer. Sempre me achei forte o suficiente pra arcar com as consequências. Nunca tive medo da polícia, muito menos de bandido. Nunca tive medo de pegar onda nas maiores ressacas de Ubatuba.

Mas agora estou morrendo de medo do que possa acontecer.

Mais uma vez, a Globo não me deixa pra trás. Agora foi um tremendo *Globo Repórter*, uma hora seguida sobre deficientes físicos, uma espécie de prefácio para o Ano Internacional do Deficiente. Apareceram os problemas que a medicina enfrenta com as lesões de medula, a parte mais atrasada na ciência médica (logo qual...). Problemas com a reabilitação física: poucos centros, pouca gente especializada, aparelhos caros (uma perna mecânica custa o mesmo preço de um Fusca zero-quilômetro, e uma cadeira de rodas dá perfeitamente pra comprar um carro usado).

As famosas e imbecis barreiras arquitetônicas (nunca vi uma sociedade gostar tanto de escadas como a nossa).

Mais uma vez me dava aquele arrepio na barriga ao ver os neguinhos de cadeira de rodas. Pedi pra Big apagar a televisão, tentei dormir. Não conseguia, aquelas imagens das cadeiras de rodas ficavam grudadas na minha cabeça. Não sei se terei cabeça pra viver daquele jeito. E meu violãozinho, ia ficar meio ridículo subir num palco de cadeira de rodas, as pessoas iriam olhar muito mais pras minhas pernas do que pra minha música. E meu ladinho ecológico? Porra, como é que eu vou examinar um pasto? E se um touro sair correndo atrás de mim e a cadeira atolar naquele bosteiro total. Que puta bostação. Lembrei-me do Stevie Wonder, que, mesmo cego, toca todos os instrumentos. Poderia comprar um piano, ficar o dia todo tocando. E mulheres? É, mas teve aquele filme... Quem sabe não vai pintar uma gatona que adora transar com neguinhos de cadeira de rodas? O silêncio tomava conta do quarto, só o barulho do sinal mudando do verde pro vermelho. Vez em quando passava um carro. Que delícia poder sair à noite de carro e andar por São Paulo. Quantas noites de insônia eu descia até a garagem e saía por aí (na época em que a gasolina era barata). Às vezes ia até o apartamento do Richard e, se a luz estivesse acesa, eu subia (outro exímio sofredor de insônias).

Mais um carro voou pela Eugênio de Lima. Esse deve estar com pressa, ou brigou com a namorada. Que merda, o que vai ser de mim? Por que não entro numa máquina do tempo e recuo até um momento antes de dar aquele salto infeliz? Por que isso só acontece comigo?

Acordei com a porta abrindo. Stella trazia o café na bandeja. Que saco, eu estava odiando essa mulher, esse seu sorrisinho cínico e a sua vontade de ser minha amiga. Falsa, ridícula. Pedi pra ela abrir a janela, e, puta que o pariu, estava um dia horroroso. Todo nublado, cinzento, desses típicos dias de inverno paulista. Um inferno. Que saco essa mulher. Ela ia me dando o pão na boca com aquela competência nojenta e aquela mão boba. Não conseguia comer, estava com uma tremenda alergia. Ela me deu antialérgico e deixou o vidro em cima da mesa. Fiquei olhando praquilo e pedi pra ela sair do quarto, pois queria dormir mais.

O monstro saiu. O vidro estava cheio. Estiquei com toda a força o braço e o alcancei. Peguei-o com as duas mãos e trouxe até a boca. Não tive dúvida. Virei todo o vidro. Ele ia fazer efeito. Era forte pacas. Sempre que tomava um, eu dormia na maior. Um vidro todo, iria dormir para sempre.

Ah, que delícia. Adeus para tudo isso. Chega, não aguento mais, já vivi muita coisa boa, agora quero sossego. Vou encontrar meu pai, fazer uns passeios. Nunca senti um alívio tão grande, espero que essa imbecil da Stella não entre aqui agora. Tchau, moçadinha, pra mim já basta.

Era de manhã e a Nana trazia o café na bandeja. Ah, gracinha, que delícia que você veio, largou a Unicamp porque tava com saudade. Você não imagina como eu precisava desse seu olhinho verde. Ela abriu a janela e tava um puta sol. Convidou-me pra tomar o café da manhã na piscina. Não tive dúvidas. Chamamos a imbecil da Stella. Puseram-me o colete, me sentaram, e lá fui eu sem camisa e com a Nana tomar meu suquinho de laranja e um pãozinho com queijo de Minas.

Pedi pra ela me abraçar bem forte e me dar cinco mil beijos na boca. Ah, Nana, como você faz bem pra mim. Ela falou que à noite vinha a turminha de Campinas pra ir ver um puta filme que estava passando num autocine, eu nem precisaria sair do carro. Que joia, puta programão. O filme chamava-se *Zabriskie point*, a música era do Pink Floyd e tava censurado há um tempão.

Ficamos tomando o solzinho e a Nanoca me atualizando nas fofocas da turminha. Fiquei morrendo de saudade da Unicamp e fiz uma promessa: com ou sem cadeira de rodas voltaria pra lá morando com a Nana, Cassy e Gorda. Não seria nada difícil. É isso aí, ainda tem muita coisa boa pra se fazer.

Foi a Nana quem me acordou aquele dia, claro, senão você não estaria lendo isso.

Num carro, íamos eu, a Gorda e Nana. Noutro, ia outra turma. O cinema era longe pacas, lá na Penha, no final da marginal do Tietê. Antes de chegarmos, rolou um. Fiquei meio em dúvida, mas tudo bem. Era um dia joia e tava com gente mais joia ainda. Fumei e fiquei bobão. Olhava pro rio poluído e cagava de rir. Sei lá do quê, apenas ria.

O cinema era uma tremenda abobrinha. Autocine Chaparral, todo no estilo Velho Oeste. As mocinhas garçonetes vestidas de chapéu, roupa de couro e até revólver de brinquedo na cintura. O filme: um tesãããoo. Um dos melhores filmes que vi em minha vida. Uma tremenda história de amor alucinógeno.

Voltando pra casa, tinha uma multidão me esperando. Era sexta-feira e o ponto de encontro pra se partir pras festinhas tinha virado o meu quarto. Entre as pessoas estava a Marcinha, a loirinha que era minha namorada, e estava viajando, e não era namorada, transa, amizade colorida, sei lá.

A loirinha Marcinha começou a vir bastante em casa. Ela estudava de manhã na PUC (sociologia), à tarde trabalhava numa lojinha da Augusta e, como morava a duas quadras daqui, jantava e ficava até eu dormir. Vinha por causa da Big, dos meus amiguinhos e, claro, por minha causa. A gente trocava altos livros. Adoro mulheres que leem muito, e ela é uma dessas. Quando menina, achava-se feia, quase nunca tinha namorado, então lia adoidado. Hoje em dia, apesar do fã-clube, continua lendo. Dei pra ela ler o *Apanhador no campo de centeio*, que achava a cara dela, mas ela não gostou.

Um dia, ela ficou me olhando, passando a mão na minha cabeça e me deu um beijo. Colocou a boca, foi abrindo devagarinho e deixou eu pôr a língua. Sutilmente ela também me lambia. O beijo demorou e foi uma delícia. Não entendi. Voltamos a namorar? Ou foi só demonstração de carinho? Muita gente tinha carinho por mim, mas ninguém me beijava assim. O que essa gracinha vai querer com um fenômeno de vitalidade física como eu? Sei lá. Também não fiquei muito encanado, mas seria joia namorar essa loirinha.

E foi o que aconteceu. De tarde eu ligava pro trampo dela e ficávamos titiricando pelo telefone. À noite, ela vinha me ver. Como não sou bobo nem nada, vestia o melhor pijama, ia pra sala, sentava na poltrona mais larga, punha um livro no colo e fingia estar lendo. De repente a porta se abria, eu ouvia aqueles passinhos apressados e sentia a sua mãozinha gelada me abraçando.

— Oi, gracinha.

Ela tinha uma voz afônica, meio rouca, e a coisa que mais gosto numa mulher é quando ela tem a voz rouca. Pode ser gordinha, baixinha e espinhuda, mas tendo a voz rouca fico apaixonado. Brincava com a Marcinha dizendo que namorava suas cordas vocais.

No começo surgiram pequenos problemas práticos: como abraçar? Quando eu estava sentado na cadeira de rodas, era péssimo. Pra me dar um beijo, tadinha, se contorcia toda. Na poltrona da sala era joia. Sentava no meu colo e ficávamos a noite toda papeando e nos beijando. Com meus bracinhos fracos eu abraçava, brincava com os peitinhos dela e passava as mãos nas pernas o tempo todo. Na cama, era complicado. Essas camas de hospital têm que ser altas pra facilitar quem cuida dos doentes (dar banho, fazer curativo, essas coisas). Pra me beijar, ela tinha de ficar na ponta dos pés. Deitar na cama era impossível, eu ocupava todo o espaço, e, por causa do pescoço, não podia ficar de lado. Mas a gente se virava. Ela punha um banquinho e, com a metade do corpo pra fora, agarrava-se em mim.

Sexo? Não, não tinha. Não dava, deitado eu não conseguia erguer minhas costas nem um milímetro. Ficava lá mortão, com aquela borracha no meu pinto. Mas tinha horas que o estado de excitação nos matava. Eu punha a mão na vagina dela e massageava até sentir aquela tremedeira. Ela só me beijava, e, quanto mais eu massageava, mais sua boca ficava mole, gostosa. Respirava forte, gemia, suava. Era tesão. E a gente sabia que era só esperar, deixar a bexiga funcionar direito, tirar a sonda, consolidar minha vértebra e ficar mais forte, que nos amaríamos melhor.

Era um doce. Sábado, quando todos saíam pra ir nas tradicionais festinhas, ficávamos a sós. Falava pra ela sair, mas, pra minha alegria, preferia ficar comigo. Na cama, ligávamos meu gravador supersônico e, com a luz apagada, amávamos do nosso jeito. Quando ficava tarde, ela me deitava melhor, arrumava o pijama, punha um cobertor e me beijava.

— Tchau, gracinha.

Aí começava meu desespero. Já sou ciumento por natureza, mas, nesse estado em que estava, era pior. Eu a imaginava saindo do prédio, andando pela calçada, quando parava ao seu lado um garotão bonito, de moto, e dizia:

— Como é que num sábado à noite você está sozinha?

— É que meu namorado não pode sair.

— Então por que é que a gente não dá um passeio? Vamos a um bar, a gente bebe, ouve música romântica, dançamos coladinho, depois levo você até minha casa. Você deita na minha cama, eu tiro a sua roupa e a gente se ama, sem sondas pra atrapalhar. Você vai adorar esse meu corpinho atlético.

Será que ela falaria:

— Não, prefiro meu namorado "tetra", com pescoço quebrado, que não tem forças pra se mover um milímetro. Doente, numa cama de hospital, branco, careca e cheio de espinhas.

Nasceu em mim um ciúme doentio. Achava que qualquer rapaz que andasse seria muito mais atraente que eu. Tinha certeza de que uma menina de vinte anos, linda como a Marcinha, em pleno começo de vida sexual, não poderia perder seus dias com um cara no meu estado.

Que fazer? Nada, apenas viver.

A Stella me acorda, assustada. Não havia uma gota de xixi na garrafinha, sinal de que a sonda entupira. Eu só sentia uma tremenda vontade de mijar, mas não doía nem nada. Minha mãe resolveu chamar um urologista, pois já tava na hora de ver se essa bexiga funcionava ou não. Deu uma pesquisada e chamou um tal de dr. Bucheli, especialista em deficientes físicos.

À tarde veio o homem, e, como em toda visita chique, a casa estava impecável. Cafezinhos, bolinhos, os famosos tratos da Eunice. Ele pegou uma baita seringa, injetou por dentro da sonda, e saiu uma pelotona branca. Logo atrás, uma quantidade grande de urina. Um depósito entupira a danada.

— Com quanto tempo de sonda você já está?

— Uns cinco meses.
— Tudo isso? Tá na hora de tirar.
Realmente, ele tirou a sonda, fez umas massagens na barriga e tudo saiu pela uretra. Que lindo, que fantástico, maravilhoso. Meu pinto ali, mijando como qualquer pessoa, solto, livre.
Mas veio um problema. A lesão da medula, além de me tirar os movimentos da perna etc., tirou também os movimentos internos, como, por exemplo, um pequeno diafragma que inconscientemente a gente usa pra controlar a urina.
— Mas e agora, doutor, quer dizer que vou ficar urinando descontroladamente?
— Não.
Veio a explicação. Eu teria que condicionar a bexiga novamente. Por enquanto, urinaria descontroladamente. No princípio, de uma em uma hora, eu daria uns cutucões na bexiga. Isso faria com que excitasse a danada, pra eu mijar. Aos poucos, essa massagem passaria a ser de duas em duas horas, até atingir períodos de quatro horas. Era o tempo máximo.
— Mas, pra dormir, vou ter que acordar de quatro em quatro horas?
Não, daí é melhor você usar um coletor.
Mais uma palavra nova no meu vocabulário de deficiente. Como existem milhares de acidentados com problemas de lesão de medula, existem vários componentes da indústria médica. Um desses componentes (atenção para mais uma palavra) chama-se Uropen. É uma espécie de camisinha de vênus com um furinho na ponta onde se liga um caninho até uma garrafinha de plástico: Urofix. Até aí, a única coisa que o diferencia da sonda é que esta vai por dentro da uretra, e o coletor vai por fora do pinto.

Lá foi a Stella com sua mãozinha idiota enrolar meu pobre piu-piu com um Uropen. De hora em hora, vinha me ajudar a fazer a tal massagem. A ridícula era tão competente que até anotava a quantidade de urina que eu mijava, não sei pra quê.

O surpreendente mr. Mangueira guardou-me uma surpresa não muito agradável, ou melhor, desagradabilíssima. O prazo para usar o colete de ferro no pescoço era de três meses. Só que, depois de examinar as radiografias, ele deu a notícia: teria que ser operado, ia precisar abrir meu pescoço de novo, tirar um calo de osso que se formara na vértebra e colocar dois pinos. O termo médico: artrodese. Não era mole, mas que se havia de fazer? Nada, apenas sofrer.

Lá fui eu, com mala e cuia pro hospital. Já tínhamos experiência no assunto, dessa vez foi um quarto bem chique. Tinha até um banheiro acoplado. Chegamos à tarde. Teria que ficar meio dia em jejum e, na manhã seguinte, ir pra faca. Reencontrei o Chico e o Neneca, dois dos meus enfermeiros. Dei uma boa folga pra Stella, convocamos a Vècchia, e lá estava eu deitado novamente olhando pro teto.

De manhã, num tremendo frio, puseram-me numa maca e me levaram. De repente, estava no que parecia ser a sala de espera do centro cirúrgico. Ao meu lado, três outras macas com caras em cima, esperando a vez. Fiquei morrendo de medo: já pensou se me confundem com outro carinha e me levam pruma cirurgia de transplante de coração? Mas logo o ambiente ficou descontraído. Depois de quinze minutos, um olhando pra cara do outro, surgiu um bate-papo pré-operatório.

— Você vai ser operado do quê?
— É uma pedra no rim que vou tirar, e você?
Resolvi dar uma mentirinha:
— Transplante do coração.
— Nossa, teu negócio é sério...

Chegou um enfermeiro e me levou. Entrei numa sala redonda, e imediatamente puseram-me num tablado debaixo de um grande holofote (aquilo que a gente vê em televisão). Um médico com uma seringa falou:
— Não vai doer nada.

Aplicou-me uma anestesia que doeu pacas. Tudo foi se apagando devagarinho, e senti aquele formigamento gostoso. Ainda deu tempo pra virar pro lado e desejar:
— Boa sorte pra todos...

Onde eu estou? Quanta gente me olhando... é mesmo, fui operado. Eu sou Marcelo. Puta que o pariu, como dói, os caras me puseram numa pedra?... Meu pescoço, dói demais... tá tudo vermelho, que frio... não consigo falar, minha língua tá mole... tô com frio, mas tô suando.
— FRIO.

Puseram mais um cobertor. Tô com fome e sede.
— ÁGUA.
— Não pode, deixa acabar o efeito da anestesia.

Como dói, meu deus, não aguento mais... Tô amarrado num monte de caninhos. Tem um com sangue, outro com soro, tem até um em volta do pescoço.
— É um dreno, filhinho.
— FRIO.
— Mas já tem cinco cobertores.

Que horrível, nunca sentira tanta dor em minha vida, e aquela gente não parava de falar.

* * *

Foram quinze dias de hospital. Nunca tinha imaginado que essa operação pudesse ser tão violenta. Seis horas numa mesa cirúrgica com o pescoço aberto. Depois tem o acordar, ainda sob efeito da anestesia: a cabeça em ordem, o corpo em câmera lenta. Acaba a anestesia e vem a dor. Para operar meu pescoço, tiveram que afastar com um gancho todos os músculos da coluna. Três dias de dores insuportáveis, amarrado. E, o que era pior, quinze dias sem sentar. Senti-me voltando à UTI. "Eu não aguento mais, é muito sofrimento prum carinha de vinte anos que nunca fez mal a ninguém." Ó deus, como você foi injusto, cara. Lamentável. Tanta gente babaca por aí, e justo eu você escolhe... Tanto assassino, tanto ladrão, tanta gente que não usa o corpo pra nada, que não sabe tocar um Villa-Lobos, não sabe catar no gol, não se interessa por agricultura, não sabe fazer amor. É, você me preparou uma surpresa desagradável. Tudo aquilo que eu tinha sonhado, meus planos pro futuro, desaguou numa simples queda mal calculada.

Uma vez minha mãe disse que na vida não se deve fazer muitos planos. É verdade. A parte do meu cérebro em que estava armazenado o futuro desintegrou-se. E é terrível não ter a menor ideia do que vai acontecer daqui a um ano. Vou estar andando? Sinceramente, já não acreditava muito. Mas não saía da minha cabeça como era injusto esse acidente. Eu não merecia isto. Já deveria bastar ter o pai assassinado na infância. Por que mais desgraça?

Ainda no hospital, o Caio me trouxe um livro: *Minha profissão é andar*, do João Carlos Pecci, o irmão do Toquinho ("Na tonga da mironga do cabuletê"). Aos vinte e oito anos de idade sofreu um acidente de carro e ficou paraplégico (que palavrinha). Ele narra toda a trajetória da reabilitação e, por fim, o cara anda de muletas com aparelho ortopédico. O nível dele é C7, um pouco mais abaixo do meu. Seus braços são perfeitos e mexe ligeiramente uma das mãos. O acidente foi em 68, e só em 80 ele publicou o livro. Achei que faltavam mais detalhes, pra saber como ele chegou até lá. Mas dá pra sacar que foi com muita luta e fisioterapia.

 Esse livro me deu um certo ânimo. Agora que eu corrigi esse pescoço de merda, tenho ainda mais uns três meses de uso de colete de ferro. Depois vou pra BBB e pau na máquina. Não interessa, chega de desgraças, vou pôr esse corpinho pra funcionar. Quem sabe não escrevo também um livro pra contar a minha trajetória?

 O Caio me pediu pra escrever uma resenha pro *Leia Livros* sobre o livro do João. Topei, mas avisei-o do meu analfabetismo. Saí do hospital, sentei do lado da Vècchia e ditei:

RESENHA DO JOÃO

 Nossos caminhos se cruzaram, assim como a ideia de escrever um livro também se cruzou. Eu sou Marcelo e ele, João. Não somos mais aqueles homens descendentes do macaco, não conseguimos mais andar, correr. Perdemos o contato com a pedra, a areia, a árvore, o chão, o mar. Andamos sobre uma máquina, invenção tecnológica, a cadeira de rodas: isto está longe de ser a morte, mas é um grande absurdo.

 O título — *Minha profissão é andar* — poderá parecer um pouco estranho, feio inclusive. Mas é a grande sacação do livro. Apesar de ganhar a vida como pintor, João afirma que sua profissão é andar. Ele pinta por acaso e escreve por mais acaso ainda.

Sentado na minha máquina de andar, olhando o mundo se agitando lá fora, sinto pouca diferença entre o meu estado atual e o dos seres humanos sentados em suas máquinas possantes, patins, ônibus, motos, skates etc. O homem está se tornando um paraplégico por si mesmo, perdendo o prazer de movimentar seu corpo e ver a calçada ficar para trás, de ver vitrines, butiques e a deselegância da menina paulistana. João, não.

Um dia, não aguentei:
— Fora, vá embora e não apareça mais.
Era pra Stella. Minha Vècchia olhava assustada, e a loirosa mais ainda. Mas tava demais, a nojenta agora dera pra ficar mexericando as coisas das minhas irmãs e, o que era pior, brigava o dia todo com a Vècchia. Eu tinha um tamanho ódio dela que não aguentei. Dei a conta.
Tínhamos que contratar outra enfermeira. Pedi que fosse um homem, e a empregada nova disse que um amigo dela era enfermeiro e tava precisando de emprego.
— Tudo bem, manda o cara vir falar comigo.
Dois dias depois, tava sentado na tradicional poltrona vermelha, com aqueles ferros no pescoço, quando entra a peça. Um neguinho mirradinho, todo de branco. Uma cara de malandro. Expliquei a situação e o meu tedioso cotidiano: acordar às nove, tomar café na cama, um banho de gato, pôr o colete e sentar. Tomar sol, almoço na boquinha e deitar pruma sonequinha. Cinco horas, sentar-me de novo e tchau, até amanhã.
No dia seguinte ele aparece todo de branco, com um suco de laranja na mão e falando um "bom-dia" meio sem graça. Trazia uma maleta onde estava o diploma de enfermagem.

— Tudo bem, não precisa mostrar.

A Vècchia mostrava o armário, quando ele pega a minha camisa do Corinthians, abre um sorriso e pergunta:

— Você também é corintiano?

Não é que o neguinho era hipercorintiano, inclusive da bateria dos Gaviões da Fiel? Pronto, um bom assunto. "É, o doutor tá mal, Vladimir deveria estar na seleção, Biro-Biro é craque, final de 77."

— Você tava? — ele me perguntou.

— Eu tava, bem na arquibancada.

— Pô, que jogão.

Às 11 horas ele sugere.

— Posso ligar a televisão pra ver esporte no sete?

Deixei o neguinho ligar. Depois ele mudou o canal e tava começando outro programa. Depois, noutro, e à uma, na Globo. Incrível, parece combinado, acaba um e começa outro. Entrevistas com jogadores, lances e gols da outra partida, curiosidades do esporte...

Chega o Osório, peço pra ele ficar no quarto e ver o tipo de exercício osorial pra me fazer à tarde. Simples, ele aprendeu no ato. À tarde, chegam o Maurão e o Rogério, e ficamos falando da vida. O neguinho ficou sentado e, com uma cara de interessado, até participava do papo. Quando foram embora, fiquei olhando aquela cara de malandro e não aguentei:

— Escuta, já que só estamos nós, que tal darmos uma bola? — sugeri.

— Ô, boa ideia, legal.

— Então pega lá no meu quarto.

Fumamos e ficamos ouvindo Bob Marley nesse fim de tarde gostoso que faz em dia de sol paulista. Antes dele ir embora, pedi pra que não viesse mais de branco:

— Vem com uma roupa comum, fica mais informal.

Ele topou e se foi. Legal, gostei da peça, tava precisando mesmo de uma companhia e não de um competente obstinado como era a Stella.

Já fazia sete meses de acidente e essa fisioterapia do Osório não estava ajudando muito. Na BBB não podia ir, pois faltava um mês para ficar com o pescoço livre. Precisava fazer alguma coisa com os braços e as mãos. Então, por conta própria, chamamos uma TO (terapeuta ocupacional). À noite, chega uma linda loira de olhos azuis. Simpática. Conversamos, ela fez uns exames nos braços e mãos.

— Come sozinho?
— Não.
— Como não? Mas já dá pra você comer sozinho. Tirou da bolsa duas tirinhas de couro, colocou na minha mão, pegou um garfo, deu uma entortada e pimba. Não é que dava? Incrível.
— Escova os dentes sozinho?
— Não.
Tirou da bolsa outra tirinha e pimba, também deu.
— Empurra a cadeira de rodas?
— Não.
— Tente.
Tentei. De pouquinho em pouquinho, ela andava. Mas era uma cadeira muito dura, mesmo uma pessoa normal tinha dificuldade em empurrá-la.
— Então arrume outra.
Realmente, eu deveria estar tentando fazer as coisas sozinho, mas é que nessa casa era difícil mesmo. No

banheiro, a cadeira não entrava, e geralmente eu rangava deitado. Mas era bom começar a agitar e, segundo ela, dava pra eu fazer muita coisa.

— Até descascar uma laranja, se quiser.

Formidável, contratamos a TO. Na semana seguinte ela veio com um monte de canetas hidrocor e pôs uma papelada na minha frente.

— Escreve.

Mas não dava, meus dedos não tinham firmeza, não conseguia segurar direito a caneta. Tudo bem, ela tirou um elástico da bolsa, colocou entre os meus dedos.

— Tenta agora.

Pimba, parecia letra de criança, mas estava escrevendo.

— Você bate à máquina?

— Não.

Tirou outras duas tirinhas. Colocou uma máquina e:

MARCELO RUBENS PAIVA

Que tesão... dava pra escrever! Agora poderia ficar o dia todo escrevendo poesias, cartas, e até um livro. Nossa, por que não descobri as TOs antes? Só que descobri também mais um problema, que provavelmente todos os deficientes físicos que andam de cadeira de rodas enfrentam: das cinco mesas existentes lá em casa, apenas na da sala entrava a cadeira embaixo. Mas tudo bem. Agora meus dias eram nessa mesa. Um monte de canetas, papel, máquina de escrever, tirinhas. Outra coisa boa foi que comecei a assumir um pouco mais a cadeira de rodas. Não me sentava mais em outras poltronas. Agora ficava direto nela, sempre tentando empurrá-la.

OUTUBRO DE 80, BBB

Sete horas da manhã. Neguinho me acorda afobado:

— E aí, belo?

Puta que o pariu, fazia tempo que não acordava tão cedo. Estava só com os olhos pra fora, o terrível frio paulista fazia-me dormir com três cobertores, cachecol e um gorrinho de lã na cabeça. Entra minha mãe com o tradicional:

— Vamos, que estamos atrasados.

Tinha consulta às oito. Finalmente não precisava mais usar o colete de ferro. Minha vértebra se consolidara e estava livre para um tratamento de fisioterapia mais intensivo. Engolimos o café da manhã e fomos voando pela Rubem Berta. Que delícia. Tava me sentindo um cara ativo, indo ao trabalho como todos os outros carros. Antes, aqueles ferros no pescoço deviam me dar um aspecto monstruoso. Em todo farol, o dono do carro vizinho não tirava os olhos de cima de mim. Agora não, ninguém sabe como sou, só veem minha cara barbuda.

Chegando lá, minha mãe e o neguinho tiraram-me apressados do carro, e fomos procurar o local do exame.

— Sinto muito, mas seu exame está marcado pra uma hora.

Eta palhaçada. Mandaram vir às oito horas pra saber que era à uma. E agora? Minha mãe tinha que ir trabalhar.

— Tudo bem, leva o carro que eu fico aqui com o neguinho.

E ficamos. Neguinho empurrando e eu ali sentadão. Fomos dar uma banda pelo local. O chão era liso, bem fácil pra empurrar, as portas largas, não havia escadas, tudo rampa. De repente a gente sai por uma porta e dá num tremendo gramadão lindo. De um lado, uma quadra de basquete, do outro, uma piscina. Isso mesmo, uma piscina toda transada. Num canto, em volta de umas árvores, tinha um grupo de caras em cadeiras de rodas, tomando sol. Alguns sem camisa. Ficamos dando uma volta e, por uns janelões, pude ver onde se fazia fisioterapia. Um monte de tablados com gente em cima. Alguns sozinhos, fazendo ginástica com halteres, outros com umas fisioterapeutas de branco. Levantavam, rolavam, deitavam. No canto, duas barras onde um carinha andava com aparelhos ortopédicos.

Ficamos rodando por um tempo, quando vem um senhor de cadeira de rodas, me para e pergunta se sou filho do Rubens Paiva. Ele tinha reconhecido minha mãe. Era de Santos, fora advogado de um tio meu. Que joia, era bom ter alguém conhecido. Ficamos conversando, meu acidente, quanto tempo fazia... Ele havia lesado a medula na parte lombar, só não mexia as pernas. Devia ter uns quarenta anos e era ágil pra burro, fazia de tudo naquela cadeira. Chamava-se Sílvio, tava internado já havia uns seis meses. O barato é que devia ser do tipo brincalhão, pois enquanto falávamos todos o cumprimentavam e faziam brincadeiras. Ele abraçava as enfermeiras, perguntava quando elas iam fugir com ele etc.

O cara percebeu que eu ainda era novato em termos de deficiente, que não estava entendendo muito o que me acontecia. Foi quando falou uma coisa que até hoje não saiu da minha cabeça:

— O negócio é o seguinte: o passado aconteceu, foi bom, mas não volta mais. Agora a gente tá noutra. Você está na beira de uma escada e tem muitos degraus pra subir. Cada degrau é uma tremenda vitória que tem que ser muito comemorada. Olhar pra trás não adianta. Aconteceu.

— É, são as tais etapas que todos dizem — falei.

— Você vê, quando cheguei aqui tava desesperado, quase não fazia nada sozinho. Hoje em dia, você pode me jogar numa casa que me viro perfeitamente bem, e é isso que é importante, ter independência. As pernas a gente substitui, mas a liberdade de não ter que depender de ninguém é que é importante.

De repente passou um moleque com a garrafinha de xixi amarrada na cadeira, da mesma maneira que a minha. Percebi quanto era feio ter um litro de xixi pendurado. Mas o Sílvio não tinha nada.

— É que aqui a gente faz compressão.

— Compressão? Aquelas massagens na bexiga?

— É, essas mesmas. Você não faz?

— Faço.

— Quanto tempo você fica seco? — ele perguntou.

— Umas três horas.

— Então, por que você não tira esse coletor e, de três em três horas, vai a um banheiro mijar num bico de papagaio?

— E pra dormir?

— Daí você coloca o coletor.

"Pô, que joia, não tinha pensado nisso. Claro que é muito mais agradável ver o pintinho solto do que ter essa garrafinha pendurada na cadeira de rodas. Altas técnicas. Primeira coisa que vou fazer vai ser comprar esse bico de papagaio."

Hora do almoço. Eu, o neguinho e o Sílvio fomos até um refeitório grande, tipo bandejão. Devia ter umas vinte cadeiras de rodas, a maioria com homens. Muita gente de branco, alguns com roupa de mecânico (na BBB tem uma oficina que faz aparelhos ortopédicos). Sentei numa mesa junto do Sílvio. Logo veio uma burocrata dizendo que o neguinho não podia almoçar, pois era acompanhante. Fizemos o maior escândalo, mas não deixaram mesmo. Ridículo, tinha certeza de que, se eu tivesse um enfermeiro loiro vestido de branco, com um estetoscópio no peito, serviam até camarão pra ele.

Logo foram chegando mais pacientes, sentando ao lado. Imaginei que a mesa do Sílvio era a mais divertida, e era mesmo. Ele fez questão de me apresentar, e a cada um que chegava tive de relatar meu caso.

— Foi um mergulho.
— Num rio?
— Não, num lago.
— Ah, que nem o Márcio.

Outros falavam: "que nem o Alberto", ou "Isaías", enfim, era um caso comum. Percebi também a classificação de casos em paraplégicos: mergulho, tiro, moto, carro, doença... Dentre os mergulhadores idiotas, pode-se classificar: rio, lago e piscina.

Chegou um tal de Luís, que era bem animadinho. Imediatamente todos começaram a fofocar das enfermeiras e fisioterapeutas. Quando ele me notou, e percebeu que eu era novo na parada, perguntou se queria jogar palitinhos.

— Não dá, não tenho forças nas mãos pra segurar os palitos.

Enquanto respondia, todos se cagavam de rir. Era brincadeira, ele sacara que eu era um "tetra". O tal do Luís parecia ser muito gente fina, e era mesmo. Ele começou a me perguntar o que eu fazia antes do acidente, e, quando lhe respondi, ele falou:

— Agora, meu filho, a única profissão que resta é vender bilhetes de loteria. Portanto vai treinando. Olha o macaco, macaco na cabeça.

— Olha a borboleta — e imitava Sílvio —, borboleta final seis, quem vai querer?

Ao meu lado tinha um tal de Arnaldo, que chamou uma enfermeira e pediu um café. Daí virou pra mim e falou:

— Tem que tomar muito cuidado com café, principalmente se ele for quente, senão você fica cem por cento broxa.

— Por quê? — perguntei.

— Cinquenta por cento broxa porque queima a língua, e cinquenta porque queima o dedinho.

Que piadinha mais babaca. Eta visãozinha de sexo escrota, né? Mas também é foda, eu sei que a maioria dos "para" tem problemas de ereção, e isso causa um puta complexo.

Tinha vontade de perguntar pra todo mundo quem ficava também de pinto duro, se já tinha transado, se tinha sido bom, se alguém já saíra andando da BBB, quanto tempo durava um tratamento, se era possível mexer a perna e não mexer as mãos etc. Mas saquei que aos poucos ia aprendendo isso.

À minha frente sentou uma moça toda de branco, que não tirava os olhos de mim. Não falava nada, mas, pelo jeito que os outros brincavam, devia ser fisioterapeuta. Discretamente li no seu crachá: Aline (belo nome). Comecei a olhá-la com o meu quinquagésimo segundo olhar (aquele que quer se mostrar atraído). Ela me olhava e abaixava a cabeça sorrindo. "Será que está me paquerando? Sei lá, mas o que é que tem usar o quinquagésimo segundo?"

Todos acabaram o rango e foram saindo. O Sílvio, percebendo que eu não empurrava a cadeira direito, me deu uma ajuda (o neguinho foi almoçar em outro lugar). Fomos até um salão onde havia um aparelho de som. O Luís ligou bem alto e ficou aquele auê. Passou um burocrata reclamando do som e ninguém deu bola. Um carinha chegou pro outro e falou:
— Sapato novo, hein?
O outro respondeu:
— Que nada, esse aqui é bem velho.
Foi quando o Sílvio chamou minha atenção:
— Tá vendo, ser paraplégico tem suas vantagens. Uma delas é que o sapato não gasta.
Veio o neguinho:
— E aí, belo? Uma hora, é melhor a gente ir.
Todos se despediram de mim e, enquanto eu ia prum lado, eles iam pro outro. Fiquei esperando num salão com um monte de gente, até ouvir:
— Paciente Marcelo Paiva.
— Sou eu.
— Espere na segunda porta, à direita.
Atendeu-me uma simpática médica:
— Oi, Marcelo, tudo bem?
— Tudo bem.
— Eu vou fazer umas perguntas pro seu relatório, depois examino você.
Ficamos uma hora papeando. Perguntou tudo, até se já tivera alguma relação sexual depois do acidente. O joia é que perguntou com uma tremenda naturalidade.
— Não, não tive.
Falamos muito de sexo, da vida, de política. Na hora do exame (as agulhinhas), ela e o neguinho me deitaram numa maca e tiraram minha roupa. Quando acabou, eu tomei coragem e perguntei:

— Então, doutora, quais são minhas chances?
— Olha, Marcelo, não dá pra dizer muito, você tem que saber que cada caso é um caso. Em alguns, voltam os movimentos das mãos, tem outros que até saem andando. Seu caso é difícil, pois o impacto foi tão grande que chegou a quebrar a vértebra, mas não é impossível, já que não seccionou a medula. O jeito é esperar e fazer muita fisioterapia. Reabilitar-se, ficar independente, sair pelo mundo afora.

Claro, objetivo, direto.

Fim de semana em casa. O tradicional agito: turminha de Campinas, turminha paulista procurando festas, minha *girl* Marcinha. Só eu não estava. Quer dizer, minha cabeça. Não pensava em outra coisa a não ser na BBB. Ia começar o tratamento dentro de um mês. De segunda a sexta, período integral, num precinho bem caro, mas minha avó Paiva ia pagar.

Marcinha reclamou dizendo que eu estava distante. E estava mesmo. Tinha encontrado gente que nem eu, com os mesmos problemas e ideais. E que, apesar de tudo, divertiam-se e davam força um para o outro.

Já tava meio danado de ouvir os planos de viagens das férias, o MR-8 ganhou as eleições da UNE, a festinha do Carioca. Eu queria falar de problemas urinários, profissões de paraplégicos, o movimento de defesa dos deficientes, lugares que têm escadas e lugares que não têm, qual o melhor tipo de cadeira de rodas, qual fisioterapia recupera o quê, qual das enfermeiras é mais gostosinha.

À noite eu e a Marcinha ficamos a sós. Não tava legal. Eu tava estranho e ela, mais ainda. A menina vinha com uns papos de que "a civilização não está com nada, de que o negócio é viver no mato". O engraçado é que o meu quarto consiste em uma cama de hospital, uma televisão, um rádio e uma máquina de escrever elétrica. Nada a ver com vida natural, ecológica etc. Eu a beijava e lembrava da Aline, que tinha sorrido pra mim. Ela falava e eu pensava na escada que o Sílvio mencionara. É, sem dúvida, eu preferiria viver numa cidade onde só houvesse pessoas de cadeiras de rodas e fisioterapeutas bonitinhas.

Pedi pro neguinho me levar até lá embaixo pra tomar um solzinho. Tava inaugurando minha cadeira de rodas nova. Comprei uma que era bem mais fácil de empurrar. A anterior era alugada, já que, no princípio, a gente não sabia como ia ficar. Agora tínhamos comprado uma, e me dava um certo nó na garganta: "Será que essa coisa vai me acompanhar o resto da vida?". Sempre tive como filosofia de vida que "do céu não cai nada além de chuva e avião sem gasolina". Não estava dependendo só de mim sair andando daquela cadeira. Se a porra da minha medula tivesse tido uma lesão total, que jeito... Meu problema era antes de tudo orgânico, células que não se recompõem, uma fatalidade. Mas eu ia lutar, ah, isso sim.
 Chegando ao sol, fiquei empurrando a cadeira. Realmente, não era nenhum Nélson Piquet, mas tava mais fácil. Ao meu lado, sobre suas seis pernas, um besouro rebolava despreocupadamente. Desgraçado, resolvi apostar uma corrida com ele. Fui atrás dele, mas...
 Tinha uma merda de buraco no chão e não tive forças pra tirar a roda. O besouro continuou seu caminho, tranquilo. Fiquei desejando que esse inseto levasse um tombo e lesasse a medula: "Duvido que ele, numa cadeira de rodas, ganhe de mim. Aliás, como é que um

bicho se vira quando quebra uma de suas cervicais?".
Imagine um cachorro numa cadeira de rodas, ou mesmo uma galinha de aparelho ortopédico.

Sem aquele colete de ferro e com uma cadeira de rodas mais ágil, estava me sentindo elétrico. Não parava quieto, tentando empurrar a cadeira pela casa. À noite, Bunds me convida pra uma festa.

— Festa?

— Ué, e daí?

— Pô, mas vai ser chato, todos me olhando...

— Que nada, meu, desencana.

"É, realmente, vou lá, foda-se. Quem sabe não danço um rock paraplegicamente?"

Lá fui eu com o Bunds até a Vila Madalena. Logo na entrada, uma bela escada. "Ih, saco!" Mas tudo bem, muita gente conhecida na festa. Bunds armou a cadeira lá em cima, ele nos braços e o Babaca nas pernas (esse era o nome dele).

Fui carregado pornograficamente até a porta.

Na entrada, uma sala grande. Já saquei que a festa era tipo gente bebendo e falando alto.

— Com licença.

— Onde você quer ficar? — pergunta o Bunds.

— De preferência numa outra sala, essa aqui tá muito cheia.

Chegamos na tradicional sala de jantar. De longe vejo o Mô e uma menina. Mô é um amigo de infância. Tinha três lindas irmãs, que todo mundo falava, mas eu não as conhecia. Fiquei papeando com o Mô, e sua menina sentou bem em frente. Ela olhava, olhava... De repente, se levanta, senta ao meu lado e fala:

— Sou a irmã do Mô.

— Ah, você é uma das famosas irmãs.

— É, sou a Bianca.

— Já ouvi falar muito em você, mas nunca tinha imaginado a sua cara.

— Você faz massagem com alguém? — ela perguntou.

— Massagem, não.

— Será que não seria bom pra você?

— É, realmente, eu estou com o pescoço muito tempo parado e tenso.

— Então, você não quer que um dia eu vá na sua casa fazer massagem?

Alguém a convida pra dançar e ela vai. Pude reparar que tinha um belo corpo, era macia, sensual.

Uma hora depois, enquanto parlava com alguém, vejo-a sentar na minha frente. Ficamos trocando olhares e caretas. Quando estava só, ela veio e falou:

— Pronto, agora você é só meu.

Pega na minha mão e fica ao meu lado. "Que coisa", já estava começando a gostar daquela morenosa. Começou a tocar uma música do Arrigo Barnabé, e eu falei que adorava o cara, mas não sabia onde comprar o disco dele. A gata me prometeu um, e assim surgiu o inevitável papo sobre gostos musicais. Ponto para ela. O mesmo gosto que o meu, e principalmente por adorarmos Stevie Wonder. Ela manjava mais de jazz. Ficou furiosa por eu nunca ter ouvido falar num tal de Bill Evans.

— Como? Ah, então vou levar uns discos dele pra você ouvir.

Hora de ir embora. Bunds chama o outro pornográfico, Babaca, mas ela reclama:

— Pô, já vai embora, vai me deixar sozinha?

É, realmente a gente estava começando alguma coisa. "É incrível isso. Como pintam essas atrações por alguém. Uma troca de olhar já deda tudo. Uma palavrinha de despedida firma um pacto. Eu e Bianca já estávamos comprometidos com alguma coisa. Além do que, ela tinha achado meu sorriso bonito."

— Tchau.

E senti aquela língua entrando na minha boca e dei minha língua pra ela. "Ainda bem que ela gosta do Stevie Wonder."

Marcinha entrou no quarto. Tava com uma tremenda cara de bunda. Eu já tava meio de saco cheio da cara de bunda dela. Começamos a discutir. Brigamos. Ela fechou a porta e falou:

— Precisamos conversar.

É, nem precisávamos. A gente já se conhecia havia tempos e uma palavra sincera resumia tudo.

— Acabou, né? — perguntei.

Ela me olhou, meio sem graça.

— Tudo bem, Marcinha, eu já tava sacando que não dava mais.

E não tava dando mesmo. Nos beijamos sem lágrimas, sem fossa e sem amor.

Era um domingão, tinha muito sol.
Meu avô na frente, minha avó atrás, o rádio a mil, que legal.

O neguinho tinha trocado o sábado pelo domingo. Melhor. Ele me acorda com uma novidade:

— Chegou a cadeira de banho que tua mãe comprou.

Que joia. Agora que havia tirado o colete maldito ia poder entrar debaixo de um chuveiro. A danada era uma cadeira bem menor que a de rodas, mas tinha quatro rodinhas embaixo, toda de plástico. Me sentaram nela e tchan-tchan-tchan-tchan. Lá estava eu, peladão, no boxe do banheiro. Ligo a água e chuááááá, jatão de vapor em todo o meu corpo, tirando a sujeira na marra. O corpo fica todo vermelho, uma delícia. Pego o sabonete e esfrego nos braços, na barriga, nas pernas e no pintão. Epa, ele começa a endurecer. Esfrego mais sabão e ele endurece mais. Não resisti, fechei os olhos, imaginei a Bianca e:

Bat macumba ê ê
Bat macumba obá

— Vamos dar uma banda, belo? — sugeri pro neguinho.
— Hoje tem jogo no Pacaembu, vamos?
— Quem joga?
— Corinthians e Guarani.
Para desespero de toda a família, o neguinho me pôs sozinho no carro, guardou a cadeira de rodas no porta-malas, sentou no banco do motorista e me guiou até o estádio. Loucura? Não, ele me protegia. Se eu tava nervoso? Nossa, e como. Tava desesperado, mas tinha que ir, tava na hora de começar a viver um pouco mais, sem encanações. Ele já sabia onde era bom ficar, em que portão dava pra entrar.
— O Quiririra também deve estar lá pra dar uma força.
Quiririra era o irmão mais novo dele. Descendo a avenida Pacaembu, já sentia o clima. Casa cheia. Gente estacionando o carro, nego andando rápido com uma bandeira enrolada, vendedor de pipoca, churrasquinho,

cachaça. Muita polícia, muita buzina tocando. Me sentia em casa nesse estádio, sempre fui um verdadeiro rato de futebol. Maracanã, eu ia todos os fins de semana; em Campinas, ia ver sempre a Ponte; em Santos, gostava dos jogos da Portuguesa Santista. Até no Paraguai vi dois jogos. Pacaembu, eu conheço muito bem. Já assisti a muito coringão ali.

— Por onde nós vamos entrar?
— Ah, o melhor lugar é no portão principal.
— Mas lá não pode parar o carro.
— A gente pede pros guardas.

É, realmente, tem mais que usar o sentimento de piedade das pessoas.

— Seu guarda, eu sou deficiente físico, será que dá pra gente entrar nesse estacionamento?
— Mas aqui não pode, é só imprensa e jogadores.
— Mas é só pra me pôr na cadeira de rodas, depois ele tira o carro e estaciona em outro lugar.
— Tudo bem, mas vai logo.

Joia, paramos, descemos, trancamos o carro.

— Duas arquibancadas, por favor.
— Uma é pro rapaz da cadeira de rodas? — perguntou o bilheteiro pro neguinho.
— É sim.
— Ah, então é uma só, ele não paga.

Nossa, que mordomia, mas aí já é bem ridículo. Por que eu não pago? Tenho dinheiro. Aí já está havendo uma puta discriminação, só porque sou deficiente. Tudo bem, sem ideologias, até é bom ser de graça, quem sabe a ideia não pega e passo a não precisar mais pagar comida, aluguel, condução, impostos etc...

Na porta do estádio, uma batucada e umas bandeiras escrito "Gaviões da Fiel". É a maior torcida organizada de São Paulo, coisa de oito mil sócios, capaz de derrubar até técnico de futebol. Aí pude ver quão bem acompanhado estava. O neguinho era popular pacas. Todos vinham falar com ele.

— Esse aqui é o meu patrão.
— Ah, então você é o famoso patrão.

Imediatamente começaram a me chamar de patrão. De repente, descubro que meu neguinho é um talento em batucada. Ele se dirigiu até a bateria e solenemente pediu silêncio. Colocou um repinique no peito, ajeitou a alça, deu três ordens, afinou o instrumento e lascou:

Pracatá, pracatá, pracaaaatáá

Os outros instrumentos respondem:

Pa pa pa pa

Ele para, faz uma cara feia, dá uma bronca em todos e lasca de novo. Agora sim, todos respondem no tempo. Ele repete, melhorou. Vai em frente e de repente estou no meio de uma tremenda batucada de primeira. Passamos a acertar os passos, e caminhar pro portão, eu ia atrás, levado pelo Bimba. Já dentro do estádio, circulando pela arquibancada, éramos recebidos com palmas e papel picado. Os Gaviões da Fiel, além de serem a grande joia da torcida corintiana, são respeitados e temidos. A maioria veste uma camisa preta com um gavião vermelho no peito, e o respeito vem da força que essa torcida organizada dá pro time em qualquer lugar do Brasil. Mesmo com a casa cheia, sempre alguém dos Gaviões consegue lugar onde quiser, e lá fui eu subindo com a bateria os degraus da arquibancada. Uns quatro caras me levantavam com a cadeira e tudo. Colocaram-me num lugar ótimo, exatamente no lance mais largo da arquibancada. Atrás de mim a fantástica batucada.

Final da história: dois a zero pro Guarani. Foi bom, deu pra dar uma xingada no filósofo do presidente Vicente Matheus, aquele que, numa festa de comemoração de aniversário do clube, levantou no meio da refeição e discursou: "Queria agradecer à Antarctica por ter-nos oferecido essas braminhas".

Meu dente tava doendo, e não houve jeito, tive que consultar um profissional da profissão mais odiada do planeta: o dentista. Mas o carro tava quebrado e tivemos que ir de táxi. Paramos um Fusca na Eugênio de Lima e o neguinho pediu:

— Ô tio, dá pra parar o carro mais perto da guia? É que eu estou com o rapaz da cadeira de rodas.

— Ah, tudo bem — disse o chofer extremamente solidário. Também, se não o fosse, foda-se, ia perder uma boa corrida. Eu, sentado ao seu lado; o neguinho, atrás com a cadeira dobrada. Demos as instruções e, é claro, não faltou a pergunta:

— Você sofreu um acidente?

Acho ótimo que as pessoas da rua perguntem o que aconteceu comigo. Deficiência física sempre existiu no mundo inteiro, e só agora as pessoas estavam discutindo. O ano seguinte seria dedicado ao deficiente físico, e as estatísticas provam que é um problema de toda a sociedade e não de meia dúzia de doentes. Eu adoraria ter sabido antes que, se um cara mergulha num local muito raso, há o risco de ficar paralítico. Ou que aqueles encostos pra cabeça, que tem em alguns carros, não são só pra descansar o pescoço, mas principalmente evitar a quebra de uma vértebra cervical num acidente.

    Eu já estava começando a enfrentar uma chatice. Se dissesse pro chofer que fora um mergulho mal dado, ele não ia entender e teria que ficar meia hora falando. Portanto usei uma técnica mais rápida.

    — Foi acidente de carro.

    Dizer "acidente de carro" não requer muita explicação.

    Mas logo me arrependi. Já que não existe uma campanha de esclarecimento à população sobre prevenção de acidentes, deve partir de nós, acidentados, a campanha boca a boca.

    Chegando lá, dei uma boa gorjeta pro cara começar a tratar bem outros deficientes (às vezes penso que eu deveria ser escoteiro). Fui ao dentista, sentei-me em sua cadeira de avião morrendo de medo de dar uma mijada fora de hora, e voltamos pra esperar outro táxi. Só que me esqueci que morava em São Paulo, e quem disse que se acha táxi fácil na hora do rush? Eu não, portanto me fu. Ficamos horas na calçada até que o neguinho teve uma ideia digamos que genial:

    — Fica aí na calçada que eu vou até a Paulista ver se lá tem táxi.

    E fiquei, sozinho, sentado na minha cadeira de rodas, sem dinheiro e sem documento. As pessoas passavam por mim e me olhavam com aquela cara de bunda, porém me surpreendi quando saquei que não dava mais a menor importância às olhadas curiosas. Era um fato: eu era um rapaz sentado numa cadeira de rodas, quisesse ou não. E isso implica muito mais coisa do que um rapaz sentado numa cadeira que tem rodas. É um mito que deixa a maioria das pessoas sem graça, às vezes desesperadas. As meninas passam e pensam:

— Que desperdício, um rosto tão bonito, mas...

Os velhos pensam:

— Coitado, tão jovem...

Os boyzinhos pensam:

— Puxa, eu não queria estar na pele dele, deve ser tão triste...

E eu penso:

— Ei, menina, que tal fazer amor comigo? E você, coroa, me conta um pouco sobre o Getúlio Vargas. Ô boy, será que dá pra eu andar numa garupa de moto?

Não adianta, agora eu sou um rapaz de cadeira de rodas. Os meus novos amigos vão me identificar:

— O Marcelo, aquele da cadeira de rodas.

Quem sabe mudo meu nome pra Marcelo Rodas, assim facilita a identificação. Não posso culpar ninguém por isso. Eu mesmo, antes de sofrer esse acidente, era preconceituoso. E agora estava ali, sentado numa cadeira de rodas, sem aceitar o que acontecera comigo, sem conseguir encontrar algo que eu tivesse feito pra merecer isso, sem entender o conceito de justiça que deus tem por seus filhos, mas disposto a dormir com uma menina bonita, levar um papo sobre Getúlio Vargas e "afins" de andar numa garupa de moto.

De repente vejo pousar uma nota de cinquenta cruzeiros no meu colo. Era uma velha que tinha jogado e saído rápido. A princípio não entendi, mas depois não aguentei e caí na gargalhada. Ela tinha me dado uma esmola. E, como dissera meu amigo paraplégico Sílvio: ser deficiente tem as suas vantagens.

* * *

Brasil e Alemanha, o jogo tava duríssimo. Primeiro tempo: zero a zero. O Brasil tinha que ganhar de uma diferença de dois gols pra participar da final do Mundialito com o Uruguai. Começa o segundo tempo e, "puta que o pariu", gol da Alemanha. Tamo frito, que jeito, no país do futebol realmente só tava dando Fórmula 1. Chega a Bianca, me dá um beijo na boca e assiste ao jogo com a gente. O Carca, não aguentando mais, sugere:

— Vamos dar uma bola.

Quem acha que fumo é uma fuga da realidade teria todos os argumentos pra nos fuzilar. Fumamos. Um a um. Dois a um. Três a um. Quatro a um. Brasil na final, isso mesmo, moçada, mostra pra esses gringos que futebol é com subdesenvolvido tupiniquim. Ficou decidido, a Copa do Mundo de 82 seria vista na chapação. Quem sabe não é a "zica" mais poderosa.

Felicidade no país do João do Pulo. Carnaval na Paulista. Todos foram comemorar a seu modo. Eu fiquei ouvindo o tal do Bill Evans com a Bianca. Ela era uma menina engraçada. Enquanto me fazia uns carinhos hipersexies, falava que estava apaixonada por um publicitário. Depois me fazia massagem no pescoço e falava do balé que ela ia estrear (*Clara Crocodilo*, do cabeludo de nome esquisito). Eu, numa inspiração súbita, tirei os braços da cadeira de rodas e a sentei no meu colo. Enquanto falava do livro que estava escrevendo, ficava dando uns beijinhos no queixo, na testa e na boca. Ela era excitante, aliás excitante pacas. Tinha um corpo lindo, gostoso, e não me preocupava nem um pouco estar com mais vontade de transar com ela do que de esperar conhecê-la melhor. Com uma naturalidade chocante, ela tirou a camisa. Com uma naturalidade oportuna, eu lambi os seus seios. Com uma naturalidade rotineira, minha avó entra quarto adentro. Com uma naturalidade sem graça, disfarçamos. Com uma naturalidade telefônica, marcamos pro próximo dia uma sessão de massagens. Ao natural, naturalmente.

Fiz questão de levá-la até o elevador. Queria mostrar meu novo dote: empurrar a cadeira até o elevador. Se despede com um beijão e levanta a saia mostrando que tava esse tempo todo sem calcinha. Era uma menina engraçada essa Bianca, muito fácil de gostar.

De repente, deu-me um clique. Lembrei-me de que tinha um corpo, apesar de tudo. Cheguei no meu quarto, deitei no chão. Minhas pernas, que saudade delas. Fiquei acariciando-as e, mesmo sem sentir muita coisa, mordi o joelho, arranquei uns pelinhos, lambi a coxa, cocei o dedão. Meu corpo, vivinho, apesar de não se mexer. Tirei a calça e examinei meu saco. Tava igualzinho. Meu pinto, que durante esses dez meses estivera ou com sonda ou com coletor, coitado. Agora tudo bem, estava controlando a urina de três em três horas, e só usava coletor pra sair. Em casa, ou lugar que tem banheiro acessível, eu levo meu bico de papagaio. É outra coisa ver o meu pintinho livre.

Fiquei curtindo as sensações nele. Na pele não sentia muito, mas se apertasse ou manipulasse, sentia tesão. A respiração ficava ofegante. Corria pelo corpo todo aquele formigamento de prazer. Que loucura, eu tenho que me redescobrir sexualmente, saber usar esse corpo, aprender com ele. Não é o mesmo prazer, mas é gostoso ficar mexendo no pinto. Não é psicológico, mas físico. Senti-me uma criança que descobre a sensação gostosa de mexer no piu-piu.

Fechei os olhos e fiquei imaginando a Bianca. Como seria? Teria que, antes de tudo, fazer uma boa compressão na bexiga, urinar tudo, pra não fazer xixi na hora. Depois, ela teria que se deitar sobre mim. E se amolecer na hora? Daí foda-se, faça outra coisa, beije sua vagina, conte uma piada, jogue dominó.

Dia seguinte, ela me liga:

— Às cinco horas eu vou aí te fazer massagem, tá?

— Joia.

Me deu um puta tremor na barriga. "E agora, será que vai dar tudo certo?" Porém, tinha um porém. Além do meu quarto não ter tranca, eu tava dormindo naquela cama de hospital, hiperdesconfortável. Mas eu sou esperto, me deitei no quarto da Big e fiquei contando os segundos. Cinco horas, nada. Cinco e cinco, nada (ê saco), cinco e dez, nada. Cinco e quinze, dormi.

— E aí, garotão? — era a Bianca me acordando.

— E aí, princesa? Pensei que tinha me dado o cano.

Não deu o cano, não.

Fechei a porta e vi seu corpo todo nu, deitado de costas. Ela era linda, mas linda mesmo. Já havia transado com ela uma vez, em Campinas, e já há duas semanas, digamos, que estávamos namorando, transando, tendo um caso, sei lá. Nos deixaram a sós na casa da Laurosa, e, apesar de ser em Itanhaém, não se ouvia barulho do mar, grilos, pássaros, nada. Só o nosso barulho. No quarto, uma camona e nosso barulho. Tirei minha calça meio timidamente, caminhei até a cama e sentei devagarzinho sobre suas costas.

— Deixa eu relaxar as suas costas.

Ela não falou nada, mas pelo sorriso saquei que era um consentimento. É incrível o cheiro de um corpo de mulher. Hipnotiza, deixa você outra pessoa. Mais animal. Pela coluna vertebral, eu cutucava de cima a baixo. Massageava com força, e diminuía até quase não tocá-la. Ela curtia, adorava. Sinto uma mão por baixo. Ela queria que eu penetrasse, adorava. Deito sobre ela. Fecho as pernas, ela abria. Meu peito nas costas dela, ela gemia, adorava. Penetrava lentamente, ela se contorcia, abria a boca e ria. Queria mais, adorava. Quase babava, quase gritava, ela queria, ela me amava. Abro bem os olhos pra ver se era verdade. Ela existia, era amada. A gente voa prum mundo sem céu, a gente se junta, se esfrega como mel. A gente se olha, quero mais. Caía o teto, caía o chão, quero mais, quero mais. A gente treme, a gente treme. Tô chorando, tô te amando, não pense, não pare, quero mais. Ela grita, ela suplica, tô gozando, tô te amando.

Olho pra ela, e fico com raiva, pois minha vida não era só naquela cama com a Ana.

Início de dezembro
1980

Dia 14 faço um ano de acidente, e só agora realmente vou começar o tratamento de fisioterapia na BBB. Foram dez meses de vértebra em frangalhos, usando aquele colete de ferro, e mais um mês de espera de vaga na BBB. Um ano em que tive uma certeza: minha vida mudou pacas. Sou um outro Marcelo, não mais Paiva, e sim Rodas. Não mais violonista, e sim deficiente físico. Ganhei algumas cicatrizes pelo corpo, fiquei mais magro e agora uso barba. Não fumo mais Minister, agora passei pro Luiz XV. Meu futuro é uma quantidade infinita de incertezas. Não sei como vou estar fisicamente, não sei como irei ganhar a vida e não estou a fim de passar nenhuma lição. Não quero que as pessoas me encarem como um rapaz que apesar de tudo transmite muita força. Não sou modelo pra nada. Não sou herói, sou apenas vítima do destino, dentre milhões de destinos que nós não escolhemos. Aconteceu comigo. Injustamente, mas aconteceu. É foda, mas que jeito...

Muito tempo depois, soube que estivera mais morto do que vivo naquela UTI. Minha mãe conta que, logo após chegar em Campinas, perguntou pro médico o que ela poderia fazer, e ele disse:

— Nada, apenas reze.

Hoje em dia, me pergunto se preferiria estar morto. Não sei nem quero saber. Só sei que, nas noites em que tenho insônia, lembro de um garoto normal que subiu numa pedra e gritou:

— Aí, Gregor, vou descobrir o tesouro que você escondeu aqui embaixo, seu milionário disfarçado.

Pulou com a pose do Tio Patinhas, bateu a cabeça no chão e foi aí que ouviu a melodia: BIIIIIIN.

Estava debaixo d'água. Não mexia os braços nem as pernas. Via somente a água barrenta e ouvia: BIIIIIIN.

Sobre o autor

Marcelo Rubens Paiva é escritor, dramaturgo e roteirista. Autor de uma extensa lista de romances, além de peças teatrais e roteiros para o cinema e a TV, recebeu prêmios importantes, como Jabuti, Shell, Moinho Santista e Academia Brasileira de Letras. Suas obras foram adaptadas para o cinema, o teatro e a televisão. Seus livros foram traduzidos para o inglês, espanhol, francês, italiano, alemão e tcheco.

Nasceu em 1959, em São Paulo. Estudou rádio e TV na Escola de Comunicações e Artes da USP, frequentou os cursos de pós-graduação em teoria literária da Unicamp e de dramaturgia no Centro de Pesquisas Teatrais do Sesc-SP, e foi bolsista 1994-1995 do Knight Fellowship Program da Universidade Stanford, na Califórnia.

É autor dos romances *Feliz ano velho* (1982) — com mais de 1,5 milhão de exemplares vendidos —, *Blecaute* (1986), *Ua: brari* (1990), *Bala na agulha* (1992), *Não és tu, Brasil* (1996), *Malu de bicicleta* (2003), *A segunda vez que te conheci* (2009), *Ainda estou Aqui* (2015), *Meninos em fúria* (2016), em parceria com Clemente Tadeu Nascimento, *Orangotango marxista* (2018) e *Do começo ao fim* (2022).

Foi colunista e articulista do jornal *Folha de S.Paulo* e da revista *Vogue RG*. Atualmente é colunista de *O Estado de S. Paulo*. Suas crônicas foram reunidas em *As fêmeas* (1994), *O homem que conhecia as mulheres* (2006) e *O homem ridículo* (2019).

É autor também de *1 drible, 2 dribles, 3 dribles: Manual do pequeno craque cidadão* (2014), *O menino e o foguete* (prêmio Jabuti de 2017) e *Séries: O livro* (2021), em parceria com Jacqueline Cantore.

Para o teatro, escreveu, entre outras peças, *Da boca pra fora: E aí?* (1999, prêmio Shell), *As mentiras que os homens contam* (2001), *No retrovisor* (2002), *A noite mais fria do ano* (2009) e *O predador entra na sala* (2010). Foi quatro vezes indicado à categoria de melhor roteirista pela Academia Brasileira de Cinema, ganhou o prêmio da ABL (2010) e foi indicado ao Emmy (2016).

É pai de Joaquim e Sebastião, e vive em São Paulo.

1ª EDIÇÃO [2022] 1 reimpressão

ESTA OBRA FOI COMPOSTA PELA ABREU'S SYSTEM EM ADOBE GARAMOND
E IMPRESSA EM OFSETE PELA GRÁFICA SANTA MARTA SOBRE PAPEL PÓLEN
DA SUZANO S.A. PARA A EDITORA SCHWARCZ EM FEVEREIRO DE 2025

A marca FSC® é a garantia de que a madeira utilizada na fabricação do papel deste livro provém de florestas que foram gerenciadas de maneira ambientalmente correta, socialmente justa e economicamente viável, além de outras fontes de origem controlada.